国家示范性高职院校建设项目成果

汽车运用技术专业工学结合系列教材

汽车使用性能与检测

QICHE SHIYONG XINGNENG YU JIANCE

主　编 ◎ 戴　颂　杨宏进

副主编 ◎ 张嘉智　侯　涛　田兴勇　罗隐凤

主　审 ◎ 蒲永峰

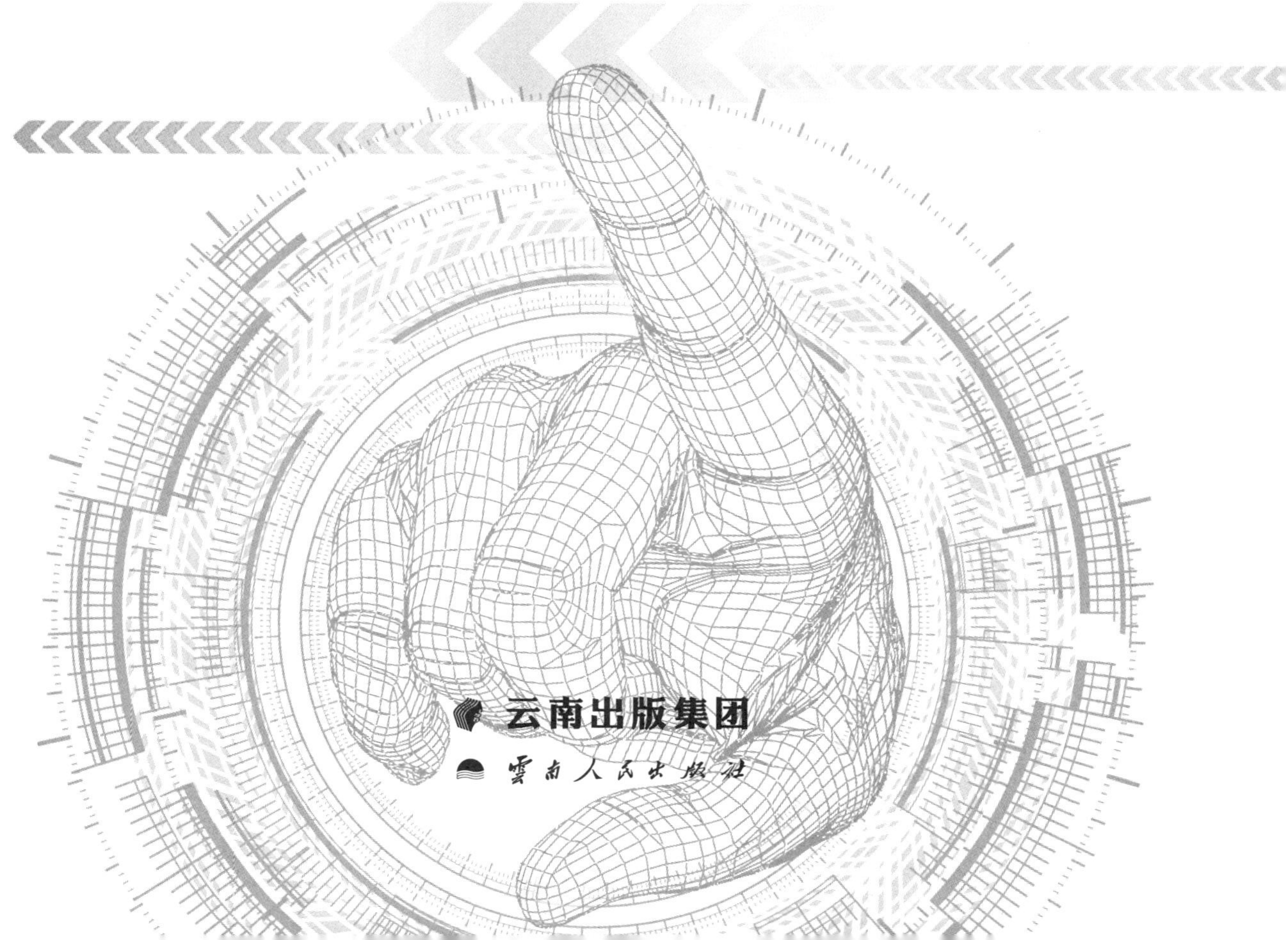

云南出版集团

云南人民出版社

图书在版编目（CIP）数据

汽车使用性能与检测 / 戴颂, 杨宏进主编. -- 昆明: 云南人民出版社, 2019.7

汽车运用技术专业工学结合系列教材

ISBN 978-7-222-17388-0

Ⅰ. ①汽… Ⅱ. ①戴… ②杨… Ⅲ. ①汽车-性能检测-教材 Ⅳ. ①U472.9

中国版本图书馆 CIP 数据核字（2019）第 129727 号

出 品 人：赵石定
组稿统筹：冯　琰
责任编辑：解彩群
责任校对：李昕容
装帧设计：李　洁
责任印制：马文杰

汽车使用性能与检测

主　编　戴　颂　杨宏进
副主编　张嘉智　侯　涛　田兴勇　罗隐凤
主　审　蒲永峰

出　版　云南出版集团　云南人民出版社
发　行　云南人民出版社
社　址　昆明市环城西路 609 号
邮　编　650034
网　址　www.ynpph.com.cn
E-mail　ynrms@sina.com
开　本　787mm×1092mm　1/16
印　张　12.75
字　数　300 千
版　次　2019 年 7 月第 1 版第 1 次印刷
印　刷　昆明理煜印务有限公司
书　号　ISBN 978-7-222-17388-0
定　价　35.00 元

云南人民出版社微信公众号

如需购买图书、反馈意见，请与我社联系

总编室：0871-64109126　发行部：0871-64108507　审校部：0871-64164626　印制部：0871-64191534

前　言

目前我国职业教育正在大力推行以就业为导向培养实用型人才。培养实用型优秀人才的关键点在于改变传统的教学模式、教学方法。因此，各地职业院校纷纷进行教学改革，包括教材的改编与更新，这其中就包括情境化教学的推广与使用。什么叫“情境化教学”？就是以案例或情境为载体引导学生自主探究性学习，以提高学生分析和解决实际问题的能力。情境化教学在中国教育领域已经得到越来越多的重视，适当地采用情境化教学理念进行教学设计，不仅为教师带来方便，还会使学生学习过程更轻松愉快。

《汽车使用性能与检测》就是模拟实际的工作情境和工作任务来设置学习任务，实现从传统教辅工具的“静态学习到动态学习”的飞跃，让学生消除学习疲劳，激发学习兴趣，大大提升学生分析能力和动手能力。

本教材包含了汽车使用性能与检测认知、汽车动力性能认识与检测、汽车燃油经济性能认识与检测、汽车制动性能认识与检测、汽车的平顺性与通过性、汽车的操纵稳定性与检测、汽车的舒适性与行驶安全性、汽车前照灯与车速表检测、汽车排放物及噪声检测等9个单元。

本教材由云南交通职业技术学院杨宏进和昆明理工大学津桥学院戴颂担任主编；云南交通职业技术学院张嘉智、侯涛，云南机电职业技术学院田兴勇及罗隐凤担任副主编；广州轻工业职业技术学院蒲永峰担任主审；参与本教材编写的教师还有赵甘泉、吴先伦、刘春华、赵婧、赵竹梅、陈天丽、周兴明、董晓海、许云涛。

本教材编写过程中得到了同行的支持和帮助，在此表示衷心感谢！由于编写时间紧，加之编者水平有限，书中难免会有疏漏和错误，恳请读者不吝赐教，以便修正。

编　者

2019年3月

目　　录

单元1　汽车使用性能与检测认知

☞学习情境

随着制造工业和交通运输业的迅速发展，汽车工业已成为当今社会的一大支柱产业，汽车也是人们必不可少的交通工具，其保有量越来越大。用现代的、科学的、快速的、准确的和全面的方法检测并诊断汽车的技术状况，是保证汽车更好地发挥动力性、经济性、安全性、平顺性、操纵稳定性、排放性、舒适性的重要手段。

☞单元学习目标

1. 了解汽车使用性能；
2. 了解汽车使用性能的评价指标；
3. 掌握汽车检测站检测工艺流程。

☞学习信息

学习任务1.1　汽车使用性能及参数的认识

汽车的使用性能是指汽车能适应使用条件而发挥最大工作效率的能力。它是汽车选型配备的主要依据，也是汽车运用的先决条件。

汽车技术水平的高低，主要由汽车性能的优劣显示，而在汽车使用中评价汽车性能的好坏，必须先给定使用条件，在此条件下方可分析汽车的技术性能与使用条件是否相适应。所以，汽车的使用性能好，即表示汽车对具体的使用条件是适应的，反之，即为不适应。

1.1.1　汽车容量

汽车容量是指汽车一次允许运载的最大货物量或乘客人数，它与汽车的装载量、车厢尺寸、货物的比重、座位数和站立乘客的地板面积有关。

载货汽车的容量常用单位载货量和装载质量利用系数评价。

$$单位载货量 = \frac{额定载货量（t）}{货箱容积（m^3）} \quad （t/m^3）$$

单位载货量也叫比装载质量。

$$装载质量利用系数 = \frac{货物容积质量（t/m^3）\times 车厢容积（m^3）}{装载质量（t）}$$

装载质量利用系数决定了该车型装载何种货物才能装满车厢，才能利用好汽车的全部装载能力。一般来说，汽车的装载质量愈大，愈不适于装载单位容积质量轻的货物，特别是散装货物。

汽车（货车）的容量向大型和小型两个方向发展，这样可以适应大宗货物和短途小批量货物的不同需要。大吨位的汽车具有较好的经济效果，在运距大于 12 km 的情况下，装载质量 12 t 以上的货车，运输效率较装载质量 4 t 的货车提高 3 ~ 4 倍，成本下降80% ~85%。

1.1.2　速度性

汽车以最少的时间耗费送达货物或旅客的能力，称为汽车的速度性。汽车的速度性越好，运输生产率就越高。评价速度性的主要指标有：动力特性、最高车速、加速能力、爬坡能力和平均行驶速度等。

1.1.2.1　**动力特性**

汽车的动力特性决定了汽车在各种不同行驶阻力道路上行驶的可能速度，动力特性常用动力因数（D）表征：

$$D = \frac{F_t - F_w}{G}$$

式中：F_t——驱动力（N）；

F_w——空气阻力（N）；

G——汽车的重量（N）。

汽车的动力因数取决于汽车的结构参数，不同型号的车辆，只要动力因数相同，便能克服同样的道路阻力和加速阻力；当汽车的旋转质量换算系数相同时，便可以产生同样的加速度，产生相同的行驶速度。但由于车辆用途和使用条件不同，不同类型的车辆在同一挡位的动力因数是不相同的，根据不同挡位的动力因数便可判断汽车对各种道路条件的适应性。（汽车的质量可分为平移质量和旋转质量两部分。汽车加速时，不仅平移质量产生惯性力，旋转质量也要产生惯性力偶矩。为便于计算，一般把旋转质量的惯性力偶矩转化为平移质量的惯性力，对于固定传动比的汽车，常以系数作为计入旋转质量惯性力偶矩后的汽车旋转质量换算系数。）

动力因数的基础是发动机的功率和转矩，因而又常用比功率和比转矩评价汽车的动力性。

比功率——汽车发动机最大功率与汽车总质量之比。

比转矩——汽车发动机最大转矩与汽车总质量之比。

对于用途不同的车辆，比功率和比转矩的要求是不相同的，轿车比货车的要求高。

1.1.2.2　最高车速

汽车在水平良好路面上满载行驶所能达到的最高行驶速度称为最高车速。最高车速是汽车动力性的一个重要指标，不同用途的汽车，其最高车速也不同。轿车的最高车速比货车高得多，同时汽车的最高车速还受道路和安全条件的制约。近 10 年来，汽车最高车速已普遍提高，轿车已达 200 km/h 以上，货车也达 80 km/h 以上，如东风 EQ1090 汽车的最高车速为 90 km/h，桑塔纳 2000 轿车的最高车速为 166 km/h（电喷发动机为 172 km/h），红旗 CA7220 轿车的最高车速为 175 km/h，奔驰 380SEC 轿车的最高车速达 210 km/h。

1.1.2.3　加速能力

加速能力用起步加速和超车加速能力表示，其表示方法通常用加速时间和距离或加速时间和速度表示。即通过规定路程所需的时间〔如通过 400 m 所需的时间（s）〕，或达到规定车速所需的时间。例如桑塔纳 2000 轿车 0～80 km/h 的加速时间≤9.9 s（电喷发动机为 9.7 s）；奥迪 100 轿车 0～96 km/h 的加速时间为 9.5 s；0～400 m 的加速时间为 17.4 s；红旗 CA7220 轿车 0～100 km/h 的加速时间≤14.5 s。

1.1.2.4　爬坡能力

以汽车满载时在良好路面上的最大爬坡度表示。有的国家是以在一定坡道上，汽车必须保证行驶的速度来表示。货车的爬坡能力强，一般爬坡度 i 都在 30% 左右（16.5°）。例如东风 EQ1090 汽车的最大爬坡度 i_{max} 规定大于 28%；对于越野车，最大爬坡度 i_{max} ≥60%（30°左右）；轿车的最大爬坡度 i_{max} 一般为 20%。

1.1.2.5　平均行驶速度

平均行驶速度即汽车行驶时间内的平均速度。计算时不包括装卸物资、上下乘客、排除技术故障的停歇时间，但包括遵守交通规则必须要停车的时间。

1.1.3　使用方便性

汽车的使用方便性是一个综合的使用性能，指汽车在结构上为使用者提供条件的方便性。它由一系列性能指标构成，主要有：平顺性和舒适性、行驶方便性、装卸货物的方便性、操纵方便性、紧凑性、机动性、上下车的方便性和最大续驶里程等。

1.1.3.1　行驶平顺性和乘坐舒适性

平顺性是指汽车以最小的车身振动，在各种不平路面上行驶的适应能力。行驶平顺性的优劣，通常是根据人体对振动的生理反应以及振动对货物完好的影响来评价。主要用振动参数，如振动的频率、振幅、加速度等作为评价指标。

舒适性是评价在规定的行驶条件下，在合理运行时间范围内驾驶员与乘客感觉良好的标准。

影响舒适性的因素有：座椅尺寸、形状及其空间与人体接触处的材料硬度和质感、振动频率、视野、内饰对乘客心理影响效果和乘坐安全感等。

1.1.3.2 机动性

机动性指车辆在最小面积内转向和转弯的能力。其评价指标主要有：前外轮最小转弯直径（或转弯半径）、转弯的通道宽度等。国家标准《机动车运行安全技术条件》规定：机动车辆的最小转弯直径以前轮轨迹中心为基准，测量值不得大于 24 m，且当转弯直径为 24 m 时，前转向轴和末转向轴的内轮差（以两内轮轨迹中心计）不得大于 3.5 m。一般重型载货汽车的最小转弯直径 $D_{min}=18\sim22$ m，中型车为 15 ~ 17 m，轻型车为 11 ~ 16 m。

1.1.3.3 操纵方便性

指驾驶员在驾驶汽车的过程中劳动强度的高低。评价指标有：施加于操纵机构的力、运行时驾驶员的操纵次数、工作装置的位置和装备情况、视野及后视镜的装置情况、照明及信号装置是否完善等。

1.1.3.4 装卸货物方便性

指车辆对装卸货物的适应能力。表征车辆装卸货物方便性的指标主要有：货箱和车身地板的装货高度，从一面、两面、三面装卸货物的可能性，厢式车车门的构造、布置和尺寸，有无随车装卸货物的装置及其效率等。

1.1.3.5 乘客上下车的方便性

主要对轿车和客车而言。乘客上下车方便与否取决于车门的布置（轿车）和车门踏板的结构参数，如踏板的高度、深度、级数和能见度以及车门的宽度。客车上下车的方便性还影响城市公共汽车在线路上的运行时间。

1.1.3.6 紧凑性

紧凑性是表征汽车外形尺寸合理与否的指标，主要有：

1. 汽车的长度利用系数（λ_L）。

$$\lambda_L=\frac{L_k}{L_a}$$

式中：L_k——车身有效容积的内长（m）；

L_a——汽车的外形长度（m）。

2. 汽车外形尺寸利用系数（λ_F）。

$$\lambda_F=\frac{A_k}{A_a}$$

式中：A_k——汽车车身（厢）内腔面积（m^2）；

A_a——汽车轮廓占地面积（m^2）。

1.1.3.7　最大续驶里程

即汽车的油箱加满油后能行驶的最大里程数 L_T。

$$L_T = \frac{100V_c}{Q_s} \quad (\text{km})$$

式中：V_c——油箱容积（L）；

Q_s——百公里油耗（L/100 km）。

1.1.4　燃料经济性

汽车在一定的使用条件下，用最少的燃料消耗完成单位运输工作的能力，称为汽车的燃料经济性。燃料经济性是汽车使用经济性能的一个很重要的指标，它对汽车运用的效果有决定性的影响。燃料费用一般占汽车运输成本的20%～30%，所以降低汽车的燃料消耗是减少使用费用的主要途径之一。燃料经济性的评价指标通常是用在规定条件下行驶单位里程所消耗的燃料量表示，一般称为百公里油耗。其单位为升/千米（L/km）或升/百千米（L/100 km）。在国外，也有用每燃烧单位体积燃料汽车行驶的里程数表示，其单位为千米/升（km/L）或英里/加仑（mile/gal）以及用每升油耗的行程（km/L）来表示。运输企业也用运送单位质量的货物至单位里程所消耗的燃料量表示汽车的燃料经济性，其单位为升/百吨千米（L/100 t·km）或千克/百吨千米（kg/100 t·km）。此评价参数不仅表示了燃料消耗量，而且还表示了运输的效率，便于比较不同装载质量汽车的燃料经济性。

测定汽车燃料经济性的试验方法有很多。如我国国家标准规定有：在道路条件下的直接挡全油门加速燃料消耗量试验，等速燃料消耗量试验，多工况燃料消耗量试验，限定条件下的平均使用燃料消耗量试验，汽车在底盘测功机上的循环试验等。

汽车直接挡全油门加速燃料消耗量的试验条件：汽车挂直接挡（没有直接挡时挂最高挡），以（30±1）km/h 的初速度，稳定通过 50 m 的预备段，在测试路段的起始点开始，油门全开，加速通过测试路段测得燃料消耗量。

进行汽车等速行驶燃料消耗试验时，汽车用常用挡位，往返等速行驶通过 500 m 的测试路段，分别测试车速为 20 km/h、30 km/h、40 km/h，直至 90% 最高车速各车速下的燃料消耗量。然后以车速为横轴、燃料消耗量为纵轴，绘制出曲线图，称为等速燃料消耗量特性曲线，简称等速油耗曲线。

多工况燃料消耗量试验是考虑了实际行驶中频繁出现的加速、减速，停车怠速、制动等各种工况，并将其根据车型经过加工简化规定为标准的循环进行试验。

限定条件下的平均使用燃料消耗量试验，其选择的测试路段应是三级以上平原干线公路，长度不小于 50 km，试验时轿车的车速为（60±2）km/h，铰接式客车为（35±2）km/h，其他车辆为（50±2）km/h，测定每 50 km 单程的燃料消耗量，然后换算成百公里燃料消耗量。往返各试验一次，以两次测量结果的算术平均值作为测定结果。

为了节约石油资源，很多国家都制定了限制汽车油耗的法规，从而促进了燃料经济性的不断提高。

1.1.5 安全性

汽车以最小的交通事故概率和最少的公害适应使用条件的能力，称为汽车的安全性。

安全性是汽车的重要使用性能之一（节能、降污、安全是汽车使用所必须具备的能力），它直接关系到人们的生命和健康以及汽车和运输货物的完好。汽车速度性能的发挥，很大程度上取决于汽车的安全性能，特别是随着汽车保有量日益增加和汽车速度的提高，对汽车的安全性要求也愈来愈严格。如 20 世纪 90 年代日本提出的 ASV（Advanced Safety Vehicle），就是一种在传统安全技术的基础上，装备先进电子技术的高度智能化安全汽车。它主要采用了安全预防技术、事故避免技术、减少损伤和碰撞后的防护技术等，是汽车安全技术研究应用的代表。

汽车的安全性是一系列结构性能的综合体现。我国汽车强制性标准分为三大部分，即安全性标准、污染控制和节能，其中安全性标准项目包括主动安全、被动安全和防火安全。

1.1.5.1 主动安全性

汽车主动安全方面的主要内容有：

（1）保证驾驶员有良好视野方面：驾驶员前视野要求；汽车后视镜的安装要求及性能；风窗玻璃除霜、除雾；刮水器洗涤器等。

（2）保证良好操纵性能方面：转向系统、加速控制系统、制动系统的功能；汽车喇叭的性能等。

（3）各种照明及信号装置的要求：各种照明及信号装置的标识、性能要求，前照灯、雾灯、倒车灯、转向灯、制动灯和示廓灯的位置及要求等。汽车驾驶室内各种操纵件、指示器及信号装置使用统一的图形标志，可避免驾驶员错误识别或错误操作而导致车祸。

1.1.5.2 被动安全性

被动安全性即发生事故时的安全性，指汽车发生交通事故后，减轻乘员和行人伤亡、减少车辆损失的结构性能，主要有：

（1）驾驶室、车身结构的刚度，防止正面、侧面撞击的性能，特别是轿车的侧门强度。

（2）汽车座椅系统的安全性，包括座椅强度、安全带强度、安全带固定点的强度、座椅头枕等。它们的作用主要是保证撞车时能吸收乘员的能量，减轻乘员伤亡。

（3）汽车（特别是轿车）内外凸出物的要求。例如：在头部碰撞基准区内，要求不得有曲率半径小于 2.5 mm 的刚性材料构件和粗糙表面等。

（4）汽车和挂车的侧面及后下部设有防护装置，主要用来防止车辆在行驶时有其他人、车、动物等撞击，造成事故。

（5）汽车安全玻璃，用以防止撞击后玻璃破碎伤人。目前我国规定要使用国家安全认证过的玻璃。

1.1.5.3　防火安全性

防止车辆火灾的结构措施主要有：

（1）提高车身内饰材料的耐火性。要求用阻燃材料制造，阻燃材料应满足：①不燃烧；②可以燃烧，但燃烧速度不大于100 mm/min；③燃烧火焰在60 s内自行熄灭，且燃烧距离不大于50 mm。

（2）燃油箱规定。燃油箱与排气管的出口端位置应相距300 mm以上，或设置有效的隔热装置，燃油箱的加油口应距裸露电气接头与电气开关200 mm以上。

（3）轿车碰撞时燃油箱的泄漏规定。主要是防止碰撞后油箱漏油引起燃烧，造成二次损坏。要求按规定的试验方法试验时，从燃油箱及燃油管泄漏的燃油总量，在5 min内不得大于200 mL。

1.1.5.4　制动性

汽车的制动性是强制停车和降低车速的能力，它直接关系到人的安全。汽车必须具有优良的制动性能，才能保证在安全的条件下充分发挥其速度性能。因而制动性是汽车使用过程中安全性的重要指标。评价汽车制动性的主要指标是：制动效能（制动力、制动距离和制动减速度）、制动效能的稳定性以及制动时汽车的方向稳定性。

1. 制动效能。

汽车迅速降低行驶速度直至停车的能力称为汽车的制动效能。它是评价汽车制动性最基本的指标。主要用制动距离和制动减速度来评价。

（1）制动距离，车辆制动过程中所驶过的距离。

（2）制动减速度，车辆制动时能够达到的最大减速度。根据汽车理论可知，汽车所能达到的最大减速度，即汽车的最大制动减速度是由道路条件所决定的，各种性能优良的制动器应考虑充分利用道路的附着性能。

除用制动距离和制动减速度评价外，也可用制动力评价。制动力是在室内用制动试验台检测汽车各车轮制动力的大小，根据其与轴荷的比例判断制动效能是否合格。

2. 制动效能的稳定性。

制动效能稳定性是指制动效能不因制动器摩擦条件的改变而恶化的性能，包括热稳定性和水稳定性。

水稳定性——制动效能不因制动器浸水而衰退的能力。

热稳定性（抗热衰退性）——制动效能不因制动器温度升高而衰退的能力。

3. 制动时的方向稳定性。

制动时，汽车保持按给定方向行驶的能力。各轮的制动力不均匀、比例不当是导致制动跑偏、侧滑，使汽车失去控制而离开原行驶方向的基本原因。

1.1.6 通过性

通过性指车辆不用其他辅助措施以足够高的平均速度通过各种坏路（沙、雪、冰等）、无路地段和自然障碍的能力。

对于经常在道路条件较差的地区使用的车辆，如农用、林用、军用、工程用车等，通过性十分重要，对于在高等级公路上行驶的车辆则要求不高。但是任何类型的车辆都有可能要通过恶劣路面和无路地段，因而都应具有与其使用条件相适应的通过性。通过性包括轮廓通过性和支撑通过性。

1.1.6.1 轮廓通过性

轮廓通过性表征车辆通过坎坷不平路段、障碍（陡坡、侧坡、台阶、壕沟等）的运行能力。表征车辆轮廓通过性的指标有：离地间隙 C，接近角 γ_1，离去角 γ_2，纵向通过半径 ρ_1，横向通过半径 ρ_2（如图 1－1 所示）以及车辆通过的最大侧坡等。

最小离地间隙 C 是汽车除去车轮外的最低点与路面之间的距离。它表征汽车无碰撞地越过石块、树桩等地面障碍的能力，汽车的前桥、飞轮壳、变速器壳、消声器和主减速器外壳等通常有较小的离地间隙。

接近角 γ_1 与离去角 γ_2 是指自汽车车身前、后突出点向前、后车轮引切线时，切线与路面之间的夹角。它表征了汽车接近或离开障碍物（如小丘、沟洼地等）时不发生碰撞的能力，也就是不发生触头和托尾失效的能力。接近角和离去角越大，则汽车的通过性越好。

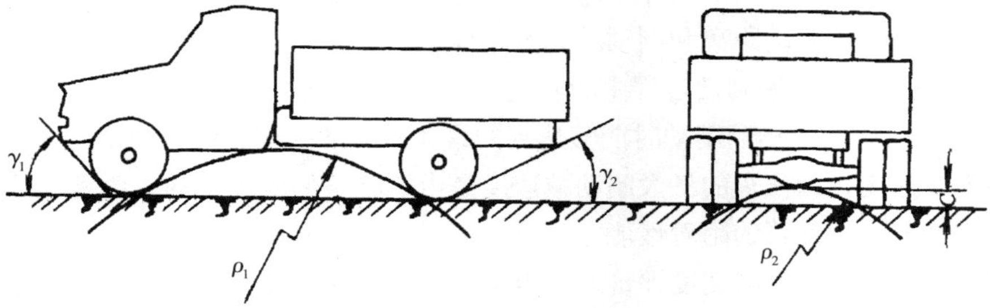

图 1－1 汽车轮廓通过性的几何参数

纵向通过半径 ρ_1 是指在汽车侧视图上，作出与前、后轮及两轴间轮廓相切圆的半径。它表征汽车可无碰撞地通过小丘、拱桥等障碍物的轮廓尺寸。纵向通过半径越小，汽车的通过性越好。

横向通过半径 ρ_1 是指在汽车的正视图上所作与左右车轮及与两轮之间轮廓线相切的圆半径。它表示汽车通过小丘及凸起路面等横向凸起障碍物的能力，ρ_1 越小，汽车的通过性就越好。

1.1.6.2　支撑通过性

支撑通过性表征车辆在松软土壤、雪地、冰面、沙漠、滑溜路面上运行的能力。其评价参数通常有：

（1）附着质量和附着质量利用系数：为满足汽车行驶的附着条件，应满足下式

$$G_\phi \cdot j \geqslant G_a \cdot \psi$$

式中：G_ϕ——附着质量；

ϕ——附着系数；

G_a——车辆总重；

ψ——道路阻力系数，$\psi = f + i$。f——道路滚动阻力系数；i——道路坡度。

则：$G_\phi / G_a = k_\phi$，称为附着质量利用系数。

（2）接地比压：车轮接地比压可由下式计算

$$F = 0.098 G_k / A_0$$

式中：F——车轮接地比压（MPa）；

G_k——车轮上的法向载质量（kg）；

A_0——车轮接地面积（cm^2）。

车轮接地比压一般比轮胎内压高10%～20%。推荐的车轮接地比压为：轴载质量<10 t的车辆，$F \leqslant 0.65$ MPa；轴载质量<6 t的车辆，$F \leqslant 0.55$ MPa。

1.1.7　可靠性和耐久性

可靠性和耐久性是评价汽车技术水平的综合使用性能指标。

1.1.7.1　汽车的可靠性

汽车的可靠性是指在规定的使用条件下和规定的行程内完成规定功能的能力。其评价指标有：

（1）平均首次故障里程（MTTFF）。

（2）平均故障间隔里程（MTBF）。

$$\text{MTBF} = S/r$$

式中：S——试验里程（km）；

r——试验里程 S 内发生的1、2、3类故障的总数。

（3）当量故障率 λ_D 是将汽车行驶时发生的各类故障，按其造成的后果及对汽车工作性能的影响程度分为四大类：第一类为致命故障，其涉及行驶安全，可能导致人身伤亡或者引起主要总成报废，造成重大经济损失或对周围环境造成危害；第二类为严重故障，可导致主要总成、零部件损坏或性能显著下降，且不能用随车工具和易损备件在短时间(30 min)内修复；第三类为一般故障，可在30 min内修复；第四类为轻微故障，用随车工具在5 min内能轻易排除。根据各级故障的危害程度，以一定的系数折算成常见的一般故

障数称为当量故障数 γ_D，$\gamma_D = r \cdot \varepsilon$，然后再计算当量故障率。

这里，r 为各类故障发生的数量；ε 为某类故障相应的故障折合系数。

根据国家标准，第一、二、三和四类故障的折合系数 ε 分别为：

$\varepsilon_1 = 20$，$\varepsilon_2 = 5$，$\varepsilon_3 = 1$，$\varepsilon_4 = 0.4$。

则：当量故障率

$$\lambda_D = 1000 \frac{\gamma_D}{S} \quad （次/1000km）$$

（4）千公里维修时间 MT_m。

$$MT_m = 1000 \frac{TR_m + TR_p}{S} \quad （h/1000km）$$

式中：TR_m——行驶里程内故障后维修时间总和（h）；

TR_p——S 里程内预防维护时间总和（h）。

（5）千公里维修费用 M_c。

$$M_c = 1000 \frac{C}{S} \quad （元/1000km）$$

式中：C——维修费用总和，包括材料、工时、设备等费用。

（6）有效度 A。

$$A = \frac{S}{S + S_D} \quad （\%）$$

式中：S_D——维修停驶里程，$S_D = V_a \cdot MT_m \cdot S/1000$。$V_a$ 为平均技术车速。

1.1.7.2 汽车的耐久性

汽车的耐久性是指汽车进入极限技术状态之前，经预防维修（不更换主要总成和大修）维持工作能力的性能。评价指标有：

（1）第一次大修前的平均行程（目前国产中型车平均为 150000 ~ 170000 km，国外为 300000 km）。

（2）大修平均间隔里程。

1.1.7.3 汽车的使用期限

汽车的使用期限是指新车开始使用直至报废为止的使用延续时间（或行程）。使用期限分为技术使用期限、经济使用期限和合理使用期限。

1.1.8 维修性

汽车的维修性是指在规定的条件下和规定的时间内，按规定程序和方法维修时，保持或恢复到规定功能的能力。评价指标有：

（1）汽车的技术利用系数 k_T。

$$k_T = \frac{T_s}{T_s + T_m + t_r}$$

式中：T_s——汽车处于工作能力状况时间的数学期望；

T_m——因维护停驶时间的数学期望；

T_r——因修理停驶时间的数学期望。

（2）完好率 k_0。

$$k_0 = \frac{t}{t + t_{rm}}$$

式中：t——无故障工作时间；

t_{rm}——维修时的停驶时间。

（3）汽车工作能力被恢复的概率——表征汽车在规定的时间内，其工作能力被恢复的可能性。

（4）机构、总成和汽车的维护周期。

（5）维护和修理劳动量。

（6）维护和修理比费用。

1.1.9　汽车的质量利用

汽车的质量利用表征汽车整备质量与装载质量之间的关系，即自重和装载质量之间的关系。通常用如下指标表示：

汽车质量利用系数 = 汽车装载质量/汽车净质量

或　汽车整备质量利用系数 = 汽车装载质量/汽车整备质量

整备质量利用系数不仅反映设计、制造水平，而且也反映其使用经济性，因而是汽车技术进步的主要标志之一。我国轻型汽车一般在 1.1 左右，中型车在 1.35 左右，重型车在 1.3 ~ 1.7 之间。随着汽车技术的不断提高，汽车的质量利用系数也在逐步提高。例如东风 EQ1090 载货汽车的质量利用系数是 1.225，EQ1141G8t 平头柴油载货汽车的是 1.38。

1.1.10　外形尺寸（外廓尺寸）

汽车的外形尺寸包括总长、总宽和总高，它们必须与公路、桥梁、涵洞和铁路运输等有关标准相适应。GB 7258—1997《机动车运行安全技术条件》对汽车的长、宽、高分别制定了限值。例如：

长：载货汽车≤12 m，整体式客车≤12 m，半挂汽车列车≤16.5 m，单铰接载客车≤18 m，全挂汽车列车≤20 m，双铰接载客车≤23 m（在指定路线上运行）；

宽：≤2.5 m，不包括后视镜等可折叠部位；

高：≤4 m，汽车空载时，顶窗、换气装置处于关闭状态。定线行驶的双层客车高度≤4.2 m。

同时要求后视镜伸出车外的最大宽度≤250 mm，顶窗、换气装置开启状态时不得超出车高 300 mm。

表 1－1　汽车、挂车及汽车列车外廓尺寸的最大限值

（单位：mm）

<table>
<tr><th colspan="4">车辆类型</th><th>车长</th><th>车宽</th><th>车高</th></tr>
<tr><td rowspan="12">汽车</td><td colspan="3">三轮汽车</td><td>4600</td><td>1600</td><td>2000</td></tr>
<tr><td rowspan="8">货车及半挂牵引车</td><td colspan="2">最高设计车速小于 70 km/h 的四轮货车</td><td>6000</td><td>2000</td><td>2500</td></tr>
<tr><td rowspan="4">二轴</td><td>最大设计总质量≤3500 kg</td><td>6000</td><td rowspan="6">2500</td><td rowspan="6">4000</td></tr>
<tr><td>最大设计总质量 ＞3500 kg，且≤8000 kg</td><td>7000</td></tr>
<tr><td>最大设计总质量 ＞8000 kg，且≤12000 kg</td><td>8000</td></tr>
<tr><td>最大设计总质量 ＞12000 kg</td><td>9000</td></tr>
<tr><td rowspan="2">三轴</td><td>最大设计总质量≤20000 kg</td><td>11000</td></tr>
<tr><td>最大设计总质量 ＞20000 kg</td><td>12000</td></tr>
<tr><td colspan="2">四轴</td><td>12000</td><td rowspan="4">2500</td><td rowspan="4">4000</td></tr>
<tr><td rowspan="3">乘用车及客车</td><td colspan="2">乘用车及二轴客车</td><td>12000</td></tr>
<tr><td colspan="2">三轴客车</td><td>13700</td></tr>
<tr><td colspan="2">单铰接客车</td><td>18000</td></tr>
<tr><td rowspan="6">挂车</td><td rowspan="3">半挂车</td><td colspan="2">一轴</td><td>8600</td><td rowspan="6">2500</td><td rowspan="6">4000</td></tr>
<tr><td colspan="2">二轴</td><td>10000</td></tr>
<tr><td colspan="2">三轴</td><td>13000</td></tr>
<tr><td colspan="3">中置轴（旅居）挂车</td><td>8000</td></tr>
<tr><td rowspan="2">其他挂车</td><td colspan="2">最大设计总质量≤10000 kg</td><td>7000</td></tr>
<tr><td colspan="2">最大设计总质量 ＞10000 kg</td><td>8000</td></tr>
<tr><td rowspan="2">汽车列车</td><td colspan="3">铰接列车</td><td>16500</td><td rowspan="2">2500</td><td rowspan="2">4000</td></tr>
<tr><td colspan="3">货车列车</td><td>20000</td></tr>
</table>

学习任务 1.2　汽车检测站的认识

汽车检测技术是从汽车维修技术中衍生出来，由汽车维修伴随汽车技术的发展而发展的。在早期的汽车维修过程中，主要是通过有经验的维修人员发现汽车故障并做有针对性的修理，即过去人们常讲的“望（眼看）”（例如：通过观察汽车外观或车辆行驶状态判断故障）、“闻（耳听）”（例如：通过发动机等运转发声判断故障）、“问（询问）”（例如：通过询问驾车人员车辆使用情况或现象判断故障）、“切（手摸）”（例如：通过手摸感受温度、振动、压力等现象判断故障）方式。随着现代机电测控技术的进步，特别是计算机技术的进步，汽车检测技术也飞速发展。目前人们能依靠各种先进的仪器设备，对汽车进行不解体检测，而且安全、迅速、可靠。

最近 20 多年，我国的机动车性能检测、诊断技术迅速提高。从开始由国外引进检测设备发展到现在自己生产成套的检测设备，从第一条检测线的建立发展到遍布全国的几千条检测线，从单机检测发展到整机联网电脑控制，我国的机动车性能检测、诊断逐步走向成熟，检测方法更加科学，检测标准和监督管理水平进一步提高。目前全世界的汽车保有量已经达到了 10 亿多辆，我国的汽车保有量达到 1.06 亿多辆。为了保障交通安全，对机动车实施科学有效的监督，提高机动车的安全性和可靠性，公安部和交通部出台了一系列的法律、法规，要求机动车安全技术检验机构依据标准对机动车进行检验，要求机动车综合性能检验机构依据标准对从事运营的机动车进行检验。

1.2.1　检测诊断参数

检测诊断参数是表征汽车、汽车总成及机构技术状况的量。在检测诊断汽车技术状况的时候，需要采用一种与结构参数（比如说磨损量、间隙量等）有关而又能表征技术状况的间接性指标，该间接性指标称为诊断参数。诊断参数既与结构参数紧密相关，又能反映汽车的技术状况，是一些可测的物理量或化学量。

汽车诊断参数包括工作过程参数、伴随过程参数和几何尺寸参数。

1. 工作过程参数。

工作过程参数是汽车、汽车总成或机构工作过程中输出的一些可供测量的物理量或化学量。例如，发动机功率、底盘输出功率、汽车燃料消耗、制动距离及制动滑翔距离等，往往能表明诊断的汽车总的技术状况。工作过程参数是深入诊断的基础。汽车不工作过程参数无法测量。

2. 伴随过程参数。

伴随过程参数是伴随诊断对象在工作过程中输出的一些可测量，如异响、噪声、振动、过热等。这些参数可以提供局部信息，常用于复杂系统的深入诊断。汽车不工作（过热除外），无法测量伴随过程参数。

3. 几何尺寸参数。

几何尺寸参数反映的是总成或机构中配合零部件之间或独立零件的技术状况，比如说配合间隙，零件的磨损、变形，缸径，圆度、圆柱度，端面跳动等都可以作为诊断参数来使用。

汽车常用诊断参数如表 1－2 所示：

表 1-2　汽车常用诊断参数

诊断对象	诊断参数	诊断对象	诊断参数
汽车整体	最高车速	发动机总成	发动机功率
	加速时间		发动机燃油消耗量
	最大爬坡度		单缸断火油转速下降
	驱动车轮输出功率		排气温度
	驱动车轮驱动力	曲柄连杆机构	气缸压力
	汽车燃料消耗		气缸漏气量
	汽车侧倾稳定角		气缸漏气率
	CO_2 排放量		曲轴箱漏气量
	HC 排放量		进气管负度
	NO 排放量	配气机构	气门间隙
	CO_X 排放量		配气相位
	O_2 排放量	点火系统	断电器触点间隙
	柴油车自有加速烟度		断电器触点闭合角
汽油供给系统	空燃比		点火波形重叠角
	汽油泵出口关闭压力		点火提前角
	汽油系统供油压力		火花塞间隙
	喷油器喷油压力		各缸点火电压值
	喷油器喷油量		各缸点火电压短路值
	喷油器喷油不均匀度		点火系统最高电压值
柴油机供油系统	输油泵输油压力	冷却系统	火花塞加速特性值
	喷油泵高压油管最高压力		冷却液温度
	喷油泵高压油管残余压力		冷却液液面高度
	喷油器针阀开启压力		风扇传动带张力
	喷油器针阀关闭压力	润滑系统	风扇离合器离合温度
	喷油器针阀升程		机油压力
	各缸喷油器喷油量		油底壳油面高度
	喷油器喷油不均匀度		机油温度
	喷油提前角		机油消耗量
	供油提前角		理化性能指标变化量
发动机总成	额定转速		清净性系数 K 的变化量
	怠定转速		介电常数变化量

续表

诊断对象	诊断参数	诊断对象	诊断参数
润滑系统	金属微粒含量	制动系统	制动拖滞力
传动系统	传动系统游动角度		驻车制动力和距离
	传动系统功率损失		制动时间
	机械传动效率		制动协调时间
	总成工作温度		制动完全释放时间
转向系统	车轮侧滑量	行驶系统	车轮静不平衡量
	车轮前束值		车轮动不平衡量
	车轮外倾角		车轮端面圆跳动量
	主销后倾角		车轮径向圆跳动量
	主销内倾角		轮胎胎面花纹深度
	转向轮最大转向角	其他	前照灯发光强度
	最小转弯直径		前照灯光束照射位置
	转向盘自由转动量		车速表误差值
	转向盘最大转向力		喇叭声级
制动系统	制动距离		客车车内噪声
	制动减速速度		驾驶员耳旁噪声
	制动力		

1.2.2　检测参数标准

为了定量地评价汽车及其总成或机构的技术状况，确定维修的范围和深度，必须建立诊断参数标准，提供一个比较尺度，检测结果与标准值对照后，即可确定汽车是继续运行还是应该进行维修。

诊断参数标准一般是由初始值、许用值、极限值三部分组成。

1. 初始值 pf。

初始值就是指无故障新车与大修车诊断参数的大小，往往是最佳值，可作为新车和大修车的诊断标准。当诊断参数值处于初始值范围内时，表明诊断对象技术良好。

2. 许用值 pd。

诊断参数在允许的范围值之内，表明诊断对象技术状况发生变化，但是诊断技术状况依然属于正常，不需进行修理。若超过此值则需要进行修理。

3. 极限值 pn。

诊断参数超过规定范围值，则表明汽车技术状况严重恶化，需进行修理。此时，汽车的动力性、经济性和环保性将会大大降低，行驶安全将得不到保证，有关机件可能磨损严重，甚至可能会发生机械故障。

随着经济技术的不断发展和汽车制造工业技术的不断更新，诊断参数会不断进行修正，在采用各类参数标准时应选用与之相应的诊断参数标准。

1.2.3　检测诊断周期

检测诊断周期是汽车进行检测的间隔时期，以行驶里程或使用时间表示。检测周期的确定，应满足技术和经济方面的条件，获得最佳检测周期。最佳检测周期是指能保证车辆的完好率最高而消耗的费用最少的检测周期。

机动车检测须知：

1. 检测范围。

从注册登记之日起，营运载客汽车 5 年内每年检验一次，超过 5 年的，每 6 个月检验一次；载货汽车和大型、中型非营运载客汽车 10 年内每年检测一次；小型、微型非营运载客汽车 6 年以内每两年检测一次，超过 6 年的，每年检测一次。

2. 检验时间。

在检车辆按照行驶证上签注的检验有效期截止月份参加检验。

3. 检验程序。

车主或驾驶人持《机动车安全检验记录单》（人工检验部分），填写车辆有关情况，到车管所（五小车辆管理所）拓印车架号，确认机动车。

4. 车检主要注意的有以下四点：

（1）车辆外观（包括车身喷漆、加装踏板、更换排气、个性图案）与行驶证上照片不符的；

（2）车辆车架号及发动机号不清楚的、涂改的或者与行驶证上不符的；

（3）车辆有违章未处理的、年检过期的、丢失行驶证的、未续期购买交强险保单的，需先处理好再年检；

（4）车辆主要指标：尾气排放、制动性能、灯光强度等有偏差的，均不能通过年检。

1.2.4　汽车检测站

汽车检测站是综合利用检测设备，采用现代检测技术，不解体检测汽车各种性能的场所。按我国交通部令第 29 号《汽车运输业车辆综合性能检测站管理办法》的规定，汽车检测站的任务如下：

1. 汽车检测站的任务：

（1）对在用运输车辆的技术状况进行检测诊断；

（2）对汽车维修行业的维修车辆进行质量检测；

（3）接受委托，对车辆改装、改造、报废及有关新工艺、新技术、新产品、科研成果等项目进行检测，并提供检测结果；

（4）接受公安、环保、商检、计量和保险等部门的委托，为其进行有关项目的检测，并提供检测结果。

2. 汽车检测站的类型。

按不同的分类方法，汽车检测站可以分为不同的类型：

（1）按照服务功能分，可分为安全检测站、维修检测站、综合维修检测站；

（2）按自动化程度分，可分为手动式、半自动式和全自动式；

（3）按规模大小分，可分为大型、中型、小型检测站。

3. 汽车维修检测设备。

包括汽车维修诊断、保养设备，汽修工具类。汽车检验仪器设备有：汽车车速表检验台，汽车速度表检验台，汽车侧滑检验台，汽车称重测试仪，汽车制动检验台，粘砂汽车制动台，便携式反力滚筒制动台，称重自动复合台，汽车底盘测功机，前轮转向性能检测仪，汽车悬架间隙仪，全自动汽车检测系统，摩托车检测线，机动车移动检测线，机动车安全技术检测线，发动机综合分析仪，平板制动试验台，谐振式汽车悬架装置检测台，各类举升机，车身校正仪系统，四轮定位仪，故障检测分析仪，轮胎电脑平衡测试仪，扒胎机、拆胎机，烤漆房，气动工具、手动工具等，外形整形修复设备及工具，启动、充电电源设备，维修实验台、机床加工设备，硫化机、补胎机，整形机、焊接设备，净化系统，真空泵，调漆设备，烤漆机、充电机，清洗机，充氮机、黄油加注机，平衡机及各种液压工具等。

4. 车辆检测流程。

（1）车辆在检测站待检区排队候检，车主到业务厅收费室缴纳检测费用；

（2）由车管所驻站人员对机动车发动机号码、车架号等主要特征和技术参数进行车辆唯一性、合法性的确认；

（3）由检测中心具有上岗资格的检测员对车辆的外观、三角牌、灭火器进行检查后，由保安收取行驶、审验表，安排上线车辆顺序，由引车员负责上线检测；

（4）车主到检测站出口处等待取回车，并到业务厅签章室领取检测报告单和行驶证。

☞单元小结

本单元重点介绍的是汽车使用性能，汽车使用性能包括汽车动力性能、汽车燃料经济性能、汽车行驶安全性能、汽车平顺性与通过性、汽车舒适性能、汽车制动性能以及汽车检测站的任务、工艺流程。

☞学习工作页

<table>
<tr><td rowspan="2">学习工作页</td><td>学习单元</td><td colspan="4">汽车使用性能与检测认知</td></tr>
<tr><td>学习任务</td><td colspan="4">汽车使用性能及参数的认识、汽车检测站的认识</td></tr>
<tr><td>姓　名</td><td></td><td>班　级</td><td></td><td>小　组</td><td></td></tr>
<tr><td>日　期</td><td></td><td>开始时间</td><td></td><td>结束时间</td><td></td></tr>
<tr><td>场　地</td><td colspan="5">整车理实一体教室</td></tr>
<tr><td>用品、用具、工具、设备</td><td colspan="5">任何 4 辆轿车均可（每班分成 4 个小组，每组 1 辆车）</td></tr>
<tr><td colspan="6">1. 填空题。
汽车的使用性能有＿＿＿＿、＿＿＿＿、＿＿＿＿、＿＿＿＿、＿＿＿＿、＿＿＿＿、＿＿＿＿、＿＿＿＿、＿＿＿＿。
2. 判断题。
(1) 汽车的技术状况随着行驶里程的增加会越来越好。(　　)
(2) 工作过程参数在发动机不工作时是可以测量的。(　　)
3. 完成任务。
某日，邓先生打电话给汽车 4S 服务顾问，询问汽车检测之前应该准备些什么资料和注意事项。如果你是 4S 店的服务顾问，应该怎么回答邓先生?
＿＿＿＿＿＿＿＿＿＿＿＿＿＿＿＿＿＿＿＿
＿＿＿＿＿＿＿＿＿＿＿＿＿＿＿＿＿＿＿＿
＿＿＿＿＿＿＿＿＿＿＿＿＿＿＿＿＿＿＿＿
＿＿＿＿＿＿＿＿＿＿＿＿＿＿＿＿＿＿＿＿
＿＿＿＿＿＿＿＿＿＿＿＿＿＿＿＿＿＿＿＿

指导教师评语：
＿＿＿＿＿＿＿＿＿＿＿＿＿＿＿＿＿＿＿＿
＿＿＿＿＿＿＿＿＿＿＿＿＿＿＿＿＿＿＿＿

教师签字：＿＿＿＿＿＿　　日期：＿＿＿年＿＿＿月＿＿＿日</td></tr>
</table>

单元2　汽车动力性能认识与检测

学习任务2.1　汽车动力性能的认识

☞学习情境

要想了解一辆汽车的基本性能，首先必须了解其动力性能。那么，什么是汽车的动力性能呢？怎么去评判汽车动力性能呢？影响汽车动力性能的因素有哪些呢？这就是接下来我们要去了解的内容。

☞单元学习目标

1. 掌握汽车动力性能的含义；
2. 掌握汽车动力性能评价指标；
3. 了解汽车行驶的驱动条件；
4. 能看懂汽车驱动力—行驶阻力平衡图、动力特性图及功率平衡图；
5. 能分析出影响汽车动力性能的因素。

☞学习信息

2.1.1　汽车动力性的评价指标的认识

汽车动力性是指汽车在良好路面上直线行驶时由汽车受到的纵向外力决定的，所能达到的平均运行速度。汽车是一种高效率的运输工具，运输效率之高低在很大程度上取决于汽车的动力性。所以，动力性是汽车各种性能中最基本、最重要的性能。汽车无论是用作生产工具还是用作生活用具，其运行效率均取决于是否拉得动、跑得快，即取决于运行速度。在运行条件（地理、道路、气候条件及运输组织条件等）一定时，汽车的平均运行速度主要取决于汽车的动力性。显然汽车动力性越好，汽车的平均运行速度就越高，运行效率也就越高。汽车平均运行速度就是动力性能的总指标。从尽可能地获得最高平均运行速度的观点出发，汽车动力性能主要从四个方面来评定，即汽车的最高速度、汽车的加速时间、汽车的爬坡能力及汽车的比功率和比扭矩。

2.1.1.1 汽车的最高速度

最高车速是指汽车以额定最大总质量在风速小于（或等于）3 m/s 的条件下，在水平、良好的沥青或水泥路面上所能达到的最高稳定行驶速度。按我国的规定，以 1.6 km 长的试验路段的最后 500 m 作为最高车速的测试区，共往返四次，取平均值。实际最高车速不同于理论最高车速（指发动机在最佳状态所发挥的最佳成绩，仅限于理论）。

图 2-1　汽车车速指示表（仪表）

2.1.1.2 汽车的加速时间

加速时间表示汽车的加速能力，是指汽车从静止状态下，由第一挡起步，并以最大的加速强度（包括选择最恰当的换挡时机）逐步换至高挡后，到某一预定的距离或车速所需的时间。它对汽车的平均车速有很大影响，也和行驶的安全性有关。例如超车和闪避，加速时间对轿车尤为重要。加速性能理论上是用加速度来评定，而实际试验中则是通过汽车加速时间来评定。

加速时间评定常用的指标有：原地起步加速时间和超车加速时间。

（1）原地起步加速时间，指汽车由头挡起步，并以最大加速度，逐步换到高挡后达到某一预定的距离或车速所需要的时间。

（2）超车加速时间，指汽车用最高挡或次高挡，由某一中速全力加速到某一高速所需要的时间。汽车由起步换挡加速到一定车速的时间是汽车性能的一项重要指标。汽车加速时间，对提高汽车的平均行驶速度有一定影响。特别是在行车途中常常要以最大的加速性来处理相关的紧急情况。比如，在交叉路口起步的瞬间、在高速公路超越车辆的时候都能体现出加速性的重要。从 0 到 100 km/h 车速，中、高级轿车一般为 10 ~ 17 s，轻型车为 12 ~ 25 s，也有用 0 ~ 80 km/h 的加速时间来评价其加速性能的。货车通常用从起步到 60 km/h的时间或在直接挡下从 20 km/h 加速到某一车速的时间来评价。

2.1.1.3 汽车的爬坡能力

1. 汽车的爬坡能力通常用最大爬坡度来表示。

最大爬坡度是指汽车满载时在良好路面上用最低挡位所能克服的最大道路的纵坡度。

爬坡度用坡度的角度值（以度数表示）或以坡度起止点的高度差与其水平距离的比值（正切值）的百分数来表示。表述这种汽车爬坡能力的计量方法就是百分比坡度，用坡的高度和水平距离的比例来表示，即百分比坡度 = $\tan\theta \times 100\%$，其中 θ 是坡面与水平面的夹角。

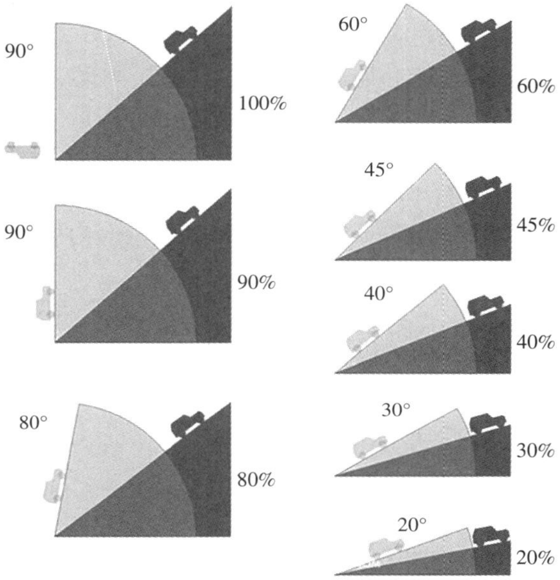

图 2－2　汽车爬坡度与角度示意图

最大爬坡度对于 SUV 和越野车来说是一个极为重要的参数，这个参数数值的高低，在表征车辆爬坡能力高下的同时，可以毫不夸张地说，是界定越野车和非越野车的一个重要指标。如业界通常认为只有最大爬坡度不小于 57.73% 的汽车才称得上是真正的越野车。

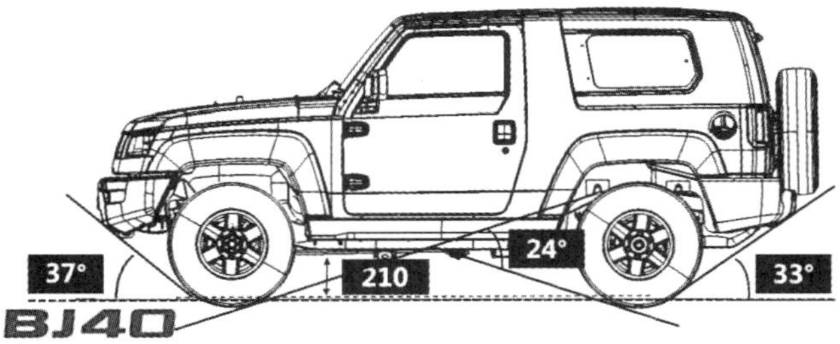

图 2－3　汽车通过性几何参数

2. 影响最大爬坡度的首要因素就是汽车的动力性能。

首先，因为汽车在爬坡的过程中要克服自身重力沿坡度方向的一个分力，同时汽车轮胎的抓地能力要能满足汽车上行的需要，如果动力不够或轮胎打滑，爬坡也就无从谈起了；其次，汽车的前进角和离去角也是制约最大爬坡度的重要因素，如图 2－3 所示，如果坡度超过了32°，则车辆在爬坡的时候，前保险杠将比前车轮先接触地面，此时将产生前轮悬空和前保险杠损坏的后果，如果坡度超过了30°，则车辆在下坡的时候，后保险杠将比后车轮先接触地面，此时将产生后轮悬空和后保险杠损坏的后果，对于后轮驱动的汽车，甚至会陷入失去动力的尴尬境地。

2.1.1.4 汽车的比功率和比扭矩

比功率和比扭矩分别是发动机最大功率和最大扭矩与汽车总重之比。比功率可以综合地评价汽车动力性能，如速度性能和加速度性能。比扭矩则反映了汽车的比牵引力。对于主要在高速公路或山地公路上行驶的汽车，其比功率一般不低于0.8 PS/kN。功率的计算公式为：功率=力×距离/时间。力的常用单位是千克（kg），距离的单位是米（m），时间的单位是秒（s），力的单位是牛（N）。所以功率的单位就是kg·m/s。但对于汽车的功率，传统上人们喜欢用马力为单位表达，字母为PS。现在厂家在产品说明书中通常也给出千瓦（kW）值。

它们之间的换算关系如下：1 PS = 75 kg·m/s = 0.7355 kW，1 kW = 102 kg·m/s = 1.36 PS。最大功率是汽车发动机最重要的参数之一。

2.1.2 汽车行驶过程受力分析

要确定汽车动力性能指标，首先必须对汽车在行驶过程中的受力情况进行分析。因为汽车沿行驶方向的各种情况，是其作用于汽车行驶方向的各种力的结果。作用在汽车行驶方向的力有汽车的驱动力、行驶阻力及汽车自身重力。

2.1.2.1 汽车的驱动力

汽车发动机产生的动力，通过传动机构，作用在驱动轮上形成扭矩 T_t，扭矩使驱动轮对路面形成一个圆周力 F_o，根据作用力与反作用力的原理，地面对车轮产生一个向前的反作用力 F_t，其方向与汽车行驶方向相反，由于路面与车轮之间的附着作用，同时路面对车轮施加一个反作用力，这个反作用力就是推动汽车行驶的驱动力，此外力就称为汽车的驱动力。驱动力与汽车行驶方向相同。作用在驱动轮上的扭矩越大，则圆周力和驱动也越大，当驱动力增大到足以克服汽车在静止时所受的阻力时，汽车便开始行驶。

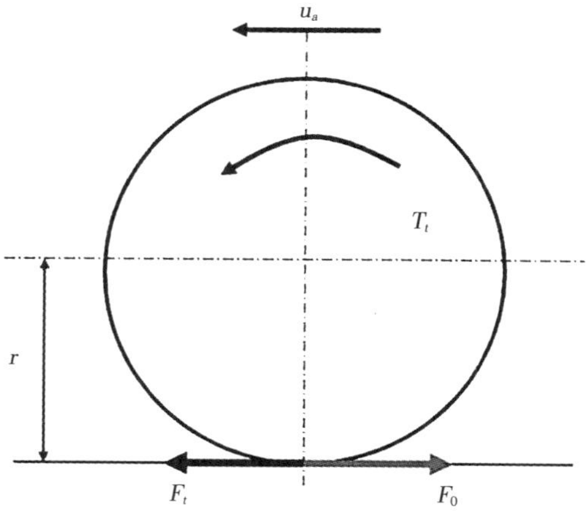

图 2－4　汽车的驱动力

如图 2－4 所示，汽车的驱动力大小为

$$F_t = T_t / r$$

式中：T_t——作用于车轮上的转矩（N · m）；

r——车轮半径（m）。

若发动机的输出功率为 T_t，变速器的传动比为 i_k，主减速器的传动比为 i_0，传动系的效率为 η_T，则上式可表示为

$$F_t = T_t i_k i_0 \eta_T / r$$

由上述可知，汽车的驱动力与发动机的转矩、传动系的各传动比、传动系的机械效率成正比关系，与车轮半径成反比关系。

2.1.2.2　汽车的行驶阻力

汽车在水平道路上等速行驶时需要克服来自地面的滚动阻力和来自空气的空气阻力；当汽车上坡时，还需要克服自身重力沿着坡道的分力，称之为上坡阻力；汽车加速行驶时需克服自身质量加速运动的惯性力。由此可得出汽车的行驶阻力有滚动阻力、空气阻力、上坡阻力及加速阻力。

1. 滚动阻力。

滚动阻力是指车轮在路面上滚动时，由于轮胎与路面之间的相互作用而引起的能量损失总和。它包括：轮胎变形和道路变形、轮胎的迟滞损失、其他损失（如轴承、油封的损失，悬架零件间的磨损，减震器的磨损等）。

（1）滚动阻力的产生。

滚动阻力的产生在于汽车前进时，由于轮胎橡胶材料的迟滞效应，轮胎滚动的周期性变形导致能量的消耗。

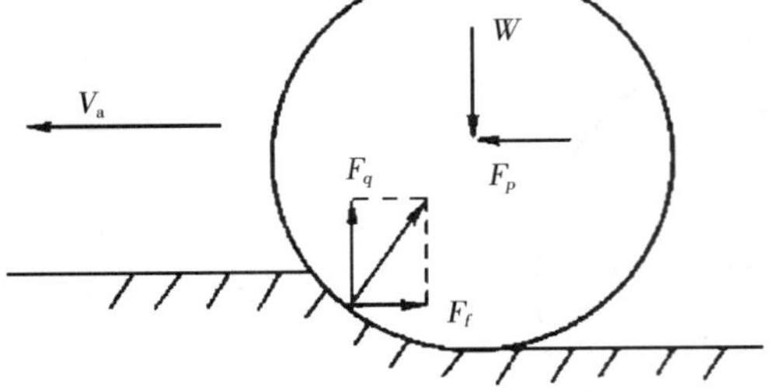

图 2－5　从动轮在软路面上滚动

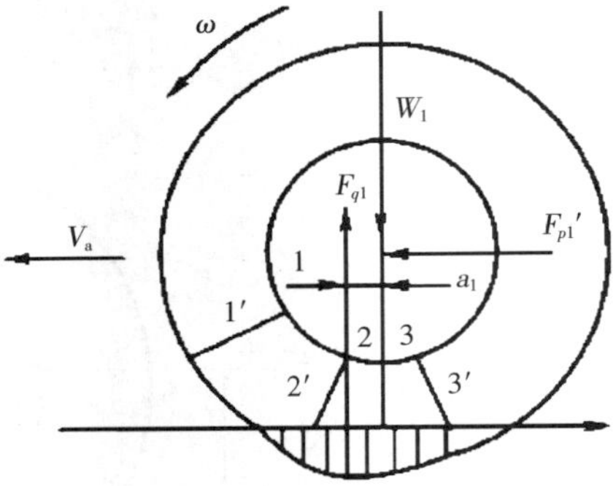

图 2－6　从动轮在硬路面上滚动

如图 2－5 所示，汽车在松软路面上行驶时，滚动阻力是由路面变形引起的；

如图 2－6 所示，汽车在硬路面上行驶时，滚动阻力主要是由轮胎变形引起的。

（2）滚动阻力的计算。

其实，汽车滚动阻力结构比较复杂，难以精确计算，而且驱动轮与从动轮也是完全不同。在一般计算中，汽车滚动阻力按照下列公式计算：

$$F_f = G \times f$$

式中：F_f——滚动阻力；

G——汽车总重；

F——汽车滚动阻力系数。

滚动阻力系数，是用来计算滚动阻力的一个系数。它是车轮滚动时所需的推力（即滚动阻力）与车轮载荷的比值。它的数值，是由试验测定的。实践表明，它与路面的种类，轮胎的构造、材料，轮胎压力及行驶车速都有密切的关系。良好的沥青及混凝土路面的滚动阻力系数最小，不到 0.02，也就是说，车轮载荷为 1000 N 时，滚动时阻力（滚动阻力）只需要 20 N。子午线轮胎、扁平轮胎、钢丝帘布轮胎的滚动阻力系数小。轮胎气压充足时的滚动阻力系数也小。

（3）影响滚动阻力系数的因素。

①路面状况不同，会使滚动阻力系数值发生变化。干燥的紧压、坚硬路面，滚动阻力系数最小。湿滑的不平整路面，滚动阻力会增大。如表 2－1 所示：

表 2－1　滚动阻力系数的数值表

路面类型	滚动阻力系数	路面类型	滚动阻力系数
良好的沥青或混凝土路面	0.010～0.018	压紧土路	0.050～0.150
一般的沥青路或混凝土路面	0.018～0.020	泥泞土路（雨季）	0.100～0.250
碎石路面	0.020～0.025	干沙	0.100～0.300
良好的卵石路面	0.025～0.030	湿沙	0.060～10150
坑洼的卵石路面	0.035～0.050	结冰路面	0.150～0.030
（干燥的）压紧土路	0.025～0.035	压紧的雪地路面	0.030～0.050

②轮胎的结构气压负荷和橡胶材料的滞后损失等都会影响轮胎的滚动阻力。到目前为止我国轮胎生产企业在降低轮胎滚动阻力方面所采取的措施主要是降低橡胶，特别是胎面胶的损耗因子。现在的汽车轮胎设计和生产商正在不断地对轮胎的结构采取创新技术，力争在不断减少其滚动阻力的同时使其具有良好的附着性能。

③滚动阻力系数与行车速度有关。

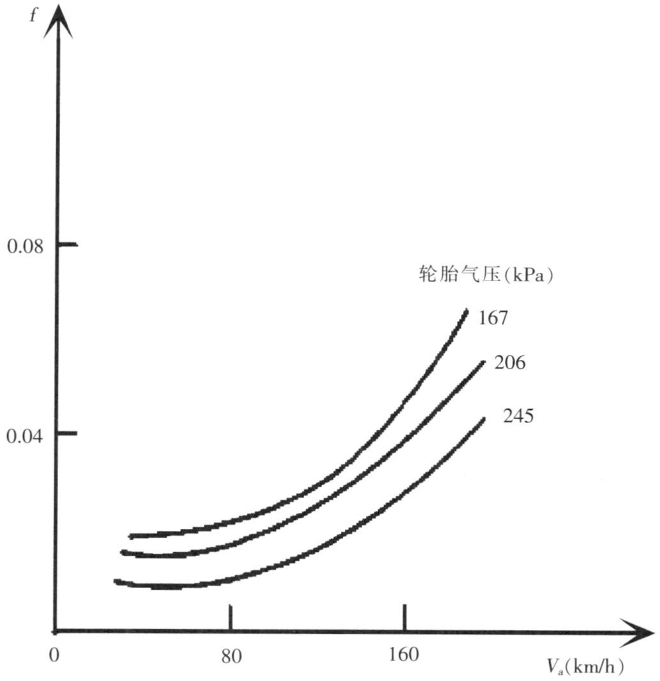

图 2－7　滚动阻力系数与行车速度的关系

如图 2－7 所示，车速在 100 km/h 以下，滚动阻力系数变化都不大；车速到达 120 km/h时，滚动阻力系数迅速增加；当车速超过 160 km/h 时，滚动阻力系数显著增加，与此同时，轮胎与地面的摩擦增大，导致轮胎温度迅速升高，轮胎胎面与轮胎帘布层会产生脱落现象，出现鼓包，严重时可能会导致爆胎，这对高速行驶的车辆来说是很危险的。

2. 空气阻力。

汽车在行驶中由于空气阻力的作用，围绕着汽车重心同时产生纵向、侧向和垂直三个方向的空气动力量，其中纵向空气力量是最大的空气阻力，占整体空气阻力的 80% 以上。空气阻力系数值是由风洞测试得出的。由于空气阻力与空气阻力系数成正比关系，现代轿车为了减少空气阻力就必须要考虑降低空气阻力系数。从 20 世纪 50 年代到 70 年代初，轿车的空气阻力系数维持在 0. 4 ~0. 6 之间。70 年代能源危机后，各国为了进一步节约能源，降低油耗，都致力于降低空气阻力系数。试验表明，空气阻力系数每降低 10%，燃油节省 7% 左右。曾有人对两种相同质量、相同尺寸，但具有不同空气阻力系数（分别是 0. 44 和 0. 25）的轿车进行比较，以每小时 88 km 的速度行驶了 100 km，燃油消耗后者比前者节约了1.7 L。

(1) 空气阻力主要由以下几方面产生：

摩擦阻力，占8% ~10%；

压力阻力，有以下几种影响因素：

①形状阻力：汽车在行驶时，汽车前部挤压空气，而后部形成涡流和真空层，占55% ~60%，因此汽车车身设计，尤其是轿车车身设计，在现代汽车设计中占据着重要的地位，一般而言，要使形状阻力较小，应做到以下几点：发动机箱前高后低，整体多圆角，将突出物如后视镜进行改进，适合扰流；大梁应略向前倾斜，做到整车前高后低，俯视时应为腰鼓形；选择适当的后仓形式，可加装扰流板。

②干扰阻力：由车身突起部分如倒车镜、大灯、门把扶手等引起的阻力，占12% ~18%。

③诱导阻力：由车身上下压力差产生，占5% ~8%。

④内循环阻力：空气通过冷却系统等内部系统时产生的阻力。

(2) 空气阻力系数。

风阻系数 Cd 是衡量一辆汽车受空气阻力影响大小的一个标准。风阻系数越小，说明它受空气阻力影响越小，反之亦然。风阻系数与油耗是成正比的关系，风阻系数越低的车子，油耗就越低。有一个公式：$W = Cd \times v^2$，W 代表车辆所消耗的油耗，Cd 为车辆风阻系数，v 为车速。从公式中可见，任何细微的风阻系数变化，都被速度加以放大，而这损耗的功率对于油耗就不利。另外也有测试表明，当轿车以80 km/h 行驶时，其中60%的功率是克服风阻的。一些物体的风阻 垂直平面体风阻系数大约1.0，球体风阻系数大约0.5，一般轿车风阻系数0.28 ~0.4，好些的跑车在0.25，赛车可以达到0.15，飞禽在0.1 ~0.2，飞机达到0.08。目前雨滴的风阻系数最小在0.05左右。

(3) 空气阻力的计算。

空气阻力 F_w 是空气对前进中的汽车形成的一种反向作用力，它的计算公式是：

$$F_w = 1/16 \cdot A \cdot C_w \cdot v^2 \ (\text{kg})$$

其中：v——行车速度（m/s）；

A——汽车横截面面积（m^2）；

C_w——风阻系数。

空气阻力跟速度成平方正比关系，即：$F_w = kv$［k 是空气摩擦系数，和空气密度有关，在我们能找到的丢东西的地方，一般可以认为是一个常数。当物体从空中开始下落的时候，v 很小，f（空气阻力）很小，$mg > f$，所以物体逐渐加速。随着速度的增加，f 增加，最终会达到 $mg = f$ 的平衡点。此时，物体就开始了匀速下落。并且我们知道下落的速率便是 $v = mg/k$。在一般意义上我们说的重量，指的便是 mg］，也就是说，速度增加1倍，汽车受到的阻力会增加3倍。因此高速行车对空气阻力的影响非常明显，车速高，发动机就要将相当一部分的动力，或者说燃油能量用于克服空气阻力。换句话讲，空气阻力小不仅能节约燃油，在发动机功率相同的条件下，还能达到更高的车速。空气阻力的大小除了取决于车的速度外，还跟汽车的截面积 A 和风阻系数 C_w 有关。风阻系数 C_w 是一个无单位的数值。它描述的是车身的形状。根据车的外形不同，C_w 值一般在0.3（好）到0.6（差）之间。光滑的车身造型（最理想为水滴型）使气流流过车身后的速度变化小，不会形成漩涡，C_w 值就低；相反，如果车身外形有棱有角又有缝，C_w 值就高。一般赛车将车轮设计在车身之外，自成一体。理论上每一辆车的 C_w 可以在模型制作阶段测得，但准确的 C_w 值都必须在出了成品之后，通过做风洞实验来获得。通过改善汽车的空气动力学性能，比如变化尾翼、底盘罩、前部进风口和轮毂帽，都能降低风阻系数。而降低车身高度，等于减小了截面积，或使车身更多地盖住轮子，也有利于降低空气阻力。

3. 上坡阻力。

汽车上坡行驶时，汽车重力沿坡道的分力为汽车坡度阻力（F_i）。上坡阻力的大小与汽车总质量及坡度的大小有关，重力越大，坡度越大，上坡阻力就越大。如图2－8所示：

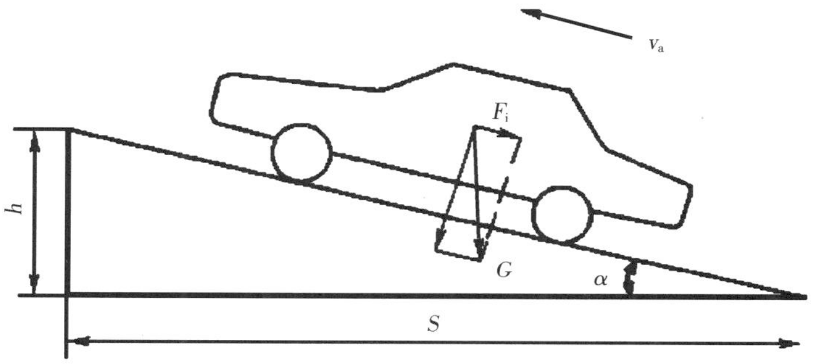

图2－8 汽车的上坡阻力

F_i 与汽车重力 G 及坡度角 α 的关系为：

$$F_i = G\sin\alpha \text{（在坡度较小情况下 } \sin\alpha \approx \text{tg}\,\alpha\text{）}$$

应该注意的是：当汽车下坡的时候 F_i 为负值，即变行驶阻力为动力。

4. 加速阻力。

汽车行驶时，有一个保持等速运动的惯性力，如果要使汽车加速，就必须克服这一惯性力，也就是加速阻力。加速阻力的大小，等于加速度与汽车质量的乘积。加速度越大，加速阻力也越大。汽车的质量分为平移质量和旋转质量两部分。加速时，不仅平移质量产生惯性阻力，而且旋转质量也要产生惯性阻力矩。因此，为了减少加速阻力，应当尽量减少汽车的总质量及其旋转部件的质量。为了便于计算，一般把旋转质量的惯性力偶矩转化为平移质量的惯性力。

2.1.3 影响汽车动力性能的因素

汽车的动力性与结构参数和使用条件密切相关。汽车动力性主要受发动机参数、汽车结构参数及汽车行驶条件的影响。

2.1.3.1 发动机参数

1. 最大功率。

最大功率也叫最大马力，功率的单位是千瓦（kW），马力的单位是匹（PS），1 kW =

1.36 PS。输出功率与发动机的转速关系很大，随着转速的增加，发动机的功率也相应提高。到了一定的转速以后，功率就不会再增加了，而会呈下降趋势。所以，最大功率的标注会同时标注千瓦数与相应的发动机转速，转速的表达方式是每分钟多少转（rpm）。所以，完整的发动机最大功率表达方式是：千瓦（匹）/转速，例如：100 kW（136 PS）/6000 rpm。汽车的功率越大，动力性越好，通常最大功率决定了汽车的最高速度。

2. 最大扭矩。

扭矩是发动机性能的一个重要参数，是指发动机运转时从曲轴端输出的平均力矩，俗称为发动机的“转劲”。扭矩的大小也是和发动机转速有关系的，在不同的转速会有不同的扭矩，所以扭矩的单位是牛顿·米/转速（N·m/rpm）。扭矩越大，发动机输出的“劲”就越大。扭矩决定了汽车的加速能力、爬坡能力和牵引力量。

3. 发动机外特性曲线形状对发动机动力性能也有很大的影响。

当发动机运转的时候，其功率、扭矩和耗油量这三个基本性能指标都会随着负荷的变化而变化。这些变化遵循一定的规律，将这些有规律的变化描绘成曲线，就有了反映发动机特性的曲线图。根据发动机的各种特性曲线，可以全面地判断发动机的动力性和经济性。反映发动机运行状况常用速度特性曲线。

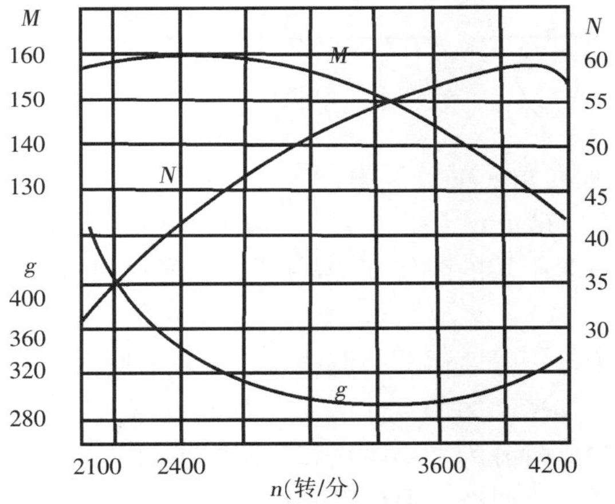

图2-9　发动机速度特性曲线

发动机的速度特性曲线表示有效功率 N（千瓦）、扭矩 M（牛·米）、比燃料消耗量 g（克/千瓦小时）随发动机转速 n 而连续变化的表现。发动机的速度特性是在制动试验台架上测出的。保持发动机在一定节气门开度情况下，稳定转速，测取在这一工况下的功率、比耗油等，然后调整被测机载荷（扭矩变化），使发动机转速改变，再测得另一转速下的功率、比耗油。按照一定转速间隔依次进行上述步骤，就能测出在不同转速下的数值，将这些数值点连点地组成连续曲线，就产生了功率曲线、扭矩曲线和比燃料消耗量曲线，它们与相应的转速区域对应。

汽油机节气门完全开启（或者柴油机喷油泵在最大供油量）时的速度特性，称为发动机的外特性，它表示发动机所能得到的最大动力性能。从外特性曲线上可以看到发动机所能输出的最大功率、最大扭矩以及它们相应的转速和燃料消耗量，汽车产品介绍书上大都采用发动机外特性曲线图，但一般只标出功率和扭矩曲线。

发动机外特性曲线是在发动机最好的工作状态下（能使发动机发出最大功率的情况下）测出来的。它表现的曲线特征是：功率曲线和扭矩曲线都呈现凸形曲线，但两者表现是不一样的。

在汽油发动机外特性曲线中：

功率曲线在较低转速下数值很小，随转速增加而迅速增长，但转速增加到一定区间后，功率增长速度变缓，直至最大值后就会下降，尽管此时转速仍会继续增长。

扭矩曲线则与功率曲线相反，它往往在较低转速下就能获得最大值，然后随转速上升而下降。

比耗油量指千瓦小时的耗油量，它随转速的增长而呈现一个凹形曲线，在中间某一转速下达到最小值，转速增大或者减少，都会使比耗油量增大。

2. 1. 3. 2　汽车结构参数

1. 传动效率。

传动系统机械效率越高，传动损失就越小，发动机有效功率就能更多地转变成驱动功力，汽车动力性就越好。

2. 主减速器的传动比。

变速器处于直接挡时，主减速器传动比将直接影响汽车的动力。

3. 变速器的挡位数。

变速器挡位数增加，发动机在接近最大功率工况下工作的机会就会增加，发动机的平均功率利用率相应变高，可得到的后备功率增大。例如，在两挡变速器的 1 挡与直接挡之间增加两个挡位时，汽车的最高车速和最大爬坡度均不变。但在一定的速度范围内，可利用后备功率增大，有利于汽车加速和上坡。

4. 变速器传动比。

变速器 1 挡传动比对汽车动力性影响最大。传动比越大，汽车的最大爬坡度越大。但必须满足附着条件，当 1 挡发出最大驱动力时，驱动轮不应产生滑转。

变速器各挡的传动比应该按照等比级数分配，这样，汽车在换挡加速过程中功率利用程度最高，加速时间最短。另外，减小空气阻力系数，减轻汽车的质量，选用滚动系数阻力小的轮胎，将使汽车的阻力减小，都可以使汽车的动力性得到改善。

2. 1. 3. 3　汽车的使用条件

（1）发动机的技术状况。这是保证汽车动力性的关键。发动机技术状况不良，其功率、转矩随之下降，汽车动力性也会下降。只有保持发动机的输出功率和转矩才能充分保证发动机的动力性能。

（2）汽车底盘技术状况直接影响传动系统的机械效率。传动系统各个传动零部件的润滑与间隙、车轮定位的调整、轮胎的气压、轮胎尺寸与形式、制动性能的好坏、离合器的调整、润滑油的质量都会直接影响发动机的动力性能。

（3）汽车流线型的影响。汽车的空气阻力系数对汽车的动力性有影响。流线型对高速汽车的动力性、经济性影响是非常显著的，但对汽车能克服的最大道路阻力影响不大。

(4) 汽车行驶的条件。汽车运行条件有气候条件、高原山区、道路条件等。例如，在高原地区行驶的车辆，由于海拔较高，空气稀薄，使发动机充气量与气缸内压缩终点压力降低，导致发动机功率下降。汽车行驶在坏路的条件下，路面和车轮间的滚动阻力增大，附着系数下降，使汽车动力性大大降低。

学习任务 2.2　汽车动力性能试验

☞学习情境

根据汽车动力性能的认识，汽车动力性能主要由汽车的最高速度、汽车的加速性能和汽车上坡能力三个指标来评定。

☞学习目标

1. 掌握汽车动力性能的道路试验及台架试验；
2. 能正确制订汽车动力性能检测工作计划，并和小组成员协作工作完成任务；
3. 能正确地选择和使用检测设备对检测车辆进行检测。

☞学习信息

一位客户将自己的哈弗 H2 开到修理厂，说他的车行驶无力，请求给予检测诊断。

汽车行驶无力是汽车使用中常见的综合故障。造成汽车行驶无力的原因很多，驾驶员的技术状况也会使汽车的动力性发生变化，而汽车的自身技术状况则是造成汽车行驶无力的主要原因。就汽车自身来说，造成汽车行驶无力的主要原因是：

(1) 发动机动力性能下降；

(2) 动力传递效率过低，造成汽车牵引力不足；

(3) 汽车行驶阻力增大，使牵引力相对下降。

2.2.1　汽车动力性能的道路试验

道路试验主要是测量汽车的最高速度、爬坡能力、加速性能、滑行性能。

2.2.1.1　基本试验条件

基本试验条件是汽车动力性能道路测试结果的可靠保证，因此，在测试过程中应该严格遵守试验规程所提出的各项要求，并时刻注意试验条件与实际是否出现偏差。

1. 车辆条件。

对于新车或大修后的车辆进行试验前，应先进行一定行程的走合。

2. 装载质量。

装载质量应该均匀分布，无特殊规定时，装载质量均为厂定最大装载质量或使试验车处于厂定最大装载质量。装载物应该固定牢靠，试验过程中不得晃动和颠离。

3. 轮胎气压。

试验过程中，轮胎冷充气压力应该符合该车技术条件的规定，误差不超过 10 kPa。

4. 燃料、润滑油、制动液。

试验车使用的燃料、润滑油、制动液的规格、牌号，应符合该车技术条件或现行国家标准的规定，同一次的各项性能试验检测必须使用同一批燃料、润滑油、制动液。

5. 各部件工作温度。

汽车在试验前应达到如下状态：冷却水温度为 80 ℃ ~100 ℃，发动机机油温度为 60 ℃ ~95 ℃，变速器及驱动桥齿轮油温度不低于 50 ℃。若达不到以上要求，则需让汽车高速运转，进行预热。

6. 道路条件。

各项性能试验应在清洁、干燥、平坦的混凝土或沥青路面进行，道路长 2 ~3 km，宽不小于 8 m，纵向坡度不大于 0. 1%。

7. 气候条件。

试验时应是无雨无雾晴天天气，气温应在 0 ~35 ℃之间，风速小于 3 m/s。

2. 2. 1. 2　最高车速试验

最高车速是指汽车在最大总质量且无风状态下，变速器挂最高挡，在表面坚硬、平整的水平道路上行驶时所能达到的最高车速。最高车速反映的是车辆依靠动力所能达到的车速极限，试验时应该关闭汽车门窗和空调系统等附加设备。

试验时，选择试验路段中间 500 m 作为测验路段，其两端各 100 m 作为准备路段，并用标杆做好记号。根据试验车辆加速性能的优劣，选定充足的加速区间，使汽车在驶入测量路段前能够达到最高稳定车速。试验汽车在加速区间以最佳的加速状态行驶，在到达测量路段前应保持变速器及分动器在汽车设计最高车速的相应挡位，油门全开，使汽车以最高的稳定速度通过。试验过程中注意观察汽车总成，各部件的工作状况并记录异常现象。记录每次试验前、后发动机出水温度。测定其以最高稳定车速通过测速路段的时间，往返各进行一次。并且按照以下公式计算试验结果：

$$V = 720/t \ (\text{km/h})$$

式中：t——往返试验所测时间的算术平均值。

2. 2. 1. 3　爬坡性能测试

爬坡性能测试的目的在于测定汽车在各种坡道上的起步能力和爬坡能力。通常在汽车试验场的爬坡试验路上进行，用以测定汽车的最大爬坡度。汽车试验场一般建有几种不同坡度的坡道，可根据汽车预定的爬坡能力，选定其中的一个进行试验。如果坡度较大或较小，可采用增减载荷或变换排挡的办法，折算出最大爬坡度。另外有一种爬长坡试验，可检查汽车能否顺利爬上坡度为 7% ~10%，长 10 km 的连续长坡。试验时，记录换挡情况，观察冷却系和供油系工作是否正常。试验的路段，可选择适当的山区道路进行。爬坡性能测试可分为陡坡试验和长坡试验。

1. 陡坡试验。

陡坡试验一般在专门设置的坡道上进行，坡道长度应大于车长的 2～3 倍。车辆用最低挡开始爬坡，其所能克服的最大坡度值即为该车的最大爬坡能力，用角度或坡度表示。道路坡度、坡道角和斜度的对应关系如图 2－10 所示。轿车的最大爬坡度一般在 20% 以上，火车的最大爬坡度在 20%～30% 之间，越野车的最大爬坡度一般不小于 60%。最大爬坡度越大，其车速越低。因此，一般以克服一定坡度时的车速来评价其爬坡性能。

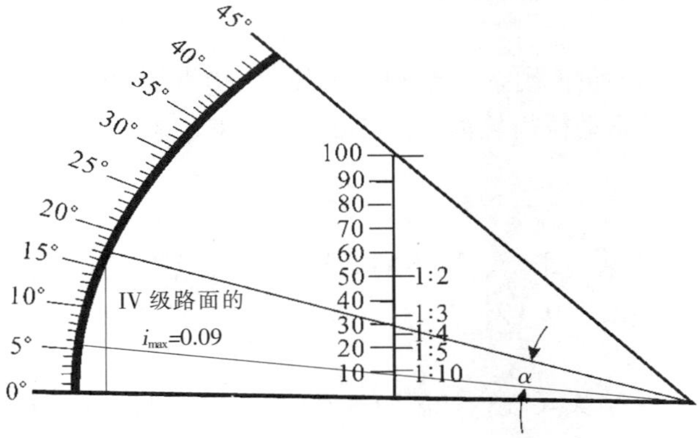

图 2－10　道路坡度与坡道角的关系图

进行陡坡试验时，试验车应该先停放在平直路段上的试验道路上，起步后，将油门进行全开爬坡。爬坡过程中要做好各项记录。爬至坡顶时，停车检查各部件有无异常现象。如果第一次爬不上去，测量停车点（后轮触地中心）与坡底的距离，并做好记录，然后可进行第二次爬坡测量。

2. 长坡试验。

长坡试验的目的是综合考察汽车动力性和燃油经济性，并对发动机冷却系统的冷却能力、发动机热状况和传动系统等在低转速、大转矩工作条件下的性能加以检测，也可通过测定挡位利用率对传动系统速比的合理设置进行分析比较。

长坡试验时在最大纵向 7%～10%，长 10 km 以上的连续坡道上进行，一般要求上坡路段应占坡道的 90% 以上。试验时，根据汽车的动力状况及道路状况，以合适的挡位数进行爬坡，原则上是在保证安全和交通法规允许的前提下，尽可能以较高的车速行驶。试验时，应注意发动机水温，当出现发动机水温过高的情况，应立即停止测试。

记录从起点到终点每个挡位的使用次数和时间、行驶里程、燃油消耗量，计算出每个挡位的时间利用率、汽车行驶平均车速和百公里油耗。

2.2.1.4　加速性能测试

加速性能是指汽车从最低车速加速到较高车速时所需最短时间的能力，一般通过加速时间衡量。道路试验中常采用起步换挡加速时间和超越加速时间两项指标评价汽车的加速性能。

原地起步加速时间采用 1 挡起步，连续换挡加速至预定的距离进行测试。距离一般为

0 ~ 100 m，以达到此距离所用的时间来比较汽车的加速能力。

超车加速时间采用较多的是用最高挡或次高挡以预定车速全力加速行驶至某一高速所需的时间。

2.2.1.5　滑行试验

滑行是指汽车加速到指定车速后，转入空挡，断开动力传动，利用汽车的动能继续行驶直至停车的过程。滑行试验的目的是为了检测汽车底盘动力传递技术状况和检查汽车行驶阻力。

滑行试验一般在专门设置的道路上进行。试验中，选取 1000 m 的平坦、干净路段，两端立上标杆作为滑行路段。汽车在进入滑行区路段前车速应稍大于 50 km/h。当汽车快驶入滑行区路段时，驾驶员将挡位拨至空挡，同时松开离合器踏板，让汽车滑行（在汽车滑行过程中驾驶员不得转动方向盘），同时用仪器监视并进行记录，直至汽车完全停止。试验至少往返各滑行一次，滑行路段尽量一致，并计算出试验次数的平均值。

2.2.2　汽车动力性能的台架试验

室内测功机台架上可以进行驱动轮输出功率的测试，依此考核传动系统及发动机技术状况。驱动轮输出功率的检测，通常说成底盘测功。底盘测功的目的：一是为了获得驱动轮的输出功率或驱动力，以便评价汽车动力性；二是用获得的驱动轮输出功率与发动机飞轮的输出功率进行对比，求出传动效率，以便判定底盘传动系统的技术状况。

2.2.2.1　底盘测功机的认识

底盘测功机又叫作转鼓检测台或滚筒式检测台，是一种不解体检测汽车性能的检测设备。它是通过在室内台架上模拟道路行驶工况的方法来检测汽车动力性的，同时能方便地进行汽车的加载调试和诊断汽车在有负载条件下出现的故障等。

1. 底盘测功机的基本组成及工作原理。

汽车底盘测功机主要由道路模拟系统、数据采集系统、安全保障系统及引导系统等构成。

（1）道路模拟系统。

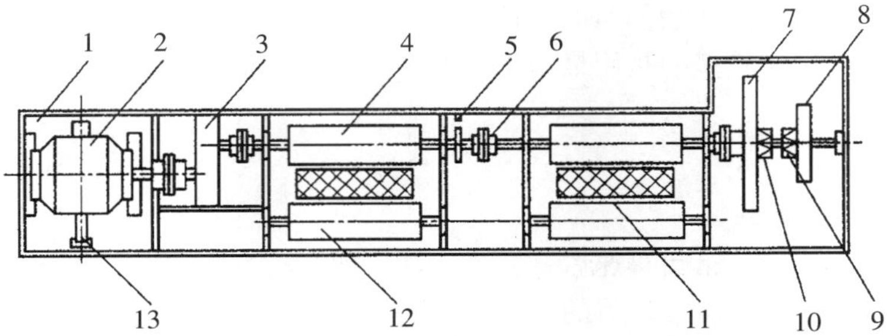

1—机架；2—功能吸收装置；3—变速箱；4—滚筒；5—速度传感器；6—联轴节；
7—举升器；8—制动器；9—滚筒；10—力传感器

图 2-11　底盘测功机机械部分结构示意图

道路模拟系统一般由滚筒装置、功率吸收装置（即加载装置）、测量装置和辅助装置四部分组成。

①滚筒装置。

滚筒相当于连续移动的路面，被检汽车的车轮在其上滚动。滚筒有单滚筒和双滚筒等形式，如图 2-12 所示。

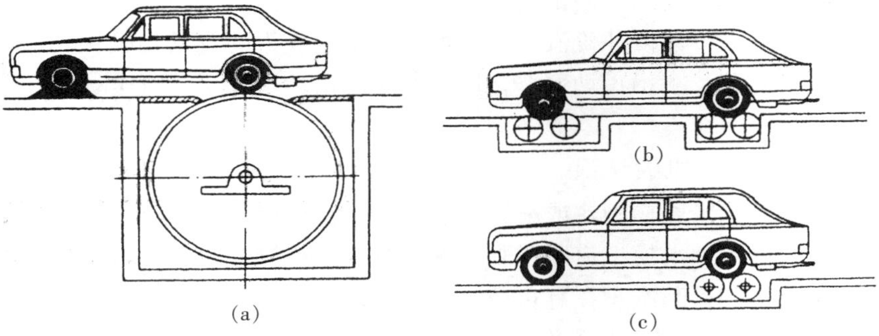

(a) 单轮单滚筒式；(b) 双轮双滚筒式；(c) 单轮双滚筒式

图 2-12　滚筒式底盘测功试验台

单滚筒试验台的滚筒直径较大，车轮轮胎与滚筒的接触更接近其与路面接触的实际情况，滑转率小，滚动阻力小，因而试验精度高。但这种试验台的制造、安装、检测都比较复杂，且成本高，所以它常用于汽车制造和科研单位。

双滚筒试验台的滚筒直径较小，车轮轮胎与滚筒的接触与其在路面上的受压情况相差较大，滑转率、滚动阻力大，因此，检测精度比较低。但这种试验台结构简单，安装、使用方便，且成本低，故适用于汽车制造单位、维修企业和交通管理部门。其中，单轴双滚筒式试验台应用更为广泛。

滚筒表面可以有光滚筒、滚花滚筒、带槽滚筒、带涂覆层滚筒等，可根据使用情况适当选择，尽量使滚筒的附着力接近于道路的实际情况。光滚筒是目前应用最多的一种形式，对于双滚筒的光滚筒，由于轮胎对滚筒的比压增大，虽然附着系数较低，但车轮与光滑滚筒间的附着能力可以产生足够的牵引力。带涂覆层的光滑滚筒可使附着力增大，是有发展前途的一种形式。对于滚花和带槽滚筒，由于在使用过程中打滑率不能保持恒定，故很少使用。

②功率吸收装置（即加载装置）。

汽车在道路上行驶时，其外部阻力由车轮滚动阻力、车轮轴承的摩擦和空气的作用引起。而汽车在试验台上运转时，其外部阻力是驱动轮的滚动阻力、轴承摩擦和空气摩擦以及转数组件的轴承摩擦等，这些阻力比在道路上行驶时所受的外部阻力小得多。另外，在试验台上不存在汽车在道路上行驶时所受的空气阻力和爬坡阻力。因此，空气阻力、爬坡阻力、从动轮的轴承摩擦和空气摩擦等就用试验台上的功率吸收装置来模拟，使汽车在试验台上的受力情况同行驶在道路上基本一样。功率吸收装置上用来吸收并测量汽车发动机经传动系传至驱动车轮上的功率和牵引力的。常用的功率吸收装置有水力测功器、直流电机电力测功器和电涡流测功器。

a. 水力测功器。

水力测功器用水作为制动介质。水在测功器的转子和定子之间起联结作用，而形成制动力矩。通过调节进出水量，可以得到不同的制动功率。在水流量一定时，测功器的制动转矩随转子转速的增加而提高。这种测功器精度较低。

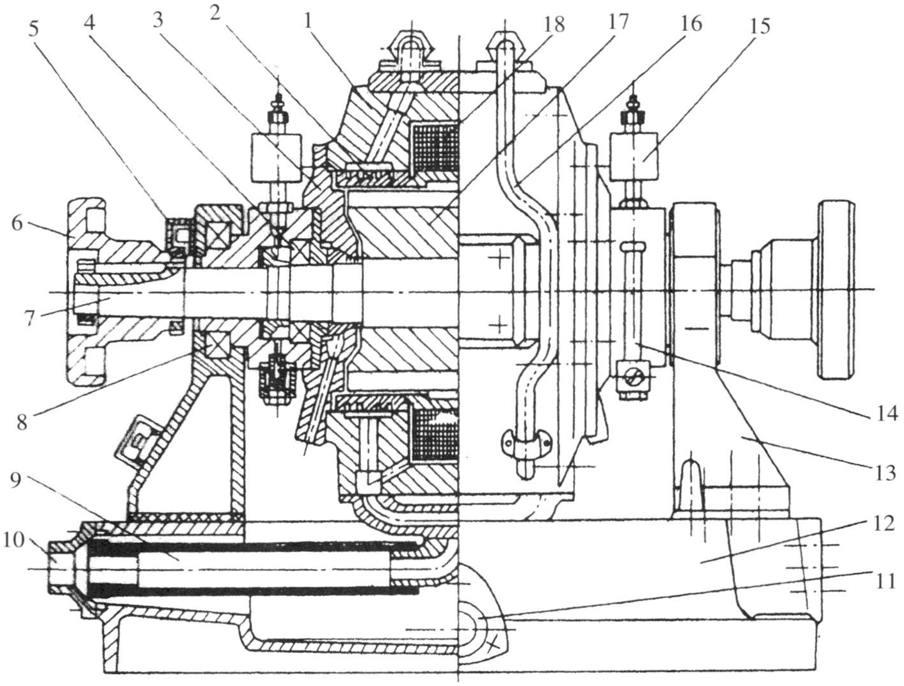

1—励磁体（磁轭）；2—涡流环；3—端盖；4—旋转轴承；5—测速传感器；6—联轴器；7—主轴；8—摆动轴承；9—进水软管；10—进水口；11—出水口；12—机座；13—轴承架；14—油面指示器；15—油杯；16—出水管；17—感应子；18—励磁绕组

图2-13　水冷式电涡流功率吸收装置

b. 电涡流测功器。

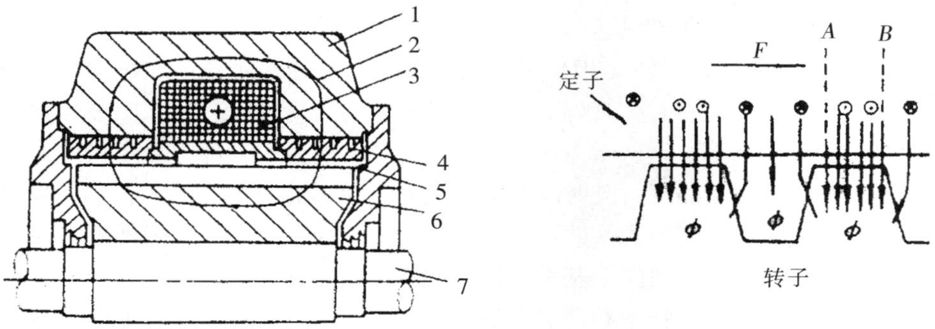

1—磁轭；2—磁力线；3—励磁绕组；4—涡流环；5—空气隙；6—感应子；7—主轴

图 2－14　电感应磁力线分布图

目前大多数滚筒试验台的功率吸收装置均采用电涡流测功器，如图 2－14 所示。它主要由定子和转子两部分组成。在定子四周装有激磁线圈。转子作为电磁盘，与试验台主动滚筒相连，并在磁场线圈之间转动。当激磁线圈通过直流电时，两极间产生磁场。转子通过激磁线圈磁场转动，因而在转盘上产生涡电流。由于涡电流和外磁场的相互作用，对转子盘产生一个制动阻力矩。调节通过激磁线圈电流的大小，即可改变制动阻力矩（即吸收功率）的范围。电涡流测功器将吸收汽车驱动轮输出的功率而产生的涡电流变为热能，所以电涡流测功器分为水冷式和风冷式两类。

③测量装置。

测量装置包括测力装置、测速装置、测距装置和功率指示装置。因为电涡流测功器不能直接测出汽车驱动轮的输出功率值，它需要测出旋转运动时的转速与扭矩，或直线运动时的速度。

④控制装置。

底盘测功试验台的控制装置和指示装置往往制成一体，形成柜式结构测力装置，有机械式、液压式和电测式三种形式，目前应用较多的是电测式。

（2）数据采集与控制系统。

①车速信号采集。

目前国内检测线用的汽车底盘测功机采用的车速传感器可分为以下几种类型：

a. 光电式车速信号传感器如图 2－15、2－16 所示：

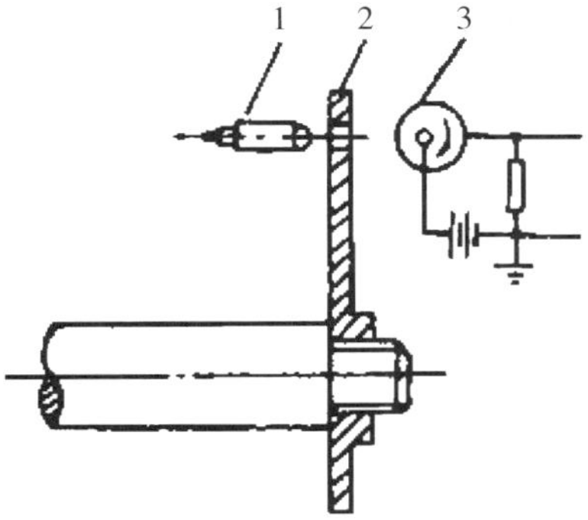

1—光源；2—圆盘；3—光敏管

图2－15　直射式光电车速传感器工作示意图

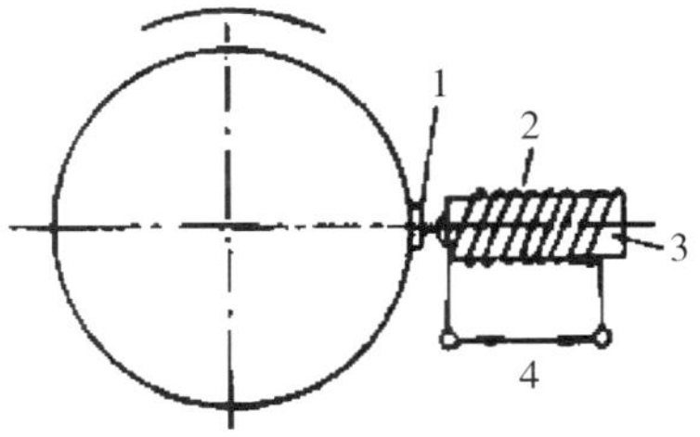

1—锁子；2—绕组；3—永久磁铁；4—脉冲电压

图2－16　磁电车速传感器工作示意图

图2－15为直射式光电车速传感器的工作示意图，它由光源、带孔圆盘（光栅）和光敏管组成。汽车车轮驱动滚筒转动时，带动光栅以一定的转速在旋转光源连续发光，当光束通过光栅上的小孔时，照到光敏管上，使它产生相应的电脉冲信号，此信号送入计速器即可得到被测轴的转速。车速信号有两种，其一是单位时间计数（频率），其二是测脉宽（周期），两者均可得出滚筒的转速信号，根据滚筒的半径及光栅盘小孔的个数可得到车速信号。

b. 磁电式车速信号传感器。

图2－16是磁电式车速传感器工作示意图，它由旋转齿轮和永久磁铁及感应线圈等组成。汽车车轮驱动滚筒转动时，带动齿轮以一定的转速旋转，当磁电传感器对准齿顶时，磁电传感器感应电动势增强。同理，当磁电传感器对准齿槽时，磁电传感器感应电动势减弱，由于磁阻的变化，磁电传感器输出的电压信号为交变信号为脉冲信号。因信号较弱（一般在3 V左右），所以必须经过信号放大及整形电路，将交变信号转换为脉冲信号。

c. 霍尔传感器。

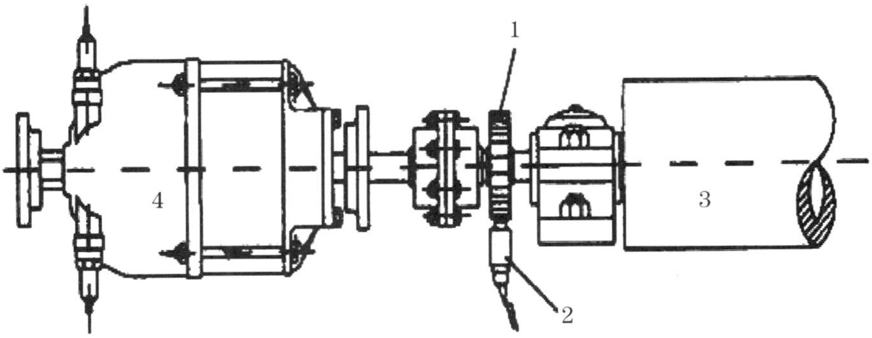

1—充电齿轮；2—霍尔传感器；3—滚筒；4—功率吸收装置

图2－17　霍尔车速传感器工作示意图

图2－17为霍尔传感器工作示意图。汽车车轮驱动滚筒转动时，带动转盘旋转，当霍尔传感器对准永久磁铁时，磁场强度增强，产生霍尔效应，输出电压可达10 mV；当霍尔传感器远离磁场时，输出电压降至0 V，这样便可得到脉冲信号和车速信号。

d. 测速电机。

图 2－18 为测速电机工作示意图。汽车车轮驱动滚筒转动时，带动测速电机旋转，测速电机产生的电压正比于滚筒的转速，通过 A/D 采集可得到车速信号。

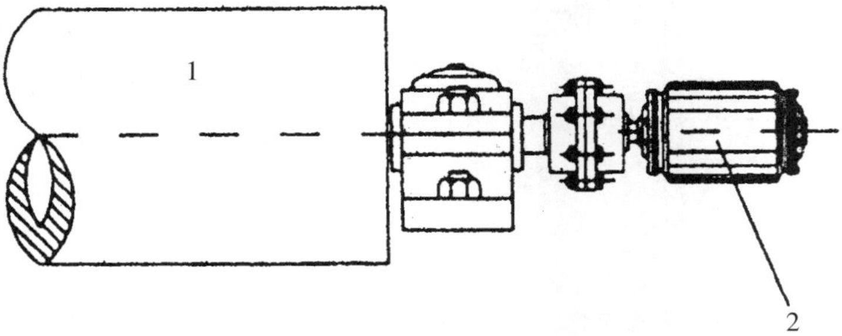

1—滚筒；2—测速电机

图 2－18　测速电机工作示意图

②驱动力信号。

汽车底盘测功机驱动力传感器可分为两种：一种是拉压传感器，安装位置如图 2－19（a）所示；另一种为位移传感器，其安装方式如图 2－19（b）所示。它们一边连接功率吸收装置的外壳，另一边连接机体。

功率吸收装置在工作过程中，无论是水力式、电涡流式还是电力式，其外壳都是浮动的。以电涡流式为例，当线圈通过一定的电流时，就产生一定的涡流强度。对转子来说，电磁感应产生的力矩的作用方向与其转动的方向相反；对于外壳来说，力矩作用的方向与转子的转动方向相同。当传感器固定后，外壳上的力臂对传感器具有一定的拉力或压力（与安装位置有关），拉压传感器在工作时受力产生应变，通过应变放大器可得到一定的输出电压，这样将力信号转变成电信号来处理，就可以得到传感器的受力数值。

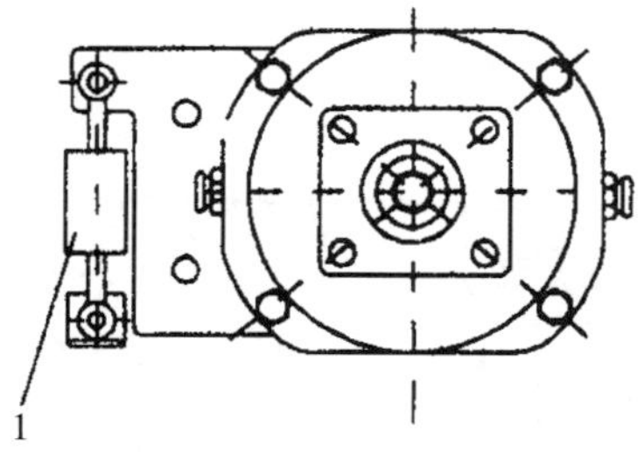

（a）拉压传感器安装图

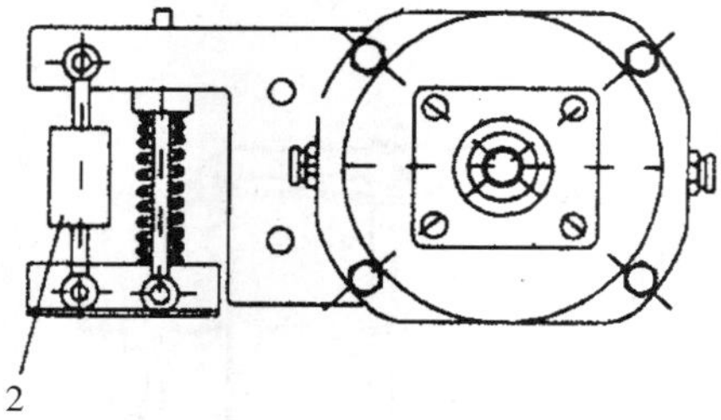

（b）位移传感器安装图

1—拉压传感器；2—位移传感器

图 2－19　驱动力传感器安装图

位移传感器是利用功率吸收装置外壳的作用力作用在弹簧上，根据胡克定理，在弹性范围内作用力与位移成正比关系，所以，通过位移计算得到对传感器作用力的大小。

③油耗测量装置。

汽车底盘测功机上配置的油耗测量装置有定容积式和电子秤两种。定容积式是在给驱动轮加载的情况下，测定汽车燃烧 50 mL 或 100 mL 燃料所行驶的距离，油耗的单位为

L/100 km。某些底盘测功机上显示的油耗单位为 km/L，求倒数再乘 100 即可换算成 L/100 km。也有一些底盘测功机使用电子秤来进行测定，使用电子秤的优点在于计量准确，能够计量的燃料量较大，可以进行多工况油耗试验。

计量燃料的容器是两个相连接的玻璃球，每个玻璃球的容积是 50 mL 时，在瓶颈的两侧分别安装着发光管和光电接收管。利用光在液体中产生的原理，控制接收管的电信号。当油面通过第一个瓶颈处时开始计量，到第二个瓶颈处停止计量，即 50 mL；第三个瓶颈处停止即为 100 mL。

（3）安全保障系统。

安全保障系统包括挡轮（或挡块）、系留装置、纵向约束装置、发动机与车轮冷却风机，其主要作用是防止试验中的车辆驶出检测台或者使高速运行的汽车发动机降温。

（4）引导系统。

引导系统也称司机助手，其作用是引导驾驶员按照其提示进行操作。提示的方法有两种：一种是显示牌，另一种是大屏幕显示装置。

显示牌一般是与计算机的串行通信口相连，当计算机对显示牌初始化后，便可对显示牌发送 ASCII 码与汉字，以提示驾驶员如何操作车辆及显示检测结果。

大屏幕显示器是通过 AV 转换盒与计算机连接，AV 转换盒的目的是将计算机的数字信号转换成视频信号供电视机使用。

2.2.3 影响底盘测功机测试精度的因素

为了确定底盘测功机的试验精度，必须分析在汽车检测过程中影响汽车底盘输出功率测定值的因素。

2.2.3.1 机械阻力对汽车底盘输出功率测定值的影响

汽车底盘测功机的台架机械损失主要包括支承轴承、联轴器、升速器等，这些部件在车轮带动滚筒旋转过程中，由于摩擦力的存在将消耗一定的功率，为此采用倒拖方法可以测出不同车速下底盘测功机台架的机械阻力所消耗的功率（不含升速器的机械损耗），如图 2－20 所示。

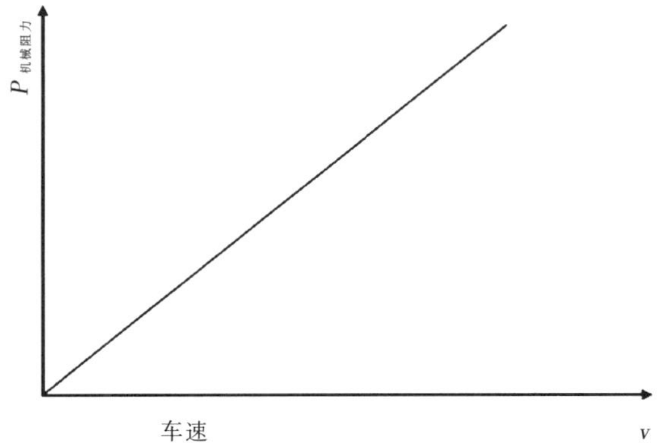

图 2－20 底盘测功机台架机械阻力所消耗的功率与车速的关系

由于台架阻力消耗了汽车部分驱动功率，因此，在检测汽车底盘输出功率时，必须计入机械阻力所消耗的功率。

另外，有些底盘测功机在滚筒与功率吸收装置之间安装有升速器，要求升速器外壳必须是浮动的，并安装拉压传感器以检测传动扭矩。由于升速器的搅油损失和机械损失不仅与加注润滑油量的多少有关，而且还随温度的变化而变化，使台架机械损失难以测得，增大了检测误差。

2.2.3.2 风冷式电涡流功率吸收装置的冷却风扇对汽车底盘输出功率测定值的影响

风冷式电涡流功率吸收装置采用冷却风扇给励磁线圈进行散热，由于冷却风扇与转子为一体，当转子转动时，冷却风扇自身将消耗一定的驱动功率，且与转子转速的三次方成正比，因此，当底盘测功机安装有风冷式电涡流功率吸收装置时，必须给出风扇消耗功率与转子转速（或车速）的数学模型，以便计入底盘输出功率中。

2.2.3.3 滚动阻力对汽车底盘输出功率测定值的影响

车轮滚动时，轮胎与路面的接触区域产生的法向、切向的相互作用力以及相应的轮胎和支承路面的相对刚度决定了变形的特点。当弹性轮胎在硬质的钢制光滚筒上滚动时，轮胎的变形是主要的，此时由于轮胎内部摩擦产生弹性迟滞损失，使轮胎变形时对它做的功不能全部收回，此能量消耗在轮胎各组成部分相互间的摩擦以及橡胶、帘线等物质的分子间的摩擦，最后转化为热能而消失在大气中。这种损失即为弹性物质的迟滞损失。

因为滚动阻力系数与模拟路面的滚筒种类、行驶车速以及轮胎的构造、材料、气压等有关，所以，对其影响因素进行分析是非常必要的，具体分析如下：

1. 钢制光滚筒对滚动阻力系数的影响。

（1）滚筒的半径 r 越大，在车轮滚动时轮胎的变形量越小，也就是说弹性迟滞损失就越小，故滚动阻力系数随滚筒半径的增大而减小。

（2）在加工过程中滚筒的椭圆度、同轴度越小，轮胎在滚筒上的运转就越平稳，当车速一定时滚动阻力系数的波动范围就越小，所以说，滚动阻力系数随滚筒加工精度的提高而减小。

（3）目前我国在用的底盘测功机滚筒表面有两种，一种是常见的光滚筒即表面未经处理的滚筒，另一种是滚筒表面喷涂有耐磨硬质合金。前者由于滚筒表面较光滑，其附着系数约为0.5，试验用的东风车在50 km/h 工况下检测最大底盘输出功率时，其滑移率约为8%，也就是说，汽车车轮在行走时，除滚动阻力外还有滑拖，致使被检测车轮发热，增大了滚动阻力损失，同时由于速度的误差，引起了所测功率的误差。后者采用表面喷涂技术，将滚筒表面的附着系数提高到0.8左右，接近于一般水泥路面的附着系数，则可避免滑拖现象。

（4）滚筒中心距 L 是指底盘测功机前后两排滚筒支承轴线之间的距离。随着滚筒中心距的增加，汽车车轮的安置角增大，前后滚筒对车轮的支承力也增大，这样将导致车辆在测功机台架上的运行滚动阻力增加。

综上所述，滚筒直径、安置角、滚筒表面质量、滚筒中心距对滚动阻力有很大的影响，由于部分底盘测功机仅显示功率吸收装置的吸收功率，所以同一辆车在不同台架上测得的数值不同。因此如果以底盘测功机作为法定计量设备，其滚筒直径、中心距、表面处理以及加载方式必须标准化。

2. 轮胎气压对滚动阻力系数的影响。

轮胎气压对滚动阻力系数影响很大，气压低时在硬路面上轮胎变形大，滚动时迟滞损失增加，为了减少该项所引起的检测误差，要求在动力性检测前必须将轮胎气压充至标准气压。

2.2.4　汽车底盘测功机的使用与维护

底盘测功机是整车汽车动力性检测的必备设备，必须由专人负责管理，定期进行检查、使用与维护。

2.2.4.1　准备工作

1. 使用前的准备工作。

被测试车辆驶上汽车底盘测功机滚筒前，必须进行以下准备工作：

（1）车辆外部清洗干净；

（2）不容许轮胎花纹中夹有石粒；

（3）轮胎气压符合标准；

（4）发动机底壳机油油面应在允许范围内；

（5）发动机机油压力应在允许范围内；

（6）发动机冷却系统的工作应正常；

（7）自动变速器（液力变扭器）的液面应在规定的范围内；

（8）汽车发动机和底盘经过维护，供油系统和点火系统处于最佳工作状态；

（9）运行走热全车。

测功机的准备：

（1）对于水冷测功机，应将冷却水阀打开；

（2）接通电源，升起举升器托板，根据被检车的功率，选择测试功率的挡位；

（3）用两个三角铁抵住停在地面上的车轮的前方，防止汽车在检测中由于误操作而冲出去；

（4）为防止发动机过热，将一台冷却风扇置于被检汽车前方约 0.5 m 处，对发动机吹风；

（5）使汽车以 5 km/h 的速度运行，观察有无异常，看水表示灯是否点亮。

2. 汽车底盘测功机的使用。

（1）开机前必须按使用说明书的要求，对底盘测功机做好准备工作；

（2）按规定程序进行操作；

（3）惯性模拟系统除进行多工况油耗试验、加速试验、滑行试验用外，不允许任意使用；

（4）突然停电时，引车驾驶员应即刻松油门并挂空挡；

（5）引车驾驶员必须严格按引导系统提示操作。

3. 检测方法。

（1）设定试验车速或转矩；

（2）起动发动机，由低速挡逐级换入直接挡，同时逐渐踩下加速踏板，使节气门全开；

（3）待发动机稳定后，读取和记录功率值；

（4）重复检测三次，取平均值。

4. 注意事项。

（1）走合期的新车或大修车，不宜进行底盘测功试验；

（2）测功时，应密切注意各种异响和发动机水温；

（3）被检车前严禁站人，以确保安全。

2.2.4.2 维护

1. 定期检查。

例行检查项目：

（1）对于采用水冷电涡流式及水涡流功率吸收装置，要求检查冷却水管路是否有漏水现象；

（2）润滑系统是否有漏油现象；

（3）带有扭力箱、升速器的装置，检查滚筒轴承、飞轮轴承是否有发热现象；

（4）检查地沟是否有漏油、漏水及杂物。

每六个月检查项目：

（1）各部螺栓紧固情况（紧固）；

（2）循环水池积垢情况（清除）；

（3）冷却水滤清器堵塞情况（清洗）。

[注：(2)、(3) 是对水冷式功率吸收装置。]

2. 定期润滑。

系统各润滑点按使用说明书的要求进行润滑。

3. 定期标定。

（1）车速传感器一次/年；

（2）牵引力传感器一次/年。

对于经常使用的汽车底盘测功机，严格按其说明书进行定期标定。

☞单元小结

本章重点介绍了汽车动力性能的认识及动力性能的检测，通过对本章的学习要求学生对汽车动力性的检测设备有所认识。

☞学习工作页

学习工作页	学习单元	汽车动力性能认识与检测			
	学习任务	汽车动力性能的认识、汽车动力性能试验			
姓　名		班　级		小　组	
日　期		开始时间		结束时间	
场　地	整车理实一体教室				
用品、用具、工具、设备	轿车一辆，越野车一辆，货车一辆				

1. 填空题。

（1）汽车动力性能的指标评定有＿＿＿＿、＿＿＿＿、＿＿＿＿、＿＿＿＿。

（2）汽车动力性能的道路试验主要是测量汽车的＿＿＿＿、＿＿＿＿、＿＿＿＿、＿＿＿＿。

（3）汽车底盘测功机主要由＿＿＿＿、＿＿＿＿、＿＿＿＿、＿＿＿＿四部分组成。

2. 完成任务。

（1）汽车动力性能的道路试验并记录相关信息。

道路试验：＿＿＿＿＿＿＿＿＿＿＿＿＿＿＿＿

（2）汽车动力性能的台架试验并记录相关信息。

台架试验：＿＿＿＿＿＿＿＿＿＿＿＿＿＿＿＿

指导教师评语：

教师签字：＿＿＿＿＿＿　日期：＿＿＿＿年＿＿＿＿月＿＿＿＿日

单元3　汽车燃油经济性能认识与检测

学习任务3.1　汽车燃油经济性能的认识

☞学习情境

能源是发展生产和提高生活水平的物质基础。汽车的主要能源是石油产品中的汽油和柴油。近年来随着我国汽车保有量迅速增长，石油消耗也飞速增长，跟随着的是油价逐步上涨，2013年下半年至2014年多次出现油料供给紧张，经常可以看到许多车排着长队等待加油。因此，人们对汽车燃油经济性越来越重视。

☞单元学习目标

1. 汽车燃油经济性的简单认识；
2. 汽车燃油经济性能的评价指标；
3. 影响汽车燃油经济性能的因素；
4. 提高燃油经济性的措施及方法。

☞学习信息

3.1.1　汽车燃油经济性能的评价指标的认识

在保证动力性能的条件下，汽车以尽量少的燃油消耗量经济行驶的能力，称为汽车的燃油经济性。本模块的最终任务就是要解决如何提高汽车的燃油经济性的问题，因此必须先掌握评价汽车燃油经济性的指标。

3.1.1.1　评价汽车燃油经济性的指标

评价汽车燃油经济性的指标很多，不同的国家所采用的评价参量是不同的，大致有以下几种：

（1）比油耗（燃油消耗率）：表示发动机的单位有效功率在单位时间内所消耗的燃油量，它的单位为g/（kW·h）（克/千瓦时）。

（2）每公里耗油量 *Gm*：表示汽车每行驶 1 千米所消耗的燃油数量（常以体积计算），常用单位是 L/km（升/千米）。

（3）每升燃油行驶里程：表示汽车消耗 1 升燃油可行驶的里程数。

（4）百公里油耗量 *Q*：表示汽车每行驶 100 km 所消耗的平均燃油量（以体积来计算），常用的单位为 L/100 km（升/百千米）

（5）百吨公里油耗量 Q：表示汽车运行过程中，每完成 100tkm（吨千米）运输量所消耗的燃油量（以体积来计算），常用单位为 L/100 tkm。

在我国及欧洲，燃油经济性指标的单位为 L/100 km，其数值越好，汽车的燃油经济性就越好。美国为 MPG（Miles Per Gallon），指每加仑燃油能行驶的英里数，其数值越大，燃油经济性就越好。

3.1.1.2　不同工况的油耗

汽车的经济性指标主要由耗油量来表示，是汽车使用性能中重要的性能。尤其我国要实施燃油税，汽车的耗油量参数就有特别的意义。耗油量参数是指汽车行驶百公里消耗的燃油量［以“升”（L）为计量单位］。

在我国，这些指标是汽车制造厂根据国家规定的试验标准，通过样车测试得出来的。它包括等速油耗和循环油耗。

1. 等速油耗。

等速油耗是汽车在良好路面上做等速行驶时的燃油经济性指标。由于等速行驶是汽车在公路上运行的一种基本工况，加上这种油耗容易测定，所以得到广泛采用。如法国和德国就把 90 km/h 和 120 km/h 的等速油耗作为燃油经济性的主要评价指标。我国也采用这一指标。国产汽车说明书上标明的百公里油耗，一般都是等速油耗。在实验时，测出每隔 10 km/h 或 20 km/h 速度间隔的等速百公里燃料消耗量，然后在图上连成曲线，即可得到汽车的等速行驶百公里燃料消耗量曲线，用它来评价汽车的燃油经济性。

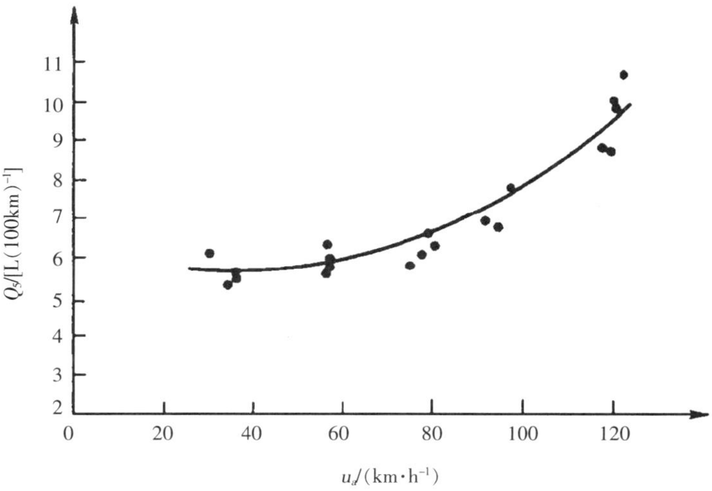

图 3－1　汽车等速百公里燃油消耗量曲线

不过，由于汽车在实际行驶中经常出现加速、减速、制动和发动机怠速等多种工作情况，因此等速油耗往往偏低，与实际油耗有较大差别。特别是经常在城市中做短途行驶的汽车，差别就更大。

2. 道路循环油耗。

道路循环油耗是汽车在道路上按照规定的车速和时间规范做反复循环行驶时所测定的燃油经济性指标，也叫多工况道路循环油耗。在车速和时间规范中，规定每个循环包含各种行驶的功况，并规定了每个循环中的换挡时刻、制动与停车时间以及行驶速度、加速度及制动减速度的数值。因此，用这种方法测定的燃油经济性，比较接近汽车实际的行驶情况。美国汽车工程师学会（SAE）制定了 SAEJ10926 道路循环试验规范，被广泛采用。这一规范，包括四种不同的循环：市区、郊区、州际（55 Mile/h）和州际（70 Mile/h）。在了解美国汽车的燃油经济性时，应分清所采用的是哪种循环，才能进行比较。

3.1.2 影响汽车燃油经济性能的因素

我们知道，汽车的燃油经济性主要取决于发动机的有效燃油消耗率和汽车行驶阻力及传动效率。一切有利于发动机的有效燃油消耗率降低、汽车行驶阻力降低及传动效率提高的措施都可以使汽车的燃油经济性提高。

3.1.2.1 整车结构

1. 发动机：

发动机的油耗对汽车的油耗有决定性的影响。

2. 传动系统：

汽车传动效率越高，传递动力过程中能量损失越小，汽车的油耗就越低。

3. 汽车总质量：

汽车的总质量影响到汽车的滚动阻力、坡道阻力和加速阻力，对汽车的燃油经济性影响很大。试验表明，当汽车总质量减少 10% 时，油耗降低 8.8%。因此，采用轻质材料，减轻汽车自重，是提高汽车燃油经济性的一个方向。

4. 汽车的外形：

为克服空气阻力而消耗的发动机功率与汽车行驶速度的 3 次方成正比。汽车车速不高时，空气阻力对汽车的燃料消耗影响不大，但当车速超过 50 km/h 时，空气阻力对汽车燃料经济性的影响逐步增大。

5. 轮胎：

轮胎结构对滚动阻力很大，改善轮胎结构，可以减少汽车的油耗。另外，轮胎的花纹及气压对汽车的油耗都有较大的影响。

6. 汽车的技术状况：

（1）汽车使用方面。要维护发动机和底盘的良好技术状况，提高管理水平，合理调度和采用拖挂运输，要大力推广使用子午线轮胎。

（2）驾驶技术方面。尽可能增加高挡使用时间，做到高挡小节气门开度，提高发动机负荷率，避免急加速、急减速，在保证安全的前提下，适当提高平均车速和尽量采用预见性制动，做到“脚轻手快，换挡敏捷，缓慢加速，合理制动”十六字操作要领。

3.1.2.2　发动机

发动机对汽车油耗的影响主要有以下几个方面：

1. 发动机的结构：

发动机中的热损失与机械损耗占燃油化学能中的65%左右，因此，发动机的油耗对汽车的油耗有决定性的影响，而发动机的油耗取决于发动机的结构。

2. 发动机的种类：

柴油机由于压缩比比汽油机要高，因此柴油机比汽油机的油耗要低得多。试验和实践都证明，一般装备柴油发动机的轿车比装备汽油发动机的轿车节油18%，柴油发动机载货汽车比汽油发动机载货汽车节油30%左右。目前世界各国正在推行轻型货车和轿车的柴油化进程，在总质量为2～5 t的载货汽车中，德国有95%的车已经使用柴油机。

3. 发动机的负荷率：

发动机负荷率通常是指发动机阻力矩的大小，发动机克服阻力矩必须消耗燃油。增加发动机的负荷率就意味着增加发动机每工作循环的供油量。

目前看来，提高发动机经济性能的主要途径有以下几个方面：

（1）提高压缩比。

当压缩比提高时，热效率增加，发动机动力性能提高，油耗降低。试验表明，压缩比在7.5～9.5范围内时，压缩比每提高一个单位，油耗可以下降4%以上。

汽油压缩比的提高主要受爆震和氮氧化物污染排放的限制，提高到一定程度后，不仅对提高发动机的功率和效率无明显效果，而且会增加排气中氮氧化物的浓度。提高压缩比需要相应的汽油辛烷值，使得汽油炼制成本提高。改进燃烧室和进气系统，提高发动机的爆震极限；使用爆震传感器，自动延迟产生爆震时点火提前角；开发高辛烷值汽油等，都是提高压缩比的措施。

（2）多气门结构。

在以后的汽车新技术中，多气门技术将继续发展及普及。多气门增加了气门的流通面积和流通力，提高燃烧质量，获得低的排放和高的转矩功率。

（3）涡轮增压技术。

增压是对新鲜空气进行预压缩过程。增压后进入燃烧室的新鲜空气量增多，将燃烧更多的燃料，从而可以提高发动机的功率。实践证明，在小型汽车发动机上采用涡轮增压，当汽车以正常的经济车速行驶时，可以获得相当好的燃料经济性。同时，发动机功率的增加，能获得驾驶员所期望的良好的加速性能。采用增压技术不仅可提高功率的30%～100%，还可以减少单位功率质量，缩小外形尺寸，节约原材料，降低燃料消耗。

（4）稀薄燃烧技术。

发动机稀薄燃烧技术的发展是随着缸内汽油直喷技术的发展而迅速发展的，一般缸内汽油直喷发动机都采用了稀薄燃烧技术，这主要是解决由于二氧化碳排放量过大造成的全球温室效应。对于汽车而言，要限制二氧化碳的排放，其本质就是限制燃油消耗。对于发动机稀薄燃烧系统必须精确控制空燃比，以达到燃油消耗较低、排放在规定范围、动力性较理想的效果。

3.1.2.3 传动系统

汽车传动系统的挡位数、传动比、传动效率对汽车燃油经济性有很大的影响。为了降低汽车的燃料消耗量，不仅希望发动机的有效燃料消耗率的数值尽可能小，而且还希望发动机工作在特性曲线的最佳比油耗区。传动系统的传动比（主要是变速器的传动比）影响发动机工作特性曲线与汽车行驶阻力之间的匹配。传动系统的传动比应使发动机在经济工况下工作。

1. 变速器挡位的影响。

在一定的行驶条件下，变速器应该尽量用最高挡。例如，在良好的水平路面上，在某些速度下既可用最高挡行驶，又可用次高挡行驶，则尽量采用最高挡行驶比较省油。因为在相同车速、相同阻力功率的情况下，采用高挡行驶时发动机行驶阻力不变，所以100km燃料消耗较小。传动系统的挡位越多，汽车在行驶过程中越有可能选用合适的速比，使发动机处于经济的工作状况，以提高汽车的燃油经济性。

2. 主减速器传动比的影响。

主减速器的传动比选择较小时，在相同的道路条件和车速下，也同样使发动机的燃料消耗减小，有利于提高汽车的燃油经济性。但主减速器的传动比过小时会导致经常被迫使用低一挡的挡位，最小传动比的挡位利用率较低，反而使燃料油耗增加。

3. 传动系统的机械效率。

传动系统的效率越高，则传动过程中的功率损失越少，汽车的燃料消耗率也越少。

以上可以得出，提高传动系统传动能力的措施有以下几个：

（1）采用更多的挡位，在变速器的后端接上一个两挡或三挡的副变速器。

（2）如果采用无级变速器的传动效率比机械式有级变速器的传动效率同样能够提高，则采用无级变速器最理想，它可以使发动机的工作特性与汽车的行驶工况始终有最佳的匹配。

（3）超速挡的运用。在相同的道路条件和车速条件下，用超速挡比用直接挡时发动机的转速低，负荷率高，故燃料消耗下降，因而可以降低汽车的100 km燃料消耗量。

（4）适当降低主减速器的传动比。

3.1.2.4 汽车总质量

汽车行驶过程中，汽车的总质量会影响到汽车的滚动阻力和加速阻力。钢铁材料仍然是汽车的主要用材，但其所占的比例呈下降趋势。也正是由于汽车趋向于快速、高级、豪华、舒适、安全，形形色色的附配装置的使用，使汽车的总质量不断增加，导致燃油消耗率也不断呈现上涨趋势。由此可看出减轻汽车总质量的措施有：

1. 汽车轻量化技术。

轻量化技术可采用“比钢铁更轻的金属材料”“可重复使用的塑料”“车体和部件的结构更趋于合理化的中空型结构”等对策。比如，使用高强度钢板制的车体材料、铝制发动机机体，铝合金飞轮、塑料消声器等的使用已趋普遍，而悬架部件、燃油箱轻量化则刚刚开始。汽车轻量化往往就是通过这些细小技术的实施来使整体轻量化，从而可实现提高功率、节能和降低燃料费的目标。

2. 材料轻量化。

（1）各种材料的密度。

各种汽车材料的密度有很大差异，因此存在着轻量化材料替代高密度材料，从而减轻质量的可能性。

（2）选用轻量化材料。

具有代表性的汽车轻量化材料有轻金属、高弹力钢、塑料等。各汽车制造厂和研究所对新型材料研究十分盛行，但对大批量生产来说还存在成本平衡的问题。

（3）新型轻量化材料。

多数新型材料是在航空宇宙领域开发过程中产生的，现在汽车使用的高强度钢，也是在 20 世纪 60 年代火箭开发中成熟起来的。新陶瓷、碳纤维是航天飞机和火箭中使用的材料。现在新型轻量化材料的市场规模小，但在今后如进入成长期，并能迅速批量生产和低价格化时，才可以在汽车上得到运用。

3. 1. 2. 5 汽车的技术状况

1. 汽车驾驶节油。

汽车节油驾驶是整个汽车驾驶操作技能的主要组成部分，因为节省燃油会有直接的经济效益。

2. 汽车的起动与预热。

发动机的起动操作要领：起动钥匙，尽可能做到一次起动成功，起动后保持发动机低速运转。试验表明：升温转速过低，升温时间加长，油耗增加；升温转速高，油耗也会随之增加。

3. 汽车的起步与加速。

汽车起步加速要做到发动机既不熄火又能省油，关键在于正确掌握抬离合器踏板和踩加速踏板的要领。

4. 汽车的行驶。

汽车行驶过程中，随着道路情况、交通流量等具体情况的变化需要更换变速器的挡位和调整加速踏板，尽可能保持在经济车速范围内运行，更应该尽量避免不必要的高速行驶而使油耗增加。

学习任务3.2　汽车燃油经济性能的检测

☞学习情境

我们知道，汽车的动力性用三个特定状态的参数表示即可。而燃油的经济性贯穿于汽车制造及整个使用过程，包括汽车本身的结构设计、制造工艺、各总成的调整和所用燃料等，还受到道路状况、交通情况、驾驶习惯、气候条件等各种因素的影响。

☞学习目标

1. 会使用油耗计；
2. 掌握汽车燃油消耗量的测验方法。

☞学习信息

3.2.1　油耗计的认识

3.2.1.1　汽车油耗计

汽车油耗量是通过油耗仪来测量的，汽车油耗计量仪常采用高精度的容积式油耗计，如图3-2所示，可以不受环境温度、燃油牌号及油耗量程的影响；采用压力自动补偿和回油气泡自动排出技术，可以消除发动机回油中严重存在的回油压力脉动和回油含气现象；采用振动补偿技术，可完全不受车辆运行中的剧烈颠簸的影响。

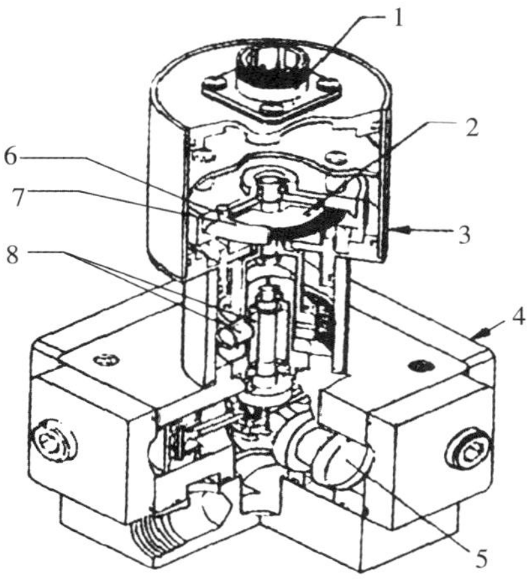

1—信号端子；2—转动光栅；3—转速/脉冲变换部；
4—流量/转速变换部；5—活塞；6—磁性联轴节；
7—固定光栅；8—光敏管LED（对置）

图3-2　容积式油耗计

汽车油耗计量仪工作稳定、可靠，测试精度高（0.1 mL）、测量误差小（小于千分之五）、使用寿命长（大于6年），是具有国际领先水平和最高性价比的汽车发动机油耗计量仪。汽车油耗计量仪可动态测试和显示汽车行驶中的瞬时油耗、累计油耗，还可以通过GPRS/GPS系统远程传输至油耗管理办公室，监控车辆运行的轨迹及油耗的瞬时变化，为货运车辆、工程车辆、公交车辆及客运车辆等进行精确的油耗统计与油料定额管理，驾驶员提高节油操作技能，为防止恶意偷油，国家推动节能减排战略，提供了一个有效的油耗测试手段，使节能减排有据可依。

1. 油耗计安装的方法及注意事项。

（1）将油耗计传感器串接在燃料系统供油管路上。

（2）油耗仪主机内置精密流量传感器，油箱出油管与油耗仪进油管之间须接有燃油滤清器（随机附件）。

（3）流入油耗仪主机内的燃油量通过精密流量传感器，并以电信号的形式传输给CPU，由CPU计算分析并显示油耗等相关数据。

（4）流入油耗仪主机的燃油通过油耗仪出油管进入输油泵，又通过高压油泵进油管向发动机供油。

（5）发动机回油通过高压油泵回油管流入油耗仪主机，并通过油耗仪主机的内循环重新进入到油耗仪输油管及输油泵。

（6）排气阀门用于安装或更改过油路后，排出油耗仪主机内的空气，排气后关闭。

（7）由于发动机回油不回油箱，而是通过油耗仪主机的内循环向发动机供油，燃油温度较高，有一定的节油效果。

2. 油耗计的使用。

在路试检测油耗时，一般采用油耗传感器与非接触式或接触式第五轮仪配合使用。在所有条件满足 GB/T 12545.1—2001 和 GB/T 12545.2—2001 下开始路试，以非接触式第五轮仪为例，首先，先在非接触式第五轮仪上定好测量距离（500 m）、测量挡位，然后开始检测，当车速稳定到某一测量速度（例如 50 km/h），在车速仪上按下“开始”，直至该车跑满 500 m 里程（该车速仪由于定好 500 m 的距离，故在 500 m 自动停止计量），随后按下“停止”键，此时，该车在某一车速下 500 m 里程所消耗的燃油量已换算好的百公里耗油量即被打印出。

3.2.2 汽车燃油经济性的检测

3.2.2.1 汽车等速百公里油耗检测

1. 底盘测功机的准备。

按不同底盘测功机类型，根据其使用手册规定至规定状态。

2. 汽车的准备。

（1）保证车辆润滑油、冷却液、燃油温度达到正常状态；

（2）测量行驶距离不少于 5 km；

（3）测量时速度变化幅度不大于 0.5 km/h；

（4）车辆为空载；

（5）被测车辆旁边必须配备性能良好的灭火器。

3. 检测方法。

等速行驶百公里油耗试验是一种在我国广泛采用的最简单的道路循环试验。试验在纵坡度不大于 0.3% 的混凝土、沥青道路上进行，要求路面干燥、平坦、清洁，测量路段长度 500 m（或 1 km），两端可方便地使汽车调头。气温 0 ℃ ~ 35 ℃，气压 98 kPa ~ 103 kPa，相对湿度 50% ~ 95%，风速小于 3 m/s。汽车技术状况良好，试验前，汽车必须充分预热，使发动机出水温度为 80 ℃ ~ 90 ℃，变速器及驱动桥润滑油温度不低于 50 ℃。试验时，汽车用最高挡等速行驶，从车速 20 km/h 开始，以车速 10 km/h 的整倍数，直至该挡最高车速的 80%，至少测定 5 点。通过 500 m（或 1 km）测量段，测定耗油量和时间，每种车速往返试验各两次，两次试验之间的时间间隔（包括使车速达到预定的稳定车速所需的助跑时间）应尽可能地缩短，以保持稳定的热状况。往返共四次试验结果的油耗量差值不应超过 ±5%，取四次试验结果的平均值为等速行驶的消耗量。

3.2.2.2 滑行距离检测

1. 检验前仪器及车辆准备。

（1）车辆轮胎气压、花纹深度符合标准规定，胎面清洁；

（2）传动系统润滑油油温不低于 500 ℃；

（3）根据测试汽车的基准质量选定底盘测功机的相应当量惯量，当底盘测功机所配备的飞轮系统的惯量级数不能准确满足测试汽车的当量惯量需要时，可选配与测试汽车整备质量最接近的转动惯量级，但应对检测结果做必要的修正。

2. 检验程序。

（1）根据受检车型，在底盘测功机上设定加速及滑行速度区间；

（2）待检测汽车空载，将驱动轮车辆置于底盘测功机滚筒上，举升机下降，用挡车器挡住非驱动轮轴车轮，前桥驱动车辆拉紧驻车制动并调整活动挡轮使其靠近车轮；

（3）关闭空调系统等非汽车运行所必需的耗能装置，起动汽车，按照引导系统的提示加速至高于规定车速后，置变速器于空挡，利用系统储藏的动能，使其运转直至车轮停止转动；

（4）记录汽车从规定速度区间内的加速时间及滑行距离；

（5）举升机上升，脱开惯量模拟飞轮，前桥驱动车辆卸掉活动挡轮，检测结束。

3.2.2.3　结果分析

当汽车燃油消耗率高于说明书 10% 以上时，车况肯定有问题。任何额外的能量消耗都可以使油耗增加。具体的可以从上述提到的提高燃料经济性的方法与措施中所论述的几方面寻找原因。

☞单元小结

汽车燃油经济性能受到政府、汽车制造业、汽车消费者的高度重视。燃油经济性好，可以降低汽车的行驶费用、节约能源；同时也降低了污染物的排放，保护了环境。不同的驾驶员有不同的驾驶习惯，为了获得更好的汽车燃油经济性，要求驾驶员养成良好的驾驶习惯，熟练地掌握和运用节油操作技能驾驶汽车。

☞学习工作页

学习工作页	学习单元	汽车燃油经济性能认识与检测			
	学习任务	汽车燃油经济性能的认识、汽车燃油经济性能的检测			
姓　名		班　级		小　组	
日　期		开始时间		结束时间	
场　地	整车理实一体教室				
用品、用具、工具、设备	轿车一辆，商用车一辆				

1. 填空题。

(1) 汽车燃料经济性的评价指标有__________、__________、__________、__________、__________五大类。

(2) 汽车燃料经济性主要取决于__________、__________。

(3) 在良好的路面行驶时，汽车在一定的车速范围内，既可用高挡行驶，又可以用次高挡行驶，应选用__________行驶。

2. 判断题。

(1) 汽车行驶速度越快，燃油经济性越好。(　　)

(2) 一般发动机在较低转速范围和低负荷率时，其经济性较好。(　　)

(3) 为了提高汽车的经济性，应该适当减小传动比。(　　)

3. 任务实施。

汽车燃油经济性的检测：(1) ______________________________

(2) ______________________________

(3) ______________________________

(4) ______________________________

指导教师评语：

____

____

教师签字：__________　日期：______年______月______日

单元4　汽车制动性能认识与检测

学习任务4.1　汽车制动性能的认识

☞学习情境

汽车制动性能的好坏，直接关系到汽车的行驶安全和运输效率。在紧急情况下，良好的制动性能可以化险为夷，避免交通事故的发生；在正常行驶的情况下，良好的制动性能可以为汽车动力性的充分发挥起保障作用，从而提高汽车的运输效率。

☞学习目标

1. 会分析汽车的制动过程；
2. 掌握汽车制动性的评价指标；
3. 会分析影响汽车制动性的因素；
4. 掌握提高汽车制动性的措施。

☞学习信息

4.1.1　汽车制动性的理论认知

汽车的制动性能是汽车的主要性能之一，制动性能直接关乎汽车行车安全，重大交通事故往往与制动距离太长、紧急制动时发生侧滑等情况有关，因此汽车的制动性能是汽车的重要保障，也是汽车制造厂、使用者、汽车维修人员和管理人员关心的重要性能之一。

4.1.1.1　**汽车制动性的评价指标**

汽车制动是使行驶过程中的汽车减速甚至停车，使下坡行驶的汽车速度保持稳定。

汽车在停止时保持不动的性能称为汽车的驻车制动。

汽车制动的目的是使汽车从一定的车速制动到较低的速度直至停车，以保证汽车安全行驶。对汽车起到制动作用的是方向与汽车行驶方向相反的外力。作用在行驶汽车上的滚动阻力、上坡阻力、空气阻力都能对汽车起到一定的制动作用，但这些外力的大小都是随机的、不可控制的，虽然作用在汽车上的这些阻力能起到制动作用，但制动力显得太小，靠它们是实现不了制动的。因此，汽车上还必须设置一系列的专门制动装置，以便驾驶员能根据道路和交通等情况，使路面提供给汽车制动时所需的阻力，对汽车进行一定程度的强制制动。

汽车的制动性能评价指标主要是制动效能、制动效能的稳定性和制动时的方向稳定性。

1. 制动效能。

制动效能是指汽车迅速降低行驶速度直至停车的能力，是制动性能中最基本的评价指标。它由制动力、制动减速度和制动距离等参数来评定。

（1）制动距离法。

各国对制动距离的定义都不一样，在我国安全法规中，是指在制定的道路条件下，机动车在规定的初速度下急踩制动时，从脚接触制动踏板（或手接触手制动）开始制动时起至车辆停住时车辆驶过的距离。制动距离的长短直接体现了汽车制动效能的高低，是表征汽车制动性能最基本的特性参数。

（2）制动减速度法。

制动减速的大小是汽车降低行驶速度能力强弱的量化体现。

（3）制动力法。

制动力是制动过程中的基本输出参数。制动力既可用于评定汽车的制动效能，也可用于评定汽车制动时的方向稳定性。

2. 制动效能的稳定性。

制动效能的稳定性是指汽车抵抗制动效能下降的能力。汽车制动系统在不同的使用情况下，制动效能会发生变化，会衰退、降低等。根据导致制动效能衰退的原因，可将制动效能的衰退现象分为制动器的抗热衰退能力和水湿恢复能力。

（1）制动效能的热衰退。

由于汽车高速制动、连续下坡以及短时间内的反复制动，引起制动器温度升高，制动器摩擦力矩显著下降，这种现象称为制动器的热衰退现象。制动效能的恒定性主要指制动器的抗热衰退性能。

制动器的热衰退与制动器摩擦副材料和制动器结构形式有关。为了减少热衰退现象，可采取以下措施：

①增大摩擦片面积，加大制动鼓或制动盘的热容量；

②提高制动器热冷却能力；

③利用其他机构吸收一部分能量；

④尽量使摩擦片温度特性曲线保持平稳；

⑤高速车辆应选用自行加力作用较小的盘式制动器。

（2）制动效能的水衰退。

制动的水衰退是制动器摩擦片表面浸水后，因水的润滑作用，降低制动器摩擦片的摩擦系数，从而导致制动器制动效能降低。

浸水衰退后制动性能的恢复试验可在干燥、平坦的路面上进行。首先在车辆满载和连接发动机的条件下，以最大车速的30%为制动初速度，以0.3 m/s的减速度进行3次制动，记录踏板力或管路压力，作为基准，然后浸水 2min，进行恢复试验。在标准踏板力或管路压力的条件下，制动 15 次，制动周期为 60s，要求第 15 次制动后，踏板力与基准踏板力之差不大于 10%。

3. 制动时的方向稳定性。

汽车制动时的方向稳定性是指在制动过程中，汽车按照驾驶员给定的轨迹行驶的能力，也即维持直线行驶或按预定弯道行驶的能力。在制动过程中，会出现因制动跑偏、侧滑或失去转向能力而导致汽车失控、偏离原来的行驶方向，从而引发严重的交通事故。据调查，发生人身伤亡的交通事故中，与侧滑有关的比例在潮湿路面上约为 30%，在冰雪路面上为 70% ~80%，而侧滑的产生有 50% 是由制动引起的。

4.1.1.2　汽车制动时车轮的受力分析

汽车制动的目的是使汽车从一定的车速减到较低的速度直至停车，以保障汽车的安全行驶，使具有一定运动速度的汽车减速或停车的外力是由地面制动力和空气阻力提供的。由于空气阻力相对较小，所以必须由路面提供汽车制动时所需阻力，这个阻力便称为地面制动力。为在地面生成制动力，就在汽车上设置了制动装置，以确保地面能够生成汽车制动时所需要的制动。

1. 地面制动。

汽车在制动过程中人为地使其受到一个与行驶方向相反的外力，在这一外力作用下迅速地降低车速以至于停车，这个外力称为汽车制动力。一般多用车轮制动器使汽车车轮受到与行驶方向相反的地面切向反作用力，故这时的力又称地面制动力。如图 4－1 所示：

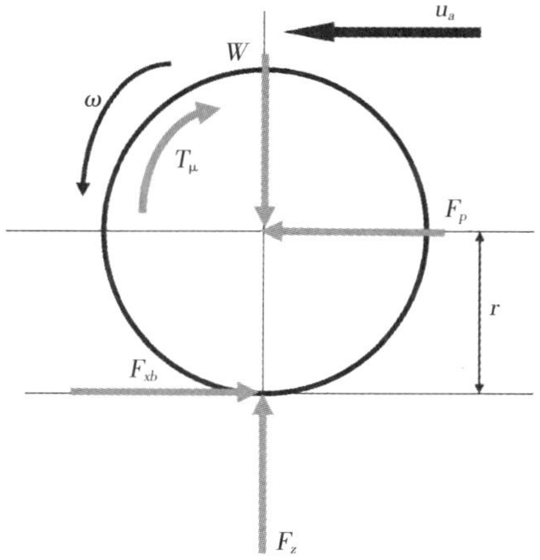

图 4－1　车轮制动受力分析图

地面制动力用 F_X 表示，单位为 N；显然，从力矩平衡图可得到：

$$F_X = T_U / r$$

式中：r——车轮半径；

T_U——车轮制动器摩擦片与制动鼓或制动盘相对滑转时的摩擦力矩，单位

为N·m;

G——车轮垂直载荷;

F——车轮轴对车的推力。

地面制动力由车轮经车桥和悬架传给车身及车架，迫使整部汽车产生一定的减速度。显然，地面制动力越大，汽车制动减速度越大。

2. 制动器制动力。

制动器制动力是为克服制动器摩擦力矩而在车轮周缘所施加的切向力，用 F_u 来表示，制动器制动力是相当于把汽车架离地面促动制动装置后，在车轮周缘沿切线方向推动车轮直至车轮所能转动的力，显然：

$$F_u = T_U/r$$

制动器制动力仅仅取决于制动器的结构参数，即取决于制动器的形式、结构尺寸、制动器摩擦副的摩擦系数以及车轮半径。

3. 地面制动力、制动器制动力与地面附着力之间的关系。

汽车的地面制动力首先取决于制动器制动力，同时又受地面附着条件的限制，只有制动器制动力足够，同时地面附着力较高时，才能获得较大的地面制动力。它们的关系如图4-2所示：

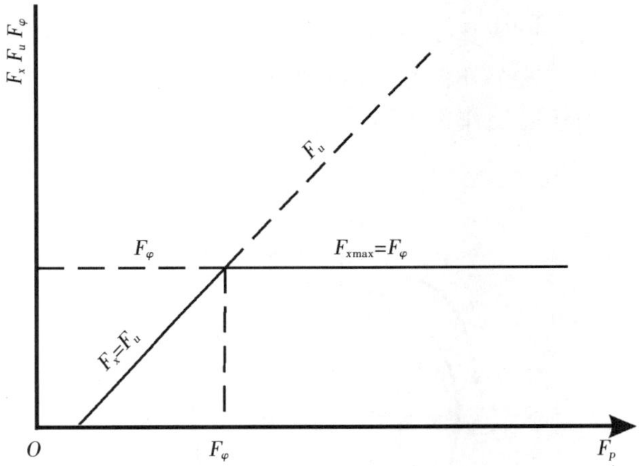

图4-2 汽车制动时地面制动力、制动器制动力和地面附着力之间的关系

由上图可知，当制动系统管路压力或制动踏板力较小，未达到某一极限时，制动器摩擦力矩不大，地面制动力足以克服制动摩擦力矩推动车轮滚动。此时，地面制动力就等于制动器制动力，并随制动系统管路压力（制动器制动压力）的增长成正比增大，直至某一限值，制动器制动力却随制动管路压力继续增大。这是由于地面附着力制约了地面制动力的继续增大，地面附着力便成为地面制动力的极限，地面制动力不可能大于地面附着力，即

$$F_x \leqslant F_\varphi = F_{z\varphi}$$

最大地面制动力 $F_{x\max}$ 为

$$F_{x\max} = F_{z\varphi}$$

4.1.1.3　影响汽车制动性能的主要因素

汽车的制动性与汽车的结构及其使用条件有关。比如，汽车轴间负荷分配、载质量、制动系统的结构、利用发动机制动的情况、行驶速度、道路情况、驾驶方法等均对制动过程有很大的影响。

1. 轴间负荷分配的影响。

汽车制动时，前轴负荷增加，后轴负荷减小。如果前、后轮制动器制动力根据轴间负荷的变化分配，符合理想分配的条件，则前、后轮同时抱死。如果前、后轮制动器制动力的比例为定值，则只有在具有同步附着系数的路面上，前、后轮才能同时抱死。当 $\varphi > \varphi_0$ 时，后轮先抱死，当 $\varphi < \varphi_0$ 时，前轮先抱死。空载时总是后轮先抱死。

2. 制动力的调节和车轮防抱死。

（1）制动力的调节。

为了防止制动时后轮抱死而发生危险侧滑，汽车制动系统的前、后轮制动器制动力实际分配线应当总在理想的前、后轮制动器制动力分配曲线下方。为了减少前轮失去转向能力的倾向和提高制动效率，汽车制动系统的前、后轮制动器制动力实际分配线越接近理想的前、后轮制动器制动力分配曲线越好。如果能按照需要改变汽车制动系的前、后轮制动器制动力实际分配线使之达到上述目的，将比前、后轮制动器制动力具有固定比值的汽车具有更大的优越性。为此，在现代汽车制动系统中装有各种压力调节装置。

常见的压力调节装置有限压阀、比例阀、载荷控制比例阀、载荷控制限压阀。采用比例阀时，在制动系统油压达到一定值以后，比例阀自动调整前、后轮制动器油压，使前、后轮制动器制动力仍然维持直线关系，但直线的斜率小于45°线变为折线，汽车制动系统的前、后轮制动器制动力实际分配线总在理想的前、后轮制动器制动力分配曲线之下且接近于理想的前、后轮制动器制动力分配曲线，但它仅适合于一种载荷下的汽车制动系统的前、后轮制动器制动力实际分配线与理想的前、后轮制动器制动力分配曲线配合。

（2）车轮的防抱死。

采用按理想制动器制动力分配曲线来改变汽车制动系统的前、后轮制动器制动力实际分配线的制动系统能提高汽车制动时的方向稳定性，且制动系统效率也较高。但各种调节装置的前、后轮制动器制动力实际分配线常在理想的前、后轮制动器制动力分配曲线的下方，因此不管在什么 φ 值的路面上制动时，前轮仍将抱死而可能使汽车失去转向能力。另外，汽车的附着力和车轮的运动状况有关。当滑动率在10% ~20%时，附着系数最大；而车轮完全抱死，滑动率等于100%时，附着系数反而下降。一般汽车的制动系统（包括装有调节阀，能改变前、后轮制动器制动力实际分配线的制动系统）都无法利用峰值系数，在紧急制动时，常常是利用较小的滑动附着系数时车轮抱死。

为了充分发挥轮胎与地面间的潜在附着能力，全面满足对汽车制动性能的要求，已采用了多种形式的制动防抱死装置。有了防抱死装置，在紧急制动时，能防止车轮完全抱死，而使车轮处于滑动率为10% ~20%的状态。此时，纵向附着系数最大，侧向附着系数也很大，从而使汽车在制动时不仅有较强的抗后轴侧滑能力，保证汽车的行驶方向稳定，而且有良好的转向操纵性。由于利用了峰值附着系数，因而也能充分发挥制动效能，提高制动减速度和缩短制动距离。

3. 车轮制动器的影响。

车轮制动器的摩擦副、制动鼓的构造和材料，对于制动器的摩擦力矩和制动效能的热衰退都有很大影响。在设计制造中应该选用好的结构形式及材料，在使用维修中也应注意摩擦片的选用。

制动器的结构形式不同，其制动效率也不同，制动器效能因素大，则在制动鼓半径和制动器张力相同的条件下，制动器所能产生的制动力矩也大。但当制动器摩擦副的摩擦系数下降时，其制动力矩将显著下降，制动性能的稳定性较差。

制动器的技术状况不仅和设计制造有关，而且和使用维修情况有密切关系。制动摩擦片与制动鼓的接触面积不足或接触不均匀时，将降低制动摩擦力矩，而且局部接触面积和部位不同，也将引起制动性能的差异。

制动摩擦片的表面不清洁，如有油污、水或污泥，摩擦系数将减小，制动力矩随之降低。如汽车涉水后水渗入制动器，其摩擦系数将急剧下降 20% ~30% 。

4. 汽车载质量的影响。

对于载质量较大的汽车，因前、后轮的制动器设计一般不能保证在任何道路条件下都使其制动力达到附着极限，所以汽车的制动距离就会因载质量的不同而发生差异。实践证明，对于载质量为 3 t 以上的汽车，大约载质量每增加 1 t，其制动距离平均要增加 1. 0 m。即使是同一辆汽车，在装载质量和方式不同时，由于重心位置变动，也会影响汽车的制动距离。

5. 制动初速度的影响。

制动初速度高时，需要通过制动消耗的运动能量也大，故制动距离会延长。制动初速度越高，通过制动器转换产生的热量也越多，制动器的温度上升也越大。制动蹄片的摩擦性能也会随温度的升高而降低，导致制动力衰减，制动距离增长。

6. 利用发动机制动。

发动机的内摩擦力矩和泵气损耗可用来作为制动时的阻力矩，而且发动机的散热能力要比制动器强得多。一台发动机，在单位时间内约有相当于其功率的 1/3 的热量必须散发到冷却介质中去。因此，可把发动机当作辅助制动器。

发动机常用做减速制动和下坡时保持车速不变的惯性制动，一般用较低的挡位来下坡。

必须注意的是，在紧急制动时，发动机不仅无助于制动，反而需要消耗一部分制动力去克服发动机旋转质量的惯性力。因此，这时应脱开发动机与传动系统的连接。

发动机的制动效果对汽车制动性的影响很大。它不仅能在较长的时间内发挥制动作用，减轻车轮制动器的负担，而且由于传动系统中差速器的作用，可将制动力矩平均地分配在左、右车轮上，以减少侧滑甩尾的可能性。在光滑的路面上，这种作用就显得更为重要。此外，由于发动机的制动作用，在行车中可显著地减少车轮制动器的使用次数，对改善驾驶条件颇为有利。同时，又能经常保持车轮制动器处于低温而能发挥制动最大效果的状态，以备紧急制动时使用。

有些适合山区使用的柴油车，为了加强发动机的制动效果，在排气歧管的末端安装有排气制动器。排气制动器中设有阀门，制动时将阀门关闭，以增大排气歧管中的反压力，从而产生制动作用，这种方法称为排气制动。这是发动机作为“耗功机”（压缩机），特别是在下长坡时，用发动机进行辅助制动，更能发挥其特殊的优越性。应用这种方法，一般可使发动机制动时所吸收的功率达到发动机有效功率的50%以上。

7. 道路条件的影响。

道路的附着系数φ限制了最大制动力，故它对汽车的制动性能有很大的影响。当制动的初速度相同时，随着φ值的减小，制动距离随之增加。由于冰雪路面上的附着系数特别小，所以制动距离增长。特别注意：冰雪坡道上的车辆，应充分利用发动机制动。有计算表明，在冰雪路面上，利用发动机的辅助制动作用可使制动距离缩短20%～30%。在冰雪路面上制动时方向稳定性变差，当车轮制动被抱死时侧滑的危险程度将加大。汽车在冰雪路面行驶时，最好加装防滑链。

8. 驾驶技术的影响。

驾驶技术对制动性能有很大影响。制动时，如能保持车轮接近抱死而未抱死的状态，便可获得最佳的制动效果。经验证明，在制动时，如迅速交替地踩下和放松制动踏板，即可提高其制动效果。因为，此时车轮边滚边滑，轮胎着地部分不断变换，故可避免轮胎由于局部剧烈发热，胎面温度升高而降低制动效果。在紧急制动时，驾驶员能急速踩下制动踏板，则制动系统的协调时间将缩短，从而缩短制动距离。在光滑路面上不可猛烈踩制动踏板，以免因制动力过大而超过附着极限，导致汽车侧滑。

4.1.2　汽车防抱死制动系统

有过驾驶经历的人会有这样一些经验：高速行驶在弯道上进行紧急制动，汽车有可能从路边滑出或闯入对面车道；在被雨淋湿而带有泥土的柏油路上或在积雪道上紧急制动时，汽车会发生侧滑甚至掉头旋转等危险情况。防抱死制动系统（Anti－lock Braking System，简称ABS）就是为了防止这些危险状况的发生而研制的。防抱死制动系统通过安装在车轮上的传感器发出车轮将被抱死的信号，控制器指令调节器降低该车轮制动缸的油压，减小制动力矩，经一定时间后，再恢复原有的油压，这样不断循环，始终使车轮处于转动状态而又有最大的制动力矩。

没有安装ABS的汽车，在行驶中如果用力踩下制动踏板，车轮转速会急速降低，当制动力超过车轮与地面的摩擦力时，车轮就会被抱死，完全抱死的车轮会使轮胎与地面的摩擦力下降，如果前轮被抱死，驾驶员就无法控制车辆的行驶方向，如果后轮被抱死，就极容易出现侧滑现象。

ABS这种最初被应用于火车上的技术，后应用于飞机，现在已经十分普及，在10万元以上级别的轿车上都可见到它的踪影，有些大客车上也装有ABS。装有ABS的车辆在遇到积雪、冰冻或雨天等打滑路面时，可放心地操纵方向盘，进行制动。它不仅有效地防止了事故的发生，还能减少对轮胎的磨损，但它并不能使汽车缩短制动距离，在某些情况下反而会有所增加。

ABS通常由车轮转速传感器、制动压力调节装置、电子控制装置和ABS警示灯组成。在不同的ABS系统中，制动压力调节装置的结构形式和工作原理往往不同，电子控制装置的内部结构和控制逻辑也可能不尽相同。如图4－3所示是一种典型的电子控制防抱死制动系统。

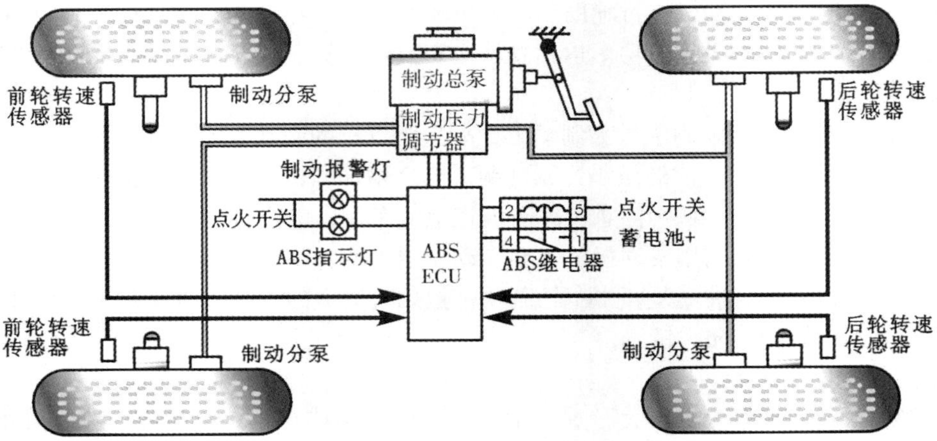

图 4－3　电子控制防抱死制动系统

图 4－3 所示的 ABS 系统中，每个车轮上各安置着一个转速传感器，将关于各车轮转速的信号输入电子控制装置。电子控制装置根据各车轮转速传感器输入的信号对各个车轮的运动状态进行监测和判定，并形成相应的控制指令。制动压力调节装置主要由调压电磁阀总成、电动泵总成和储液器等组成一个独立的整体。该装置通过制动管路与制动主缸和各制动轮缸相连，制动压力调节装置受电子控制装置的控制，对各制动轮缸的制动压力进行调节。

图 4－3 所示 ABS 的工作过程可分为常规制动、制动压力保持、制动压力减小和制动压力增大等阶段。在常规制动阶段，ABS 并不介入制动压力控制，调压电磁阀总成中的各进液电磁阀均不通电而处于开启状态，各出液电磁阀均不通电而处于关闭状态，电动泵也不通电运转，制动主缸至各制动轮缸的制动管路均处于沟通状态；而各制动轮缸至储液器的制动管路均属于封闭状态，各制动轮缸的制动压力将随制动主缸的输出压力而变化，此时的制动过程与常规制动系统的制动过程完全相同。在制动过程中，电子控制装置根据车轮转速传感器输入的车轮转速信号判定有车轮趋于抱死时，ABS 就进入防抱死制动压力调节过程。例如，电子控制装置判定右前轮趋于抱死时，电子控制装置就使控制右前轮制动压力的进液电磁阀通电，使右前进液电磁阀转入关闭状态，制动主缸输出的制动液不再进入右前制动轮缸，此时右前出液电磁阀仍未通电而处于关闭状态，右前制动轮缸中的制动液也不会流出。右前制动轮缸的制动压力就保持一定，而其他未趋于抱死车轮的制动压力仍然会随制动主缸输出压力的增大而增大；如果再右前制动轮缸的制动压力保持一定，则电子控制装置判定右前轮仍然趋于半死，电子控制装置又使右前出液电磁阀也通电而转入开启状态，右前制动轮缸中的部分制动液就会经过处于开启状态的出液电磁阀流回储液器，使右前轮的制动轮缸的制动压力迅速减小，右前轮的抱死趋势将开始消除。随着右前制动轮缸制动压力的减小，右前轮会在汽车惯性力的作用下逐渐加速，当电子控制装置根据车轮转速传感器输入的信号判定右前轮的抱死趋势完全消除时，电子控制装置就使右前进液电磁阀和出液电磁阀均断电，使进液电磁阀转入开启状态，出液电磁阀转入关闭状态，同时也使电动泵通电运转，向制动轮缸泵送制动液，由制动主缸输出的制动液和电动

泵泵送的制动液都经过处于开启状态的右前进液电磁阀进入右前制动轮缸，使右前制动轮缸的制动压力迅速增大，右前轮又开始减速转动。ABS 通过使趋于抱死车轮的制动压力循环往复地保持—减小—增大的过程，而将趋于抱死的车轮滑动率控制在峰值附着系数滑动率的附近范围内，直至汽车速度减小到很低或者制动主缸的输出压力不再使车轮趋于抱死时为止，制动压力调节循环的频率可达 3 ~ 20 Hz。在该 ABS 中，对应于每一个制动轮缸各有一对进液和出液电磁阀，可由电子控制装置分别进行控制。因此，各制动轮缸的制动压力能够独立地调节，从而使四个车轮都不发生制动抱死的现象。

提示：在遇到紧急情况时，制动踏板一定要踩到底，才能激活 ABS 系统，这时制动踏板会有一些抖动，有时还会有一些声音，但也不能松开，这表明 ABS 系统开始起作用了。

学习任务4.2　汽车制动性能的检测

☞学习情境

汽车制动性能的好坏，直接关系到汽车的行车安全和运输效率。在紧急情况下，良好的制动性能可以化险为夷，避免交通事故的发生；在正常行驶时，良好的制动性能可以为汽车动力性的充分发挥起保障作用，从而提高汽车的运输效率。因此，对汽车制动性能的检测和故障诊断尤为重要。制动性能是汽车的重要使用性能之一。因此无论是新车出厂还是在用车辆，都将其作为重点检测项目之一。

☞学习目标

1. 能正确进行汽车制动性能的道路试验；
2. 能正确使用制动试验台进行汽车制动性能的台架试验；
3. 能根据检测结果分析制动不合格的原因。

☞学习信息

4.2.1　汽车制动性能的道路试验

4.2.1.1　制动性能道路试验检测要求

根据国家标准 GB 7258—2012《机动车运行安全技术条件》的规定，道路试验主要通过检测制动距离、充分发出的平均减速度等参数来检测汽车行车制动和应急制动性能，用坡道试验检测汽车驻车制动性能。

1. 试验目的。

汽车制动性能道路试验是通过道路检测制动距离和制动减速度对某一车辆进行评价。掌握汽车制动性能的道路试验方法，对于无法上制动检验台检验的车辆及经台架检验后对其制动性能有质疑的车辆，用制动距离或者充分发出的平均减速度和制动协调时间判定制动性能。

2. 试验条件。

对新车或大修后的车辆进行试验，试验前需进行一定行程的走合，新车一般按照制造厂的规定进行走合（行程一般 1000 ~ 1500 km）。试验前还应注意各总成的技术状况和调整状况，应使之处于良好状态，如点火系统、供油系统、制动蹄鼓间隙、车轮轴承紧度、车轮定位、轮胎气压与标准值相差不超过 10 Pa 等。

试验前汽车应通过运行而充分预热。

3. 道路条件。

行车制动性能和应急制动性能检查应在平坦（纵向坡度不大于 1%）、硬实、清洁、干燥且轮胎与地面附着系数不小于 0.7 的水泥路面上进行。驻车制动试验应在坡度为 20%（总质量为整备质量的 1.2 倍以下的机动车为 15%）、轮胎与路面间的附着系数不小于 0.7 的坡道上进行。

在试验路面上应画出标准中规定的制动稳定性要求相应宽度试车道的边线。被测车辆沿着试验车道的中线行驶至高于规定的初速度后，置变速器于空挡。当滑行到规定的初速度时急踩制动踏板，使车辆停住。

4.2.1.2　制动性能道路试验检测法

1. 路试制动性能检测标准限值。

（1）制动距离和制动稳定性的要求。

汽车在规定的初速度下的制动距离和制动稳定性要求符合下表的规定。对空载检验的制动距离有质疑时，可用下表规定的满载检验制动距离要求进行。

表 4－1　路试制动性能检测标准限值

机动车类型	制动初速度（km/h）	满载检验制动距离要求（m）	空载检验制动距离要求（m）	试验通道宽度（m）
乘用车	50	≤20.0	≤19.0	2.5
总质量不大于3500 kg的低速货车	30	≤9.0	≤8.0	2.5
总质量不大于3500 kg的其他汽车	50	≤22.0	≤21.0	2.5
其他汽车、汽车列车	30	≤10.0	≤9.0	3.0

制动距离指的是机动车在规定的初速度下急踩制动时，从脚接触制动踏板或手触制动手柄时起至机动车停住时止机动车行驶过的距离。

制动稳定性要求制动过程中机动车的任何部位（不计入车宽的部位除外）不允许超出规定宽度的试验通道的边缘线。

（2）进行制动性能检验时的制动踏板力或制动气压要求。

①满载时，气压制动系统：气压表的指示气压≤额定工作气压；液压制动系统：踏板力，乘用车≤500 N，其他机动车≤700 N。

②空载检验时，气压制动系统：气压表的指示气压≤600 kPa；液压制动系统：踏板力，乘用车≤400 N，其他机动车≤450 N。

(3) 应急制动性能检验。

汽车在空载和满载状态下，按下表所列初速度进行应急制动性能检验时，应急制动性能应符合下表要求：

表 4－2　应急制动性能检测标准限值

机动车类型	制动初速度（km/h）	制动距离（m）	充分发出的平均减速度（m/s^2）	允许操纵力不应大于 N	
				手操纵	脚操纵
乘用车	50	≤38.0	≥2.9	400	500
客车	30	≤18.0	≥2.5	600	700
其他汽车	30	≤20.0	≥2.2	600	700

(4) 驻车制动性能要求。

在空载状态下，驻车制动装置应能保证机动车在坡度为 20%（对总质量为整备质量的 1.2 倍以下的机动车为 15%）、轮胎与路面间的附着系数不小于 0.7 的坡道上正、反两个方向保持固定不动，其时间不应少于 5 min。对于允许挂接挂车的汽车，其驻车制动装置必须能使汽车列车在满载状态下能停在坡度为 12% 的坡道（坡道上轮胎与路面间的附着系数不应小于 0.7）上。

驻车制动应通过纯机械装置把工作部件锁止，并且驾驶员施加于操纵装置上的力：手操纵时，乘用车应不大于 400 N，其他机动车应不大于 600 N；脚操纵时，乘用车应不大于 500 N，其他机动车应不大于 700 N。

4.2.2　汽车制动性能的台架试验

在用车制动性能的年检、年审量大、面广，要求检测作业准确而迅速。路试检测制动需要在受检车上装卸测试仪器，费时费事、效率低。因此，在用车辆制动性能年检都采用台式检测法，路试检测只是在必要的时候用来验证台式结果的可靠性。

根据国家标准 GB 7258—2004《机动车运行安全技术条件》的规定，台式检测法主要通过检测制动力、汽车的制动协调时间、汽车车轮阻滞力和制动完全释放时间等参数来检测汽车行车制动和应急制动性能，用汽车驻车制动力来检测汽车驻车制动性能。

4.2.2.1　制动性能台架试验检测设备

目前国内汽车综合性能检测站所用制动检测设备多为反力式滚筒制动检测台和平板式制动检测台。

1. 反力式滚筒制动检测台。

反力式滚筒制动检验台由结构完全相同的左右两套对称的车轮制动力测试单元和一套指示、控制装置组成。每一套车轮制动力测试单元由框架等构成。

驱动装置由电动机、减速器和链传动组成。电动机经过减速器减速后驱动主动滚筒，主动滚筒通过链传动带动从动滚筒旋转。减速器输出轴与主动滚筒同轴连接或通过链条、皮带连接，减速器壳体为浮动连接（即可绕主动滚筒轴自由摆动）。减速器的作用是减速增扭，其减速比根据电动机的转速和滚筒测试转速确定。由于测试车速低，滚筒转速也较低，因此要求减速器减速比较大，一般采用两级齿轮减速或一级蜗轮蜗杆减速与一级齿轮减速。

每一车轮制动力测试单元设置一对主、从动滚筒。每个滚筒的两端分别用滚筒轴承与轴承座支承在框架上，且保持两滚筒轴线平行。滚筒相当于一个活动的路面，用来支承被检车辆的车轮，并承受和传递制动力。汽车轮胎与滚筒间的附着系数将直接影响制动检验台所能测得的制动力大小。为了增大滚筒与轮胎间的附着系数，滚筒表面都进行了相应加工与处理，目前采用较多的有下列五种：

（1）开有纵向浅槽的金属滚筒。这种滚筒外圆表面沿轴向开有若干间隔均匀、有一定深度的沟槽其表面附着系数最高可达0.65。当表面磨损且沾有油、水时，附着系数将急剧下降。为改进附着条件，有的制动台表面进一步做拉花和喷涂处理，附着系数可达0.75以上。

（2）表面粘有熔烧铝矾土砂粒的金属滚筒。这种滚筒表面干或湿时其附着系数都可达0.8以上。

（3）表面具有嵌砂喷焊层的金属滚筒。滚筒喷焊层材料选用NiCrBSi自熔性合金粉末及钢砂。这种滚筒表面（新的时候）的附着系数可达0.9以上，耐磨性也较好。

（4）高硅合金铸铁滚筒。这种滚筒表面带槽、耐磨，附着系数可达0.7～0.8，价格便宜。

（5）表面带有特殊水泥覆盖层的滚筒。这种滚筒表面比金属滚筒耐磨，表面附着系数可达0.7～0.8。但表面易被油污与橡胶粉粒附着，使附着系数降低。

滚筒直径与两滚筒间中心距的大小，对检验台的性能有较大影响。滚筒直径增大有利于改善与车轮之间的附着情况，增加测试车速，可使检测过程更接近实际制动状况，但必须相应增加驱动电机的功率。而且随着滚筒直径增大，两滚筒间中心距也需相应增大，才能保证合适的安置角。这样将使检验台结构尺寸相应增大，制造要求提高。依据实际检测的需要，推荐使用直径为245 mm左右的制动台。

2. 平板式制动试验台。

平板式制动试验台是20世纪80年代发展起来的一种新型的制动检测设备。它能够在实际紧急制动过程中测定汽车前、后轴制动力，能够比较客观地反映汽车制动器产生制动力的大小。

平板制动台主要由几块测试平板、传感器和数据采集系统等组成。小车线一般由四块制动、一悬架、一轴重测试用平板及一块侧滑测试板组成。数据采集系统由力传感器、放大器、多通道数据采集板等组成。

检验时汽车以5～10 km/h或按出厂说明允许的更高速度驶上平板，当前、后轮分别驶达平板后，控制系统指示驾驶员急踩制动踏板，车轮制动器产生的制动力使车轮在平板上产生一个与车轮制动力大小相等、方向相反的作用力，推动平板沿纵向位移，经传感器测出各车轮的制动力，由数据采集系统处理计算出轮重、制动及悬架性能的各参数值，并显示检测结果。

4.2.2.2 台试制动性能检测方法

1. 反力式滚筒制动试验台的使用方法。

（1）检验前仪器及车辆准备：检验台滚筒表面清洁、无异物及油污，仪表清零；车辆轮胎气压、花纹深度符合标准规定，胎面清洁；将踏板力计装到制动踏板上。

（2）检验程序：车辆正直居中驶入，将被测轮停放在制动台前、后滚筒间，变速器置于空挡；降下举升器、起动电机2 s后，保持一定采样时间，测得阻滞力；检验员在显示屏提示踩刹车后，缓踩制动踏板到底（对欧式制动台而言）。若是日式制动台，则需急踩制动踏板到底后松开，测得左、右轮制动增长全过程数值。若检验驻车制动，则拉紧驻车制动操纵装置，测得驻车制动力数值；电机停转，举升器升起，被测轮驶离。按以上程序依次测试其他车轴。卸下踏板力计，车辆驶离。

2. 平板式制动检测台的使用方法。

（1）检验前仪器及车辆准备：检验台滚筒表面清洁、无异物及油污，仪表清零；车辆轮胎气压、花纹深度符合标准规定，胎面清洁；将踏板力计装到制动踏板上。

（2）检验程序：对于行车制动，引车员根据提示，以5～10 km/h或按出厂说明允许的更高速度驶上平板，置变速器于空挡并紧急制动；系统将给出行车制动测试结果及悬架效率。对于驻车制动，车辆继续前进，等后轮驶上前面的平板时，置变速器于空挡并驻车制动；系统将给出驻车制动测试结果。

4.2.2.3 台试制动性能检测标准限值

1. 行车制动性能检验。

（1）制动力平衡要求。

在制动力增长全过程中同时测得的左、右轮制动力差的最大值，与全过程中测得的该轴左、右轮最大制动力中大者之比，对前轴不应大于20%，对后轴（及其他轴）在轴制动力不小于该轴轴荷的60%时不应大于24%；当后轴（及其他轴）制动力小于该轴轴荷的60%时，在制动力增长全过程中同时测得的左、右轮制动力差的最大值不应大于该轴轴荷的8%。

（2）汽车的制动协调时间。

对液压制动的汽车制动协调时间不应大于0.35 s，对气压制动的汽车制动协调时间不应大于0.60 s；对汽车列车和铰接客车、铰接式无轨电车的制动协调时间不应大于0.80 s。汽车车轮阻滞力要求：进行制动力检验时，各车轮的阻滞力均不应大于车轮所在轴轴荷的8%。

2. 驻车制动性能检验。

当采用制动检验台检验汽车和正三轮摩托车驻车制动装置的制动力时，机动车空载，乘坐一名驾驶员，使用驻车制动装置，驻车制动力的总和不应小于该车在测试状态下整车重量的20%。

3. 汽车制动完全释放时间。

从松开制动踏板到制动消除所需要的时间不应大于0.80 s。

4.2.2.4　制动性能检测结果分析

（1）各车轮制动力均偏低：主要原因为制动踏板自由行程过大，制动液中有空气或制动液变质，制动主缸故障，真空助力器或液压助力系统有故障。

（2）同制动回路两车轮制动力均偏小：该回路中有空气或分泵、管路漏油，也有可能是总泵中相应主腔密封不良。

（3）单个车轮制动力偏小：该车轮制动器有故障。

（4）后轴车轮均出现制动力偏小：可能是感载比例阀故障，也可能是制动力分配系统设计原因。

（5）制动力平衡不合格：除以上（2）、（3）原因外，还有两侧制动器间隙不一致、轮毂失圆、轮胎花纹、磨损程度、气压不一致等原因。

（6）各车轮阻滞力都超限：主要原因是制动主缸卡滞，制动踏板自由行程调整不当，制动踏板传动机构卡滞，加了错误型号的制动液造成制动缸内皮膨胀卡滞。

（7）个别车轮阻滞力超限：原因是制动轮缸回位不良，车轮制动器间隙调整过小，制动蹄回位弹簧故障，驻车制动机构卡滞。

（8）各车轮制动调节时间过长：原因是制动踏板自由行程过大，车轮制动器间隙过大。

（9）驻车制动不合格：驻车制动调整不良，驻车制动机构因长期不用造成锈蚀卡滞。

☞单元小结

自从汽车诞生之日起，汽车的制动性就显得至关重要，并且随着汽车技术的发展和汽车行驶车速的提高，其重要性也越来越明显。制动性直接关系到交通安全，重大交通事故往往与制动距离太长、紧急制动时发生侧滑等情况有关。所以，汽车的制动性是汽车行驶的重要保障，也是汽车的主要性能之一。汽车是一种行驶速度较高的交通运输工具。在运行时道路和交通情况不断变化，就必须不断改变车速、减速或者停车，这样才能保证行车安全，避免事故发生。通常把行驶中的汽车能够强制地降低车速以至停车或下坡时维持一定速度的能力，称为汽车的制动性能。汽车制动性能是汽车使用性能的重要参数之一，制动效能越好，高速行车就越安全。研究高可靠性的制动系统是世界各国汽车制造商最为关心的问题，也是保障行车质量和交通安全的关键。

☞学习工作页

<table>
<tr><td rowspan="2">学习工作页</td><td>学习单元</td><td colspan="4">汽车制动性能认识与检测</td></tr>
<tr><td>学习任务</td><td colspan="4">汽车制动性能的认识、汽车制动性能的检测</td></tr>
<tr><td>姓　名</td><td></td><td>班　级</td><td></td><td>小　组</td><td></td></tr>
<tr><td>日　期</td><td></td><td>开始时间</td><td></td><td>结束时间</td><td></td></tr>
<tr><td>场　地</td><td colspan="5">整车理实一体教室</td></tr>
<tr><td>用品、用具、工具、设备</td><td colspan="5">轿车一辆，商用车一辆</td></tr>
</table>

1. 填空题。

(1) 汽车制动性的评价指标有__________、__________、__________。

(2) 影响汽车制动性能的主要因素有__________、__________、__________、__________、__________、__________、__________。

(3) 汽车制动全过程由__________时间、__________时间、__________时间、__________时间四个阶段构成。

2. 判断题。

(1) 汽车制动时的制动力取决于制动器制动力和车轮载荷。(　　)

(2) 制动器制动力取决于制动系统压力和车轮与地面间的附着力。(　　)

(3) 汽车制动减速度是指在汽车规定的初速度下急踩制动踏板时，汽车速度在单位时间内降低的程度。(　　)

3. 任务实施。

汽车制动性的检测：(1) ______________________________

(2) ______________________________

(3) ______________________________

(4) ______________________________

指导教师评语：

____

____

教师签字：______________　日期：________年________月________日

单元 5　汽车的平顺性与通过性

学习任务 5.1　汽车平顺性能的认识

☞学习情境

随着生活水平的提高，人们对汽车性能的要求除了汽车的动力性、经济性、安全性能之外，还越来越重视乘坐是否舒服，而这和汽车的平顺性有直接的联系。平顺性的优劣与汽车的底盘参数、车身几何数、汽车的动力性以及操控性等有着十分密切的关系。

☞学习目标

1. 了解汽车平顺性的相关知识；
2. 分析振动对行驶平顺性的影响；
3. 分析影响汽车平顺性的因素。

☞学习信息

5.1.1　汽车平顺性的理论认知

汽车平顺性是指汽车在一般行驶速度范围内行驶时，能保证乘员不会因车身振动而引起不舒服和疲劳的感觉，以及保持所运货物完整无损的性能。由于行驶平顺性主要是根据乘员的舒适程度来评价，又称为乘坐舒适性。研究汽车平顺性的主要目的就是控制汽车振动系统的动态特性，使振动的“输出”在给定工况的“输入”下不超过一定界限，以保持乘员的舒适性。汽车的振动，加速了零件的磨损，降低了汽车的使用寿命。此外，还关系到运输生产率、燃料经济性、使用寿命和工作可靠性等。其有效办法是适当降低汽车的行驶速度或避开汽车产生共振的车速，维护好减振装置和悬架弹簧，合理给轮胎充气等。

5.1.1.1　汽车的振动及其传递途径

汽车在行驶过程中是一个复杂的“振动系统”，振动的发生主要是由于路面的凹凸不平的变化、高速旋转的轮胎、高速旋转的传动轴以及发动机的扭矩变化。这些因素引起的振动大多与车速有关，尤其是路面凹凸不平引起的振动，随车速的变化，振动的频率和强弱会产生相应的变化。

因路面、轮胎产生的振动先传到悬架，受悬架自身的振动特性影响后传给车身，通过车身传到乘客的脚部，同时通过座椅传给乘客的臀部和背部，还通过转向系统，以转向盘抖动的形式传到驾驶员手部。

因发动机、传动系统产生的振动，通过支撑发动机、变速器和传动轴的缓冲橡胶块，经衰减后传给车身，再经上述途径传到人体各个部位。当频率超过 40 Hz 时，便形成噪声传进人的耳朵。

由物理知识可知，任何“振动系统”均有个“固有频率”，当外界激振信号的频率接近或等于“固有频率”时，将出现“共振”现象，产生剧烈的振动。研究汽车行驶平顺性实际上要解决两方面的问题：一是如何避免这个“振动系统”的“共振”现象，这既会影响到汽车的操作稳定性，也会影响行驶平顺性；二是使“振动系统”输出的振动频率避开人体敏感范围，使振动加速度不超过人体所能承受的强度。

5.1.1.2 人体对振动的反应

人体是个复杂的机械振动系统。机械振动对人体的影响取决于振动的频率、强度、作用转向和振动持续时间，而且每个人的心理与身体素质不同，对振动的敏感度也有很大的差异。大量的振动试验表明，人体对不同方向的振动反应存在一定的差异，对上下振动忍耐性最强，其次是前后振动，对左右振动最敏感。人体上下振动的共振点在 4 ~8 Hz，水平振动的共振点在 1 ~2 Hz。如果在共振点上加振，则人的抵抗能力会严重下降。

5.1.1.3 汽车行驶平顺性的评价指标

汽车在行驶时对路面不平的隔振特性，称为汽车的行驶平顺性。汽车是由几个固有振动频率的系统组成，这些系统包括车轮和各弹性元件及悬弹簧等，它们之间有一定的程度联系。汽车在不平路面上行驶时，会激起振动，当这种振动达到一定程度时，成员会感到疲劳和不舒服或使货物损坏。同时还会引起汽车增加附加载荷，加速汽车有关零件的磨损，缩短汽车的使用寿命。所以，汽车行驶平顺性就是保持汽车在行驶过程中成员所处的振动环境具有一定的舒适性能，对载货汽车还包括保持货物的完好性能。

1. 汽车行驶平顺性客观物理量评价。

（1）振动加速度。

振动加速度对平顺性影响很大。人体在不同的振动频率下能承受的加速度不同。振动的强度采用加速度均方根值表示。国际标准协会提出的 ISO2631 标准根据人体对不同方向、不同频率、不同振动的机械振动的反应制定出三个评定界限，分别是：

①舒适性降低界限：此界限与保持舒适性有关，在这个界限之内，人体对所暴露的振动环境主观感觉良好，并能顺利完成吃、说、读、写等动作。

②疲劳性功效降低界限：该界限与保持工作效能有关，当驾驶员承受的振动强度在此界限之内时，能准确灵敏地反应，正常进行驾驶。

③暴露极限：通常作为人体可承受的振动量的上限。当人体承受的振动强度在这个范围之内时，将保持健康或安全。

（2）我国试行标准。

我国参照 ISO2631 制定了 GB/T 4970—1996、GB/T 5902—1986 标准评价汽车的行驶平顺性。GB/T 4970—1996 规定以疲劳性功效降低界限和舒适性降低界限为人体承受振动能力的主要评价指标。其中，轿车和客车用舒适性降低界限评价，货车用疲劳性功效降低界限，并对检测条件和车速做出相应规定。GB/T 5902—1986 规定以坐垫上和座椅底部地板振动加速度的最大值作为评价指标。

（3）用车身的固有振动频率评价。

固有振动频率是指弹性系统由于偶然的干扰而离开静平衡位置，在弹性恢复作用力下振动的频率，单位是次/分钟或次/秒。当人们在行走时，身体的重心在不断地振动，但由于人体已适应步行的平均速度的振动频率，所以并没有引起不舒适的感觉。研究表明，振动频率在 60 ~ 85 次/分的范围内，对人体是最舒适的。如振动频率低于 50 次/分，就会产生“晕”的现象；如振动频率高于 130 次/分，则会产生突然冲击的感觉。如果汽车车身的振动频率在人的步行振动频率范围之内，就不会引起驾驶员和乘客不舒适的感觉。

2. 汽车行驶平顺性的感觉评价。

由于汽车行驶平顺性的好坏最终是反映在人的感觉上，所以，感觉评价是平顺性最终评价。各种物理量评价是否适用，也要看这些评价指标的评价结果是否与人的感觉评价结果一致。

5. 1. 2　影响汽车平顺性的因素分析

5. 1. 2. 1　**结构因素**

1. 悬架结构。

弹性元件是悬架的主要组成部分，其弹性特性和刚度是影响平顺性的主要因素。减小悬架刚度，降低固有频率，可以减小由于路面不平而引起乘员承受的加速度值，这是改善平顺性的基本措施。为此，需要采用软弹簧及低的轮胎气压。但悬架刚度也不易过小，否则会引起悬架下质量高频振幅值加大，影响操作稳定性，还会引起紧急制动时汽车“点头”现象严重，转弯时车身容易产生较大的侧倾角等不良的现象。

对于载荷变化较大的公共汽车和载货汽车，为满足不同载荷对悬架刚度的不同需要，常采用非线性悬架，即变刚度悬架。载荷较小时，悬架刚度较小，以避免振动频率过高，平顺性变差。当载荷较大时，刚度急剧增大，汽车的倾向和纵向角振动减轻。

为避免出现“共振”现象，前、后悬架的固有频率应该避开激振效率。另外，由于来自路面的激振先作用于前轮，然后才作用到后轮，为减轻由此引起的纵向角振动，前悬架的固有频率应略低于后悬架，也就是前悬架刚度略低于后悬架。

2. 减震器。

在悬架中设置的减震器虽随车身的自振动频率影响不大，但是能使车身的振动速度衰减，缩短振动时间，同时减震器可以改善车轮与道路的接触状况，可以防止车轮跳离地面，从而改善了转向轮的操纵稳定性，限制了车身大幅度振动，改善汽车行驶平顺性。

3. 轮胎。

轮胎对汽车行驶平顺性的影响主要取决于轮胎径向刚度。适当减小轮胎的径向刚度，可使车身固有频率降低，平顺性得到改善。如果采用子午线轮胎，径向刚度减小，轮胎的静扰度增加40%以上，行驶平顺性得到改善。但轮胎刚度过低，会引起侧向偏离加大，影响汽车的操纵稳定性。另外，轮胎动不平衡会使车轮产生振动及摆动，也会影响汽车的平顺性。

4. 座椅的布置与坐垫的选择。

座椅的布置对平顺性有较大的影响。接近车身中部的座位，振幅较小，前、后两端的座位振幅较大，在相同频率下，乘员感受到的振动加速度就不一致，所以轿车的座位均布置在前后轴轴距之内。载货汽车和公共汽车，为了减小水平前后方向的振幅，座位在高度方向上应尽量缩小与重心之间的距离。坐垫也有减震作用，坐垫的刚度和阻尼要做适当选择，以便人—座椅系统的固有频率避开人体最敏感的4～8 Hz范围，同时应使其相对阻尼系数达到0.2以上。

5. 非悬架质量。

非悬架质量对汽车的平顺性有较大的影响，其质量的大小直接影响到传递到车身上的冲击力。质量越小，冲击力越小，反之将加大。非悬架质量对行驶平顺性的影响，常用非悬架质量与悬架质量之比 m/M 来评价，此比值轿车一般在10.5%～14.5%之间，以小些为好。

5.1.2.2 使用因素

1. 道路状况。

道路不平是引起汽车振动的主要原因，它对汽车行驶平顺性的影响很大。当在凹凸不平的道路上行驶时，可能引起汽车的强迫振动，道路凹凸不平间距离越短，车速越高，汽车振动频率越高，如果等于或接近汽车自由振动频率时，便发生共振。

2. 汽车技术状况。

汽车技术状况对汽车平顺性影响特别大。如果钢板弹簧各片之间润滑不好，会引起很大的摩擦阻力，从而引起车身的固有频率增加，当通过不平路面时，车身就会承受更剧烈的冲击。还有减震器阻尼也影响平顺性，如果由于减震器中油液黏度过大或油液冻结等原因使阻尼过大，会产生类似弹性元件摩擦阻力增加的现象。如果由于减震器中油液流失，减震器的减震能力减弱或完全丧失，当汽车行驶在不平道路上时，车身振动时间延长，也有发生共振的可能。

3. 驾驶技术。

汽车行驶平顺性与驾驶员的技术水平有密切的关系。第一，要对行驶中所遇到的情况做出准确的判断，应具备各种紧急情况的应变能力；第二，要控制好车速，根据汽车运行条件所允许的安全限度，自觉地控制好行驶速度，不糊涂，不急踩，该快则快，该慢则慢，不故意忽快忽慢；第三，对方向盘的操纵方向运用稳而准，取角适度，回转及时，路面选择正确，不跑偏，不蛇形，不急打方向，掌握方向盘不从手中滑出震脱；第四，对排挡杆的运用，“三位一体”（油门、离合器、变速杆联动）配合熟练操作，能用各种制动控制车速换挡，能顺利进行上坡下坡转弯减速行驶；第五，对制动的运用，懂得脚制动、手制动、发动机制动及排气制动装置和液力式下坡缓行器的使用时机及其注意事项，能在冰雪路面、泥泞路、坡道和雨雾天等复杂情况下，合理使用各种制动器进行有效制动。

学习任务5.2　汽车通过性能的检测

☞学习情境

大家都喜欢看汽车大赛，那么这些赛车适合在大街上跑吗？它的爬坡性能会比一般的汽车优越吗？

答案当然是否定的。赛车具有优越的动力性、操控性、稳定性、平顺性、制动性等，但它的底盘很低，离地间隙很小，当路面不平，坡度过大时，就有可能出现触头、托尾及顶起，甚至动弹不了等现象。也就是说，它虽然具有众多的优越性能，但失去了在不平路面的通过性，所以它只适合在平坦的路面上行驶。

☞学习目标

1. 理解汽车通过性的评价指标；
2. 能正确分析汽车的通过性；
3. 能正确掌握影响汽车通过性的因素。

☞学习信息

5.2.1　汽车通过性的认知

汽车的通过性是描述汽车通过能力的性能指标，亦称越野性能。它是指汽车在一定的载质量下，能以足够高的平均车速通过各种坏路和无路地带，如松的土壤、沙漠、雪地、沼泽等松软地面及坎坷不平地段和各种障碍，如陡坡、侧坡、壕沟、台阶、水障等的能力。

汽车通过性可分为轮廓通过性和牵引支承通过性。前者是表征车辆通过坎坷不平路段和障碍（如陡坡、侧坡、台阶、壕沟等）的能力；后者是指车辆能顺利通过松软土壤、沙漠、雪地、冰面、沼泽等地面的能力。

在松软地面上行驶时，汽车驱动轮对地面施加向后的水平力，使地面发生剪切变形，相应的剪切变形所构成的地面水平反作用力，被称为土壤推力。它常比在一般硬路面上的附着力要小得多。汽车在松软地面上行驶时也受到土壤阻力的作用。土壤阻力，是指轮胎对土壤的压实作用、推移作用而产生的压实阻力、推土阻力，以及充气轮胎变形引起的弹滞损耗阻力。它要比在硬路面上的滚动阻力大得多。因此，它们经常不能满足汽车行驶附着条件的要求，这是松软地面限制汽车行驶的主要原因。

牵引车的挂钩牵引力等于土壤最大推力与土壤阻力之差，它表征了土壤强度的贮备能力。它可用于车辆加速、上坡、克服道路不平的阻力和牵引与挂钩连接的挂车等装备，它也反映了汽车通过无路地带的能力。

农林区、矿区、建设工地等使用的车辆和军用车辆，经常行驶在坏路和无路地面上，因此，要求这些汽车应具有良好的通过性。

汽车的通过性最主要取决于汽车的支撑—牵引参数及几何参数，也与汽车的动力性、平顺性、机动性、视野等性能密切相关。

5.2.1.1　汽车的轮廓通过性评价指标

在越野行驶时，由于汽车与不规则地面的间隙不足，可能出现汽车被拖住而无法通过的现象，称为间隙失效。间隙失效主要有“顶起失效”、“触头失效”或“托尾失效”两种形式。顶起失效是车辆中间底部的零件碰到地面而被顶住的间隙失效，触头失效（或托尾失效）是汽车前端（或车尾）触及地面的间隙失效。

5.2.1.2　汽车的支撑通过性评价指标

目前，常采用牵引系数、牵引效率及燃油利用指数三项指标来评价汽车的支撑通过性。

1. 牵引系数 TC：

单位车重的挂钩牵引力（净牵引力）。它表明了汽车在松软路面上加速、爬坡及牵引其他车辆的能力。其表达式为：

$$TC = F_d / G$$

式中：F_d——汽车的挂钩牵引力；

G——汽车重力。

2. 牵引效率（驱动效率）TE：

驱动轮输出功率与驱动轮输入功率之比。它反映了车轮功率传递过程中的能量损失，这部分损失是由于轮胎橡胶与帘布层间摩擦生热及轮胎下土壤的压实和流动造成的。其表达式为：

$$TE = F_d / T_W \cdot u_a / \omega = F_d r\ (1 - Sr)\ / T_W$$

式中：u_a——汽车行驶速度；

T_W——驱动轮输入转矩；

ω——驱动轮转角速度；

r——驱动轮动力半径；

S_r——滑转率。

3. 燃油利用指数 E_f：

单位燃油消耗所输出的功。其表达式为：

$$E_f = F_d u_a / Q_1$$

式中：Q_1——单位时间内消耗的燃油量。

5.2.1.3　汽车的通过性几何参数

因汽车与地面间的间隙不足而被地面托住，无法通过的情况称为间隙失效。当车辆中间底部的零件碰到地面而被顶起时，称为顶起失效；当车辆前端或者尾端触及地面而不能通过时，分别称为触头失效和托尾失效。显然，后两种情况属于同一种失效。

与间隙失效的有关汽车整车几何尺寸称为汽车通过性几何参数。汽车通过性几何参数是与防止间隙失效有关的汽车本身的几何参数。它们主要包括最小离地间隙、接近角、离去角、纵向通过角等。另外，汽车的最小转弯直径和内轮差、转弯通道圆及车轮半径也是汽车通过性的重要轮廓参数。

1. 最小离地间隙。

它是指汽车在满载、轮胎气压符合规定时，汽车的最低突出部分和路面间的最小间距。它表征汽车无碰撞地越过石块、树桩等障碍物的能力。汽车的前桥、飞轮壳、变速器壳、消声器和主传动器外壳等通常有较小的离地间隙。汽车前桥的离地间隙一般比飞轮壳的还要小，以便利用前桥保护较弱的飞轮壳免受冲碰。后桥内装有直径较大的主传动齿轮，一般离地间隙最小。在设计越野汽车时，应保证有较大的最小离地间隙。一般汽车的最低点是后桥装主传动器的地方，其离地面的间隙最小。这个离地间隙愈大，汽车通过路面障碍的性能愈好。

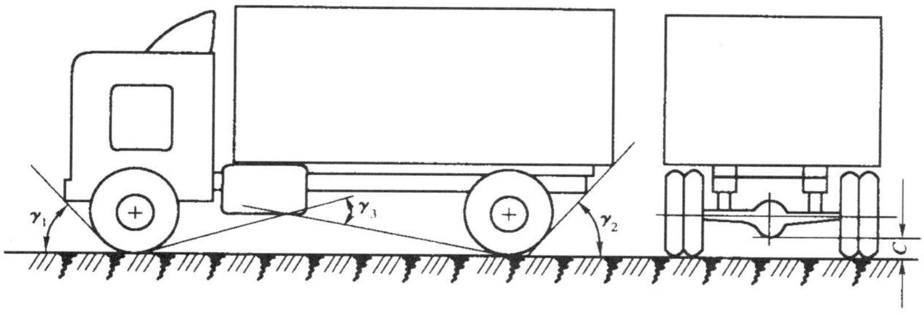

y1—接近角；y2—离去角；y3—纵向通过角；C—最小离地间隙

图 5－1　汽车通过性的几何参数

表 5－1　汽车通过性的几何参数

汽车类型	驱动形式	最小离地间隙 *h*（mm）	接近角（°）	离去角（°）	最小转弯直径 *dH*（m）
轿车	4×2	120~200	20~30	15~22	14~26
	4×4	210~370	45~50	35~40	20~30
货车	4×2	250~300	25~60	25~45	16~28
	4×4、6×6	260~350	45~60	35~45	22~42
越野车（乘用）	4×4	210~370	45~50	35~40	20~30
客车	6×4、4×2	220~370	10~40	6~20	28~44

2. 接近角与离去角。

接近角和离去角是指自车身前、后突出点向前、后车轮引切线时，切线与路面之间的夹角。它表征了汽车接近或离开障碍物（如小丘、沟洼地等）时，不发生碰撞的能力。接近角和离地角越大，则汽车的通过性越好。

3. 纵向通过角。

纵向通过角是指在汽车空载、静止时，在汽车侧视图上通过前、后车轮外缘做切线交于车体下部较低部位所形成的最小锐角。它表征汽车可无碰撞地通过小丘、拱桥等障碍物的轮廓尺寸。纵向通过半径越小，汽车的通过性越好。

4. 横向通过半径。

它是指与汽车前桥或后桥的左、右车轮及车桥的最低点相切的圆弧半径。汽车的轮距（即同一车桥左、右轮胎的胎面中心线间的距离。装用双轮胎时，指左、右轮双胎之间的纵向中心线间的距离）愈小，车桥最低点离地距离愈大，则横向通过半径愈小，汽车的通过性就愈好。

5. 最小转弯半径及偏出距。

汽车能否迅速而顺利地通过狭窄弯道，与汽车的最小转弯半径及偏出距有关。所谓最小转弯半径是指汽车转弯时，当转向盘转到最大极限位置时，外侧前轮所滚过的轮迹中心线至转向中心的距离。它同汽车前轮的最大转向角有关，转向角愈大，则转弯半径愈小，汽车的机动性就愈好。汽车最后而又靠外侧的一点在转向时向外偏出的距离，就称为偏出距。汽车的后悬愈长，偏出距就愈大，这在汽车装载超长物资时更为明显。当汽车在通过道路两侧空间受到限制的地区，临近转弯时，必须注意汽车后部（包括所载物资）是否会碰擦路旁的树木、建筑物或其他障碍物。由此可见，汽车的最小转弯半径及其偏出距表明了汽车在最小面积内回转的能力以及汽车通过狭窄弯曲道路和绕过障碍物的能力。

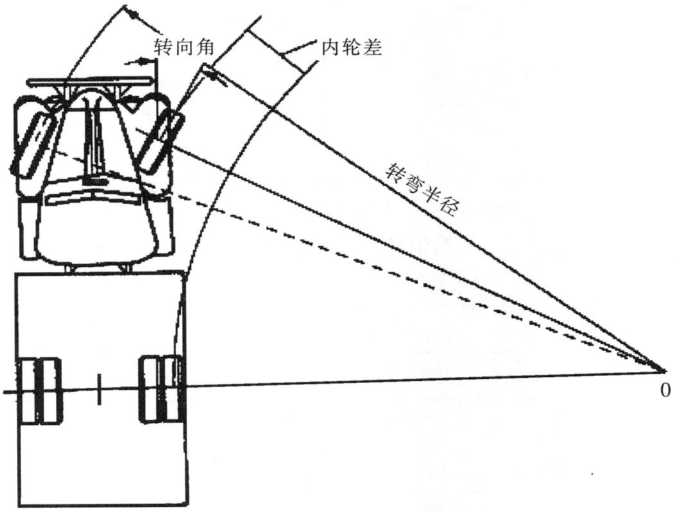

图 5－2　最小转弯半径及内轮差

《机动车运行安全技术条件》（GB 7258—1997）规定：机动车辆的最小转弯直径，以前轮轨迹中心为基线，测量其值不得大于 24 m。当转弯直径为 24 m 时，前转向轴和末轴的内轮差（以两内轮轨迹中心计）不得大于 3.5 m。

6. 转弯通道圆。

转向盘转至极限位置时，车辆所有点在车辆支承平面上的投影均位于圆外的最大内圆，包含车辆所有点在车辆支承平面上的投影均位于圆内的最小外圆。

车辆有左和右转弯通道圆。转弯通道圆的最大内圆直径越大，最小外圆直径越小，车辆所需的通道宽度越窄，通过性越好。

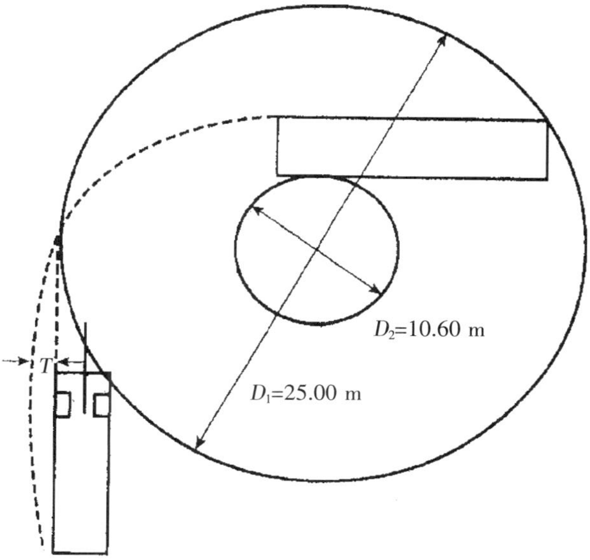

图 5－3　汽车转弯通道圆示意图

7. 内轮差。

它是指汽车转弯时，内侧前轮轮迹和内侧后轮轮迹与转向中心的两个半径之差（见图 5－3）。其大小同汽车转向角的大小和轴距的长短有关。转向角愈大，内轮差愈大；反之愈小。轴距愈长，内轮差愈大；反之愈小。因此，驾驶员在行车中，遇到转弯时，除要正确估计最小转弯半径及其偏出距外，还要正确估计内轮差，特别是转急弯时，更要充分估计，既不能使前外轮驶出路外，又要避免后内轮掉沟及碰触障碍物。

8. 爬坡能力和涉水深度。

汽车的最大爬坡度和最大涉水深度，各类汽车都有具体的规定，其数值愈大，汽车的通过性愈好。一般来说，越野汽车的爬坡能力和涉水能力都比普通汽车的好。

9. 驱动形式。

它通常用 2×1，2×2，3×3 等表示，前一数字表示车桥数，后一数字表示其中的驱动桥数，也有用车轮数和驱动轮数来表示驱动形式的，相应表示为 4×2，4×4，6×6 等。驱动桥数或驱动轮数愈多，其通过性愈好。

5.2.2　影响汽车通过性的主要因素

汽车的通过性与汽车的结构和使用条件有关。

5.2.2.1　**汽车的结构**

为了保证汽车的通过性，除了要减小行驶阻力外，还必须提高汽车的驱动力和附着力，可采用副变速器或分动器、液力传动、高摩擦式差速器和驱动防滑系统等来实现。

1. 汽车的最大单位驱动力。

由于汽车越野行驶的阻力很大，为了充分利用地面提供的挂钩牵引力，保证汽车通过性，除了减小行驶阻力外，还必须增加汽车的最大单位驱动力。

实际上，在汽车低速行驶时，若忽略空气阻力，最大单位驱动力等于最大动力因数。为了获得足够大的单位驱动力，要求越野汽车有较大的比功率以及较大的传动比。这些要求可通过提高发动机功率，在传动系统中增加副变速器或使分动器具有低挡，以增加传动系的总传动比来实现。在困难的行驶条件下，限制越野汽车的额定载质量能提高单位驱动力，同时也能降低在松软地面上的滚动阻力。

2. 行驶速度。

当汽车低速行驶时，土壤剪切和车轮滑转的倾向减少。因此，用低速行驶克服困难地段，可改善汽车的通过性。为此，越野汽车传动系最大总传动比一般较大。越野汽车最低稳定车速可按表 5－2 选取，其值随汽车总质量而定。

表 5－2　越野汽车的最低稳定车速

汽车总质量（kN）	<19.6	<63.7	<78.4	>78.4
最低稳定车速（km/h）	≤5	2～3	1.5～2.5	0.5～1

3. 汽车车轮。

车轮对汽车通过性有着决定性的影响，为了提高汽车的通过性，必须正确选择轮胎的花纹尺寸、结构参数、气压等，使汽车行驶滚动阻力较小，附着能力较大。

（1）轮胎花纹。

轮胎花纹对附着系数有很大影响。正确地选择轮胎花纹，对提高汽车在一定类型地面上的通过性有很大作用。越野汽车的轮胎具有宽而深的花纹。当汽车在湿路面上行驶时，由于只有花纹的凸起部分与地面接触，使轮胎对地面有较高的单位压力，足以挤出水层。而汽车在松软地面上行驶时，因轮胎下陷而嵌入土壤的花纹凸起数目增加，与地面接触面积及土壤剪切面积都迅速增加，因而能保证有较好的附着性能。越野车轮胎花纹的形状应具有脱掉自身泥泞的性能。

在表面滑溜泥泞而底层坚实的道路上，提高通过性的最简单办法是在轮胎上套上防滑链（或使用带防滑钉的轮胎），它相当于在轮胎上增加了一层高而稀的花纹。防滑链能挤出表面的水层，直接与地面坚硬部分接触，有的还会增加土壤剪切面积，从而提高附着能力。

（2）轮胎直径与宽度。

增大轮胎直径和宽度都能降低轮胎的接地比压。用增加车轮直径的方法来减小接地比压，增加接触面积以减少土壤阻力和减少滑转，要比增加车轮宽度更为有效。但增大轮胎直径会使惯性增大，汽车质心升高，轮胎成本增加，并要采用大传动比的传动系统。因此，大直径轮胎的推广使用受到了限制。

加大轮胎宽度不仅直接降低了轮胎的接地面比压，而且因轮胎较宽，允许胎体有较大的变形，而不降低其使用寿命，因而可使轮胎气压低些。若将后轮的双胎换为一个断面比普通轮胎大 2 ~ 2.5 倍、气压很低（29.4 ~ 83.3 kPa）、断面具有拱形的"拱形轮胎"时，接地面积将增大 1.5 ~ 3 倍，则可大幅度地减小接地比压，使汽车在沙漠、雪地、沼泽地面上行驶时，具有特别良好的通过性。但这种专用于松软地面的特种轮胎，花纹较大，气压过低，不应在硬路面上工作，否则将过早损坏和迅速磨损。

（3）轮胎的气压。

在松软地面上行驶的汽车，应相应降低轮胎气压，以增大轮胎与地面的接触面积，降低接地比压，从而减小轮胎在松软地面的沉陷量及滚动阻力，提高土壤推力。轮胎气压降低时，虽然土壤的压实阻力减小，但却使轮胎本身的迟滞损失增加。所以，在一定的地面上有一个最小地面阻力的轮胎气压。实际上，轮胎气压应比该气压略高 19.2 ~ 29.4 kPa。此时，地面阻力虽稍有增加，但由于在潮湿地面上的附着系数将有较大的提高，从而可改善汽车的通过性。

为了提高越野汽车通过松软地面的能力，而在硬路面上行驶时又不致引起大的滚动阻力和影响轮胎寿命，可装用轮胎中央充气系统，使驾驶员能根据道路情况，随时调节轮胎气压。通常，越野汽车的超低压轮胎气压可以在 49 ~ 343 kPa 范围内变化。

在低压条件下工作的超低压越野轮胎，其帘布层数较少，具有薄而坚固，又富有弹性的胎体，以减少由于轮胎变形引起的迟滞损失，并保证其使用寿命。

（4）前轮距与后轮距。

当汽车在松软地面上行驶时，各车轮都需克服形成轮辙的阻力（滚动阻力）。如果汽车前轮距与后轮距相等，并有相同的轮胎宽度，则前轮辙与后轮辙重合，后轮就可沿被前轮压实的轮辙行驶，使汽车总滚动阻力减小，提高汽车通过性。所以，多数越野汽车的前轮距与后轮距相等。

（5）前轮与后轮的接地比压。

试验证明，前轮距与后轮距相等的汽车行驶于松软地面时，当前轮对地面的单位压力比后轮的比压小 20% ~ 30% 时，汽车滚动阻力最小。为此，在设计汽车时，除可将负荷按此要求分配于前、后轴，也可以使前、后轮的轮胎气压不同，以产生不同的接地比压。

（6）从动车轮和驱动车轮。

在越野行驶中，常以很低的车速去克服某些障碍物，如台阶、壕沟等。这时，可用静力学平衡方程式求得障碍物与汽车参数间的关系。

4. 液力传动。

当汽车装有液力变矩器或液力偶合器时，能提高发动机工作的稳定性，使汽车可以长时间稳定地以低速（0.5 ~ 1.5 km/h）行驶，从而可减小滚动阻力和提高附着力，改善汽车通过性。装有普通机械式传动系统的汽车在突然起动时，驱动轮扭矩急剧上升，并产生对土壤起破坏作用的振动。即使在缓慢起步时，驱动转矩也比滚动阻力矩大得多。在松软地面上起步时，这种过大的驱动转矩并不能使汽车得到较大的加速度，相反地却使土壤被破坏，轮辙加深，起步困难，而液力传动能保证驱动轮扭矩逐渐而平顺地增长，从而防止土壤被破坏和车轮滑移。

液力传动还能消除机械式传动系统经常发生的扭振现象。这种扭振现象会引起驱动力产生周期性冲击，减少土壤颗粒间的摩擦，增加轮辙深度，并减少轮胎与土壤间的附着力，因而使车轮滑转的可能性大为增加。扭矩脉动所引起的土壤内摩擦力的减小，还会使汽车前轮所造成的轮辙立即展平，使后轮滚动阻力增加。

装有普通机械传动系统的汽车，在松软地面行驶时，由于车速低，汽车惯性不足以克服较大的行驶阻力，致使换挡时，因切断功率而停车。采用液力传动即可消除因换挡所引起的功率传递间断现象，因而使汽车通过性有显著提高。

5. 差速器。

为了保证各驱动车轮能以不同的角度旋转，在传动系统中装有差速器。但普通齿轮差速器由于具有使驱动车轮之间扭矩平均分配的特性，当某一侧驱动车轮陷入泥泞或冰雪路面上时，得到较小的附着力，则与之对应的另一侧驱动车轮也只能以同样小的附着力限制其驱动力。为了避免这种情况的发生，某些越野汽车上装有差速锁，以便必要时能锁止差速器。

但在实际道路条件下，各驱动车轮上的附着力差别很小，汽车总驱动力的增加一般在20% ~25%。而且长时间使用差速锁会使半轴过载引起功率循环，而当驱动车轮滑转导致停车后，再挂差速锁起步，有时会因滑转处土壤表面已被破坏或因全部扭矩突然传至另一驱动车轮引起土壤破坏而失去效果。

6. 悬架。

6×6 型和 8×8 型多轴驱动的越野汽车在异常坎坷不平的地面上行驶时，常会因独立悬架的结构引起某驱动车轮的垂直载荷大幅度减小，乃至离开地面而悬空的现象，使驱动车轮失去与地面的附着而影响通过性。独立悬架和平衡式悬架允许车轮与车架间有较大的相对位移，使驱动车轮与地面经常保持接触，以保证有较好的附着性能。同时独立悬架可显著地提高汽车的最小离地间隙，从而提高汽车的通过性。

7. 拖带挂车。

汽车拖带挂车后，由于总质量增加，动力性将有所降低，即汽车列车的最大动力因数将比单车的最大动力因数小。因而，汽车列车的通过性也随之变得差些。

为了保证汽车列车有足够高的通过性，对经常拖挂车工作的汽车，应该有较大的动力因数。增大传动系统的总传动比可以加大动力因数，但与此同时，汽车的最大行驶速度将会降低；加大发动机功率也会增大动力因数，但汽车在一般道路上行驶时，由于功率利用率低，将使汽车燃料经济性变差。

汽车拖挂车后的相对附着重力随之减少。在汽车列车总重力相同的条件下，因为半挂车的部分质量作用在牵引车上，则拖带半挂车时的相对附着质量比拖带全挂车时的大，因而半挂车汽车列车的通过性较好。

将汽车列车做成全轮驱动是提高相对附着质量的最有效方法。这可通过在挂车上也装上动力装置（动力挂车），或将牵引车的动力通过传动轴或液压管路传输到挂车的车轮上（驱动力挂车）。

全轮驱动汽车列车的通过性较高，这不仅因其相对附着质量最大，同时，由于道路上各点的附着系数一般是不同的（如道路上有积水小坑），驱动车轮数目增多后，各驱动车轮均遇到附着系数小的支承面的可能性大为减小，因而对汽车列车的通过性有利。此外，与相同质量的重型载货汽车相比，全轮驱动汽车列车的车轮数一般较多，因而车轮对地面的比压较小。另外，还可以把各轴轮距做成相等，以减少滚动阻力，提高通过性。

设计汽车列车时，应使挂车车轮轨迹在转弯时与牵引车后轮轨迹重合。这不仅可减小汽车列车的转弯宽度，提高机动性，同时也可降低汽车列车在松软地面上转弯时的滚动阻力而提高其通过性。

汽车列车克服障碍的能力与挂钩和辕杆的结构参数也有关。

8. 驱动防滑系统（ASR）。

汽车在泥泞道路或冰雪路面行驶时，因路面的附着系数小，常会出现驱动轮滑转现象。当驱动轮滑转时，产生的驱动力很小。特别是驱动轮原地空转时，驱动力接近零。例如，汽车驱动轮陷入泥坑时，汽车不能前进。即汽车的动轮一侧或两侧滑转后，汽车的总驱动力不足以克服行驶阻力，使汽车通过坏路的行驶能力受到限制。汽车驱动轮胎滑转，限制了汽车动力性的发挥，增加了轮胎的磨损，降低了轮胎的使用寿命，并使汽车抗侧向力的能力下降，当遇到侧风或横向斜坡时，容易发生侧滑，影响汽车行驶的横向稳定性。

ASR 系统可以自动调节发动机转矩到驱动轮的驱动力，使驾驶员的工作强度得以减小，稳定性和操纵性得到安全的调节，驱动力的发挥得以改善。ASR 系统保持驱动轮处于最佳滑转范围内的控制方式有以下几种：调节发动机输出转矩，制动驱动轮以及锁止差速器。这些控制方式的目的都是调节驱动轮上的驱动力矩。

发动机输出转矩控制。如果驱动过程中左、右驱动轮同时滑转，ASR 系统的控制系统可从前、后车轮速度传感器传来的转速差极大的信息中，判断出左、右车轮均在空转，于是，对发动机控制阀（油门）发出指令，通过发动机控制直接操纵发动机供油量控制杆，相应降低其输出转矩，使得驱动轮的转速降低，直到驱动轮停止滑转。

驱动轮制动控制。汽车行驶中若出现一侧车轮滑转超过规定值时，控制系统向差速器制动阀和制动压力调节器发出控制指令，对滑转的车轮施加制动，使得滑转的车轮减速，当其减速至规定值后，停止对其控制。若又开始滑转，则重复上述循环过程。整个过程中，一方面对滑转的车轮施加制动，另一方面又对另一侧无滑转车轮施加正常驱动力，其效果相当于差速锁的作用，车辆在滑路上的方向稳定性和起步能力均可得到改善。

发动机输出转矩调节和驱动轮制动控制综合进行。当汽车在滑路转弯行驶时，如果驱动力过大，会引起驱动轮空转，使车辆在离心力的作用下甩尾侧滑。遇到这类情况，控制系统会自动控制驱动轮制动和调节发动机输出转矩，使二者同时或单独工作，保证汽车稳定行驶。

另外，在驱动轮滑转时，ASR 系统自动向驾驶员发出警报（报警灯），提示不要猛踏加速踏板，注意转向盘操作。

随着汽车电子技术的发展，汽车制动防抱死系统（ABS）在现代汽车上的应用增加，ASR 系统是 ABS 系统的延伸。ABS 和 ASR 分别保证汽车在制动和驱动过程中的稳定性和转向性。ASR 是保证驱动附着条件，充分发挥驱动力，保证汽车的驱动稳定性的装置。一般在汽车的 ABS 系统中设有 ASR 的接口电路。ASR 系统也可独立装车使用。

5.2.2.2 驾驶方法

驾驶方法对汽车通过性的发挥有很大影响。在通过沙地、泥泞、雪地等松软地面时，应该用低速挡，以保证车辆有较大的驱动力和较低的行驶速度。在行驶中应避免换挡和加速，并保持直线行驶，因为转弯时将引起前后轮辙不重合而增加滚动阻力。

后轮双胎的汽车，常会在两胎间夹杂泥石，或使车轮表面黏附一层很厚的泥，因而使附着系数降低，增加车轮滑转趋势。遇到这种情况，驾驶员可以适当提高车速，将车轮上的泥甩掉。

当汽车传动系装有差速锁时，驾驶员应该在估计有可能使车轮滑转的地区前就将差速器锁住。因为车轮一旦滑移，土壤表面就会被破坏，附着系数下降，再锁住差速锁就不会起显著作用。当汽车离开坏路地段后，驾驶员应将差速锁脱开，避免由于功率循环现象使发动机、传动系和轮胎磨损增加，燃料经济性和动力性变坏以及通过性降低等不良后果。

此外，为了提高越野汽车的涉水能力，应注意发动机的分电器总成、火花塞、曲轴箱通气口等的密封问题，并提高空气滤清器的位置，不得浸入水中。普通汽车一般能通过深度为 0.5 ~0.6 m 的硬底浅水滩。

☞单元小结

随着生活水平的提高，人们对汽车环境舒适性的要求也越来越高。而汽车平顺性和通过性又是汽车各性能中很重要的指标，直接影响汽车的乘坐舒适性以及足够的过坎坷不平的地段和各种障碍的通过性，因此对汽车平顺性和通过性的研究是很有必要的。

☞学习工作页

<table>
<tr><td rowspan="2">学习工作页</td><td>学习单元</td><td colspan="4">汽车的平顺性与通过性</td></tr>
<tr><td>学习任务</td><td colspan="4">汽车平顺性能的认识、汽车通过性能的检测</td></tr>
<tr><td>姓　名</td><td></td><td>班　级</td><td></td><td>小　组</td><td></td></tr>
<tr><td>日　期</td><td></td><td>开始时间</td><td></td><td>结束时间</td><td></td></tr>
<tr><td>场　地</td><td colspan="5">整车理实一体教室</td></tr>
<tr><td>用品、用具、工具、设备</td><td colspan="5">轿车一辆，越野车一辆</td></tr>
</table>

1. 填空题。

(1) 坐垫也有一定的减震作用。坐垫的刚度和阻尼要做适当选择，以便人—座椅系统的固有频率避开人体最敏感的__________范围，同时应使其相对阻尼系数达到__________。

(2) 汽车的通过性主要取决于汽车的__________和__________，也与汽车的__________、__________、__________，__________等密切相关。

(3) 通过性的几何参数主要有__________、__________、__________、__________、__________等。

2. 判断题。

(1) 人体对上下方向的振动最敏感。(　　)

(2) 为避免出现共振现象，前悬架的固有频率应该略低于后悬架。(　　)

(3) 子午线轮胎比普通斜线胎的行驶稳定性要好。(　　)

(4) 最小离地间隙不足，纵向和横向通过半径过大，都容易引起“顶起失效”。(　　)

(5) 拱形轮胎在硬路面上以及沙漠、雪地、沼泽和田间行驶时都具有良好的沟通性能。(　　)

3. 任务实施。

汽车平顺性与通过性的检测：(1) ______________________________

(2) ______________________________

(3) ______________________________

(4) ______________________________

指导教师评语：

____

____

教师签字：__________　日期：______年______月______日

单元6　汽车的操纵稳定性与检测

学习任务6.1　汽车操纵稳定性能的认识

☞学习情境

汽车的操控性能不仅影响到驾驶的灵敏准确程度，而且也决定了高速行驶的安全性，是“高速车辆的生命线”。发烧级车友更是视操控性为第一要素，这是因为它直接决定一款车的驾驶乐趣。但是对于众多入门级车主来说，“操控性”这三个字似乎还是一个非常抽象的概念。如何了解一款车的操控性呢？

☞学习目标

1. 有关汽车操纵稳定性的理解；
2. 学会分析汽车的操纵稳定性。

☞学习信息

6.1.1　汽车轮胎侧偏现象分析

汽车操控性，在汽车理论中是指操纵稳定性。汽车的操纵稳定性包含着互相联系的两部分内容：一是操纵性；二是稳定性。

操纵性是指汽车能及时准确地按驾驶员的转向指令转向。衡量操纵性的指标分为稳态和瞬态两种响应：一般采用“横摆角速度增益”来衡量汽车的稳态转弯特性，根据稳定性因数的差别而分为“中性转向”“过多转向”“不足转向”三种稳态转向特性；瞬态转向特性分别有几个参数来表征其好坏，具体有“横摆角速度波动的固有频率”“阻尼比”“反应时间”等。

稳定性则是指汽车受到外界干扰后，能自行恢复正常行驶的方向，而不发生倒滑、倾覆、失控等现象。

在操纵稳定性的研究中，由于悬架系统、传动系统等对于车辆的重要性，所以又引出了操纵稳定性和这些系统的关系，仅举几个例子：汽车的侧倾中心、汽车悬架的角刚度、轮胎侧倾角和外倾角对于转向特性的影响等等，这些都属于汽车操控性的研究范围。

轮胎的侧偏特性主要是指侧偏力、回正力矩与侧偏角间的关系，是研究操纵性的基础。

6.1.1.1　轮胎的坐标系

为了讨论轮胎的机械特性，需要建立一个坐标系，参看图6－1。垂直于车轮旋转轴线的轮胎中分平面称为车轮平面。坐标系的原点 O 为车轮平面和地平面的交线与车轮放置轴线在地平面上投影线的交点。车轮平面与地平面的交线取为 X 轴，规定向前为正；Z 轴与地平面垂直，规定指向上方为正；Y 轴在地平面上，规定面向车轮前进方向时指向左方为正。图6－1上还画了地面作用于轮胎的力与力矩，即地面切向反作用力 F_x、地面侧向反作用力 F_y、地面法向反作用力 F_z，以及地面反作用力绕 Z 轴的力矩——回正力矩 T_z 等。它们均按轮胎坐标系规定的方向确定正、负方向。图中还画出了侧偏角 α 与外倾角 γ。侧偏角是轮胎接地印迹中心（即坐标系原点）位移方向与 X 轴的夹角，图示方向为正。外倾角是垂直平面（XOZ 平面）与车轮平面的夹角，图示方向为正。

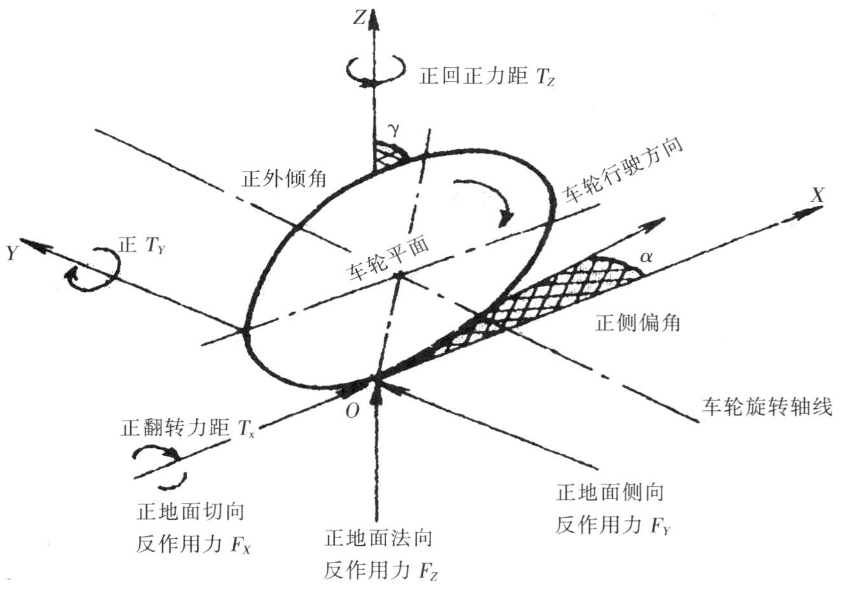

图6－1　轮胎的坐标系与地面作用于轮胎的力和力矩

6.1.1.2　轮胎的侧偏现象和侧偏力—侧偏角曲线

汽车在行驶过程中，由于路面的侧向倾斜、侧向风或曲线行驶时的离心力等的作用，车轮中心沿 Y 轴方向将作用有侧向力 F_y，相应地在地面上产生地面侧向反作用力 F_y，F_y 也称为侧偏力。当有地面侧向反作用力时，若车轮是刚性的，则可能发生两种情况：

（1）当地面侧向反作用力 F_y 未超过车轮与地面间的附着极限时，车轮与地面间没有滑动，车轮仍沿其本身平面 $\overline{cc}$ 的方向行驶（图6－2）；

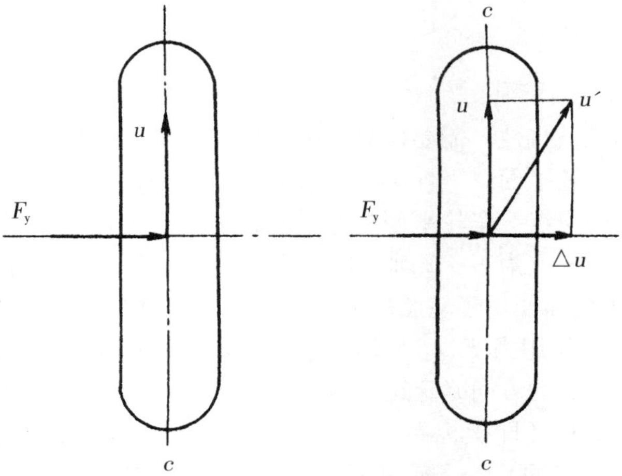

没有侧向滑移　　　　有侧向滑移

图 6－2　有侧向力作用时刚性车轮的滚动

(2) 当地面侧向反作用力 F_y 达到车轮与地面间的附着极限时，车轮发生侧向滑动，若滑动速度为 $\triangle u$，车轮便沿合成速度 u'方向行驶，偏离了 $\overline{cc}$ 方向。当车轮有侧向弹性时，即使 F_y 没有达到附着极限，车轮行驶方向亦将偏离车轮平面 $\overline{cc}$ 的方向，这就是轮胎的侧偏现象。为了说明侧偏现象，我们讨论具有侧向弹性的车轮在垂直载荷为 W 的条件下，车轮中心受到侧向力 F_y，地面有相应的侧偏力 F_y 后的两种情况。一是车轮静止不滚动。由于车轮有侧向弹性，轮胎发生侧向变形，轮胎胎面与地面接触印迹的中心线 $\overline{aa}$ 与车轮平面 $\overline{cc}$ 不重合，错开 $\triangle h$，但 $\overline{aa}$ 仍平行于 $\overline{cc}$，如图 6－3 所示。二是车轮滚动。接触印迹的中心线 $\overline{aa}$ 不只是和车轮平面错开一定距离，而且不再与车轮平面 $\overline{cc}$ 平行。$\overline{aa}$ 与 $\overline{cc}$ 的夹角 α，即为侧偏角。车轮就是沿着 $\overline{aa}$ 方向滚动的，如图 6－3 所示。

为了说清楚出现侧偏角 α 的原因，下面具体分析车轮的滚动过程，如图 6－3 所示。在轮胎胎面中心线上标出各点 A_1，A_2，A_3，…，随着车轮向前滚动，各点将依次落于地面上相应的 A'_1，A'_2，A'_3，…上。在主视图上可以看出，靠近地面的胎面上各点 A_1，A_2，A_3，…的连线是一条斜线，因此它们落在地面相应各 A'_1，A'_2，A'_3，…的连线并不垂直于车轮旋转轴线，即与车轮平面 $\overline{cc}$ 的延长线有夹角 α。当轮胎与地面没有侧向滑动时，A'_1，A'_2，A'_3，…的连线就是接地印迹的中心线，当然也是车轮滚动时在地面上留下的痕迹，即车轮并没有按照车轮平面 $\overline{cc}$ 的方向向前滚动，而是沿着侧偏角 α 的方向滚动。显然侧偏角 α 的数值是与侧向力 F_y 的大小有关的；换言之，侧偏角 α 的数值与侧偏力 F_y 的大小有关。

显然，侧偏角 α 的大小与侧向力 F_y 的大小有关。图 6－4 给出了侧偏力—侧偏角曲线，该曲线称为侧偏特性曲线。曲线表明，侧偏角不超过 3°～5°时，F_y 与 α 呈线性关系。汽车正常行驶时，侧向加速度不超过 $0.4g$，侧偏角不超过 4°～5°，可以认为侧偏角与侧偏力呈线性关系。F_y—α 曲线在 $\alpha=0°$处的斜率称为侧偏刚度 k，单位为 N/rad 或 N/（°）。由轮胎坐标系有关符号规定可知，负的侧偏力产生正的侧偏角，因此侧偏刚度为负值。F_y 与 a 的关系式可写作：

$$F_y = k\alpha \qquad (6-1)$$

式中：k——特性曲线在 $\alpha = 10°$ 时的斜率，称为侧偏刚度。

可见弹性车轮的侧偏角不仅与侧偏力有关，还与侧偏刚度有关。

小型轿车轮胎的 k 值在 $-28000 \sim 80000$ N/rad 范围内。侧偏刚度是决定操纵稳定性的重要轮胎参数，轮胎应有高的侧偏刚度（指绝对值），以保证汽车良好的操纵稳定性。

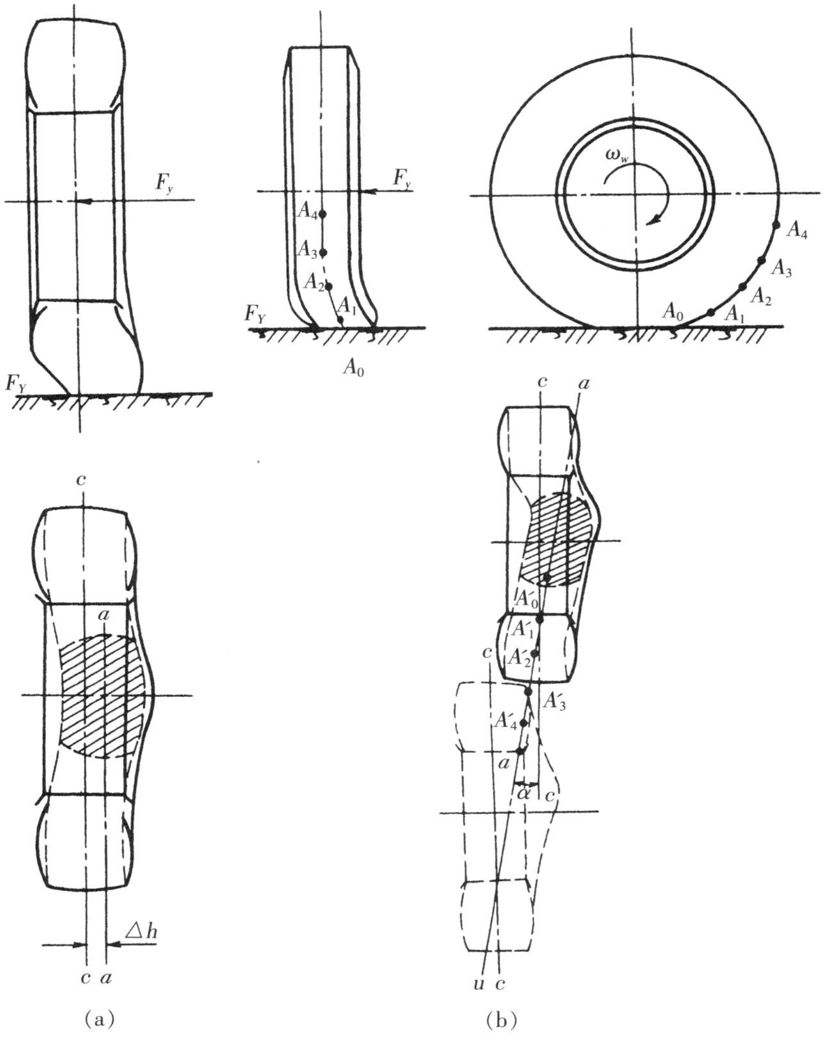

（a）静止；（b）滚动

图6－3　轮胎的侧偏现象

在较大的侧偏力时，侧偏角以较大的速率增长，即 F_y—α 曲线的斜率逐渐减小，这时轮胎在接地面处已发生部分侧滑。最后，侧偏力达到附着极限时，整个轮胎侧滑。显然轮胎的最大侧偏力决定于附着条件，即垂直载荷，轮胎胎面花纹、材料、结构、充气压力，路面的材料、结构、潮湿程度以及车轮的外倾角等。一般而言，最大侧偏力愈大，汽车的极限性能愈好，譬如按圆周行驶的极限侧向加速度就愈高。

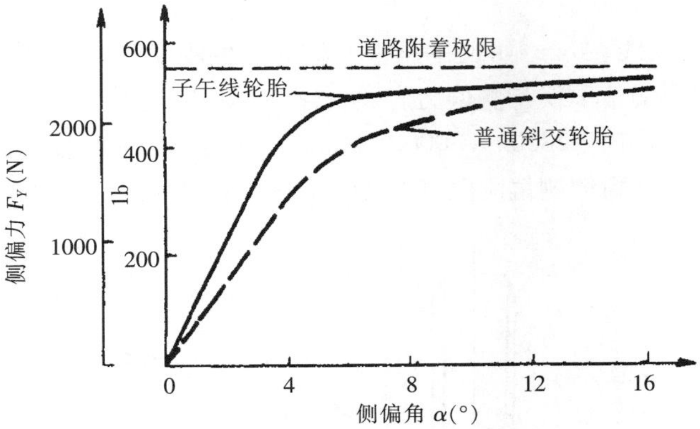

图 6－4　轮胎的侧偏特性

1. 地面切向反作用力。

上面讨论的是没有切向反作用力时轮胎的侧偏特性。实际上，在轮胎上常同时有切向力与侧向力。由试验得到的以下曲线图表明，一定侧偏角下，驱动力或制动力增加时，侧偏力逐渐有所减小，这是由于轮胎侧向弹性有所改变的关系。当纵向力相当大时，侧偏力显著下降。因为此时接近附着极限，切向力已经耗去大部分附着力，而侧向能利用的附着力很少。由图 6－5 还可以看出，这组曲线的包络线接近于一椭圆，一般称为附着椭圆。它确定了在一定附着条件下切向力与侧偏力合力的极限值。

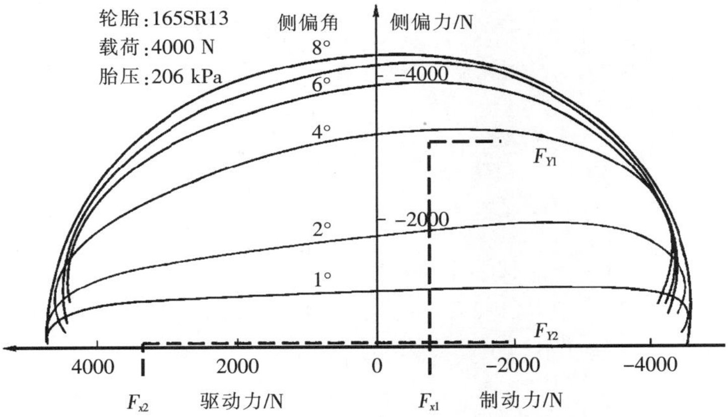

图 6－5　地面切向反作用力对侧偏特性的影响

2. 路面状况对侧偏特性的影响。

路面的粗糙程度及干湿状态对侧偏特性尤其是最大侧偏力有很大影响。粗糙路面比光滑路面的最大侧偏力大，同种路面干态较湿态光滑路面的最大侧偏力大。

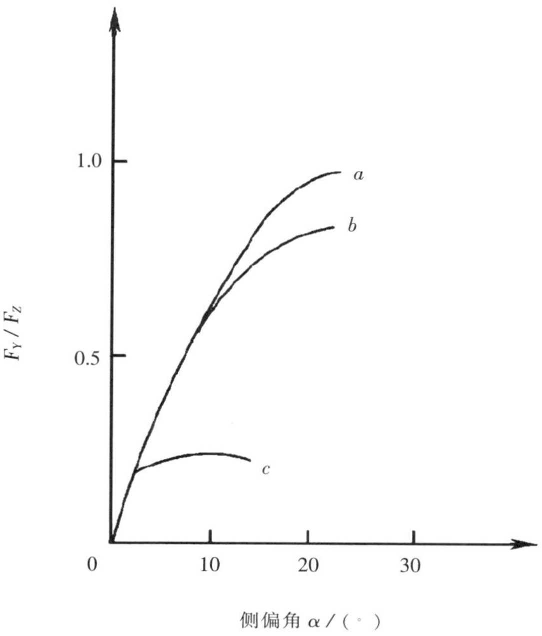

a—干沥青路面，速度为 16.5 km/h；
b—湿混凝土路面，速度为 32.2 km/h；
c—湿沥青路面，速度为 14.5 km/h
图 6－6　干路和湿路面上的侧偏特性

6.1.2　汽车的转向特性分析

驾驶员操纵转向盘使汽车转向时，要通过眼睛、手和身体等感知汽车的转向效果，并经过头脑比较和判断，修正转向盘的操纵，这是通过驾驶员把系统的输出反馈到输入而构成一个人工闭路系统。如不计入驾驶员的反馈作用便称为开路系统。它的特点是系统的输出参数对输入控制没有影响。由于驾驶员的反馈作用十分复杂，作为闭路系统研究很不成熟，这里只把汽车作为一个开路系统，研究转向盘输入时汽车的运动。由输入引起的汽车运动状况，可分为不随时间而变化的稳态转向特性和随时间变化的瞬态转向特性两种。

6.1.2.1　**稳态转向特性**

1. 汽车的稳态转向特性分析。

汽车的“等速圆周行驶稳态响应，是评价汽车操纵稳定性的重要特性之一，称为汽车的稳态转向特性”。汽车的稳态转向特性分成三种类型：不足转向、中性转向和过多转向。在圆周行驶时，驾驶员使转向盘保持一个固定的转角，令汽车以不同固定车速行驶，若行驶车速高时，汽车的转向半径增大，这种汽车具有不足转向的特性；若汽车的转向半径不变，这种汽车具有中性转向特性；若转向半径越来越小，则具有过多转向特性。具有中性转向特性的汽车也不好，因为汽车本身或外界使用条件的某些变化，中性转向特性的汽车通常会转变为过多转向特性而失去稳定。人们已经习惯于驾驶具有不足转向特性的汽车，知道如何通过转向机构使汽车遵循期望的路径行驶。

对汽车曲线运动进行初步分析时，如图6－7所示，把汽车看作平行于路面的平面运动。即汽车没有垂直运动，沿 Z 轴的位移为零，绕 Y 轴的俯仰角、绕 X 轴的侧倾角均为零。另外，假设汽车的前进速度不变，即沿 X 轴的汽车（绝对）速度不变。因此汽车只有沿 Y 轴的侧向运动与绕 Z 轴的横摆运动这样两个自由度。

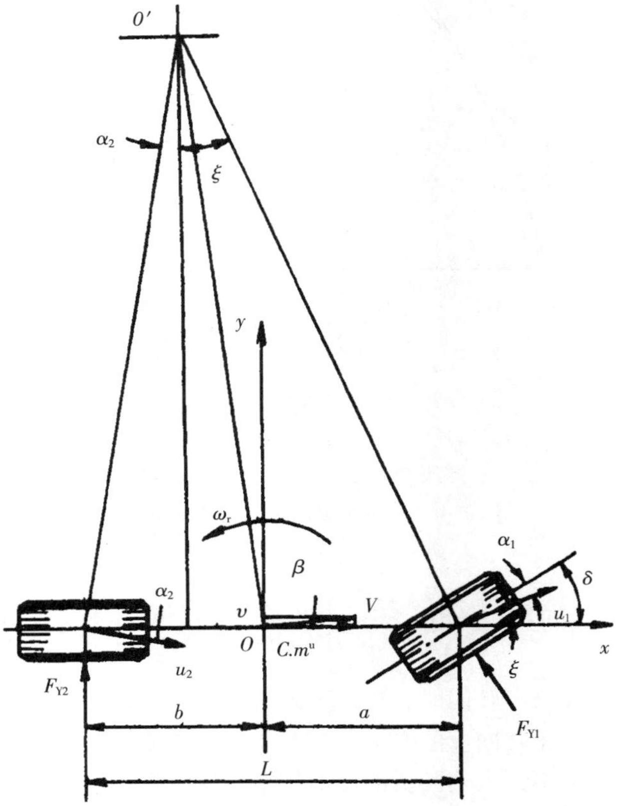

图6－7　二自由度模型

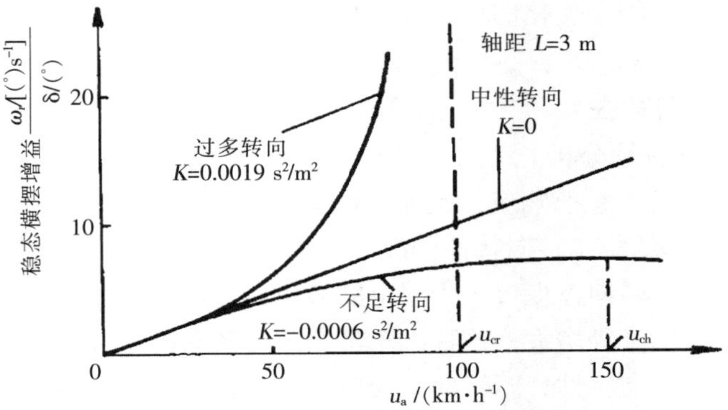

图6－8　汽车的稳态横摆角速度增益曲线

图 6－8 是一个由前后两个具有侧向弹性的弹簧（轮胎）支撑于地面，具有侧向及横摆的二自由度汽车模型。下面分析中让固结于汽车上的动坐标系原点与汽车重心重合。

当 $K=0$ 时，即稳态横摆角速度增加与车速 u 呈线性关系，如上图所示。具有这种特性的汽车称为中性转向汽车。这个关系就是汽车轮胎无侧偏角时的转向关系。

当 $K>0$ 时，横摆角速度增加比中性转向时小，即前轮转过相同的角度，汽车横摆角速度 ω 要小些，是一条低于中性转向汽车稳态响应线，后来又向下弯曲的曲线。具有这样特性的汽车成为不足转向。K 值越大，不足转向越大。

当 $K<0$ 时，横摆角速度增加比中性转向时大，即前轮转过相同的角度，汽车横摆角速度要大。具有这样特性的汽车称为过多转向。随着车速的增加，曲线向上弯曲。K 值越小，过多转向量越大。

总之，汽车的稳态转向特性，取决于稳定性系数 K 的数值。把汽车简化为两个自由度模型进行分析时，K 值取决于重心位置、轴距及前后轮侧偏刚度的匹配。当重心向前移动或减小前后轴轮胎侧偏刚度比时，会增加汽车的不足转向。

2. 影响汽车稳态转向特性的因素。

（1）轮胎气压的影响。

轮胎气压对侧偏刚度影响很大，降低轮胎气压，侧偏刚度下降，可以产生较大的侧偏角。汽车说明书中规定的轮胎气压是考虑了获得不足转向的数值，故使用中应注意在冷态下检查并按照说明书的规定调整轮胎的充气气压。有的高速轿车甚至规定了每种乘坐条件及不同季节时前后轮胎的充气压力，以确保需要的不足转向。前轮气压低于规定值，会使汽车不足转向性增大，转向灵敏度及横摆角速度增益下降。而后轮气压过低，会使后轮的侧偏角加大，甚至使原来是不足转向的汽车变为过多转向性的汽车，对操纵稳定性带来严重不良影响。

（2）驱动形式的影响。

转向时施加于轮胎上的切向力增加，轮胎的侧偏刚度会下降，使产生的侧偏角增加。因此，后轮驱动的车辆，转向时施加驱动力，会使后轮侧偏角增加，有减少不足转向性向过多转向性转化的倾向；前轮驱动的汽车，转向时施加驱动力，会使前轮侧偏角增加，有增加不足转向性的作用。

（3）轮胎结构的影响。

不同结构（帘布层数、扁平率等）、不同形式（子午线轮胎、普通斜交线轮胎）的轮胎，侧偏刚度不同，可能使汽车有过多的转向。

子午线轮胎和普通斜交帘线轮胎在汽车上的混合装用对汽车的操纵性有严重影响。子午线轮胎侧偏刚度大，若仅仅只是前轮改用子午线轮胎，可使前轮侧偏角 α_1 减小，如果小于后轮侧偏角 α_2，可使原为不足转向性的汽车变为过多转向性的汽车。

扁平率小的宽轮胎，侧偏刚度大，产生的侧偏角小。因此，如仅前轮换用扁平率小的轮胎，有使汽车产生过多转向的倾向；若仅后轮使用，则有汽车呈不足转向的倾向。

（4）汽车的质量分配与车轮侧偏刚度的匹配。

在汽车设计及改装中，应使汽车的质量在前后轴上的分配与车轮的侧偏刚度相适应，使稳定性系数 $K>0$，以保证汽车的不足转向。

前置发动机前驱动的轿车，前轴上的轴荷较大，转弯时前轴承担的离心惯性力较大，在前后车轮侧偏刚度相同的情况下，前轮会产生较大的侧偏角，故趋向于呈不足转向性。反之，后置发动机后驱动的轿车则趋于呈过多转向性。

6.1.2.2 汽车的瞬态转向特性

给等速直线行驶的汽车以前轮角阶跃输入，经过短暂的时间后，将进入等速圆周行驶。等速直线行驶与等速圆周行驶的过渡过程便是瞬态，相应的响应称为前轮角阶跃输入引起的汽车瞬态响应。在一般汽车行驶时，实际上驾驶员不断接触到的是汽车的瞬态响应。

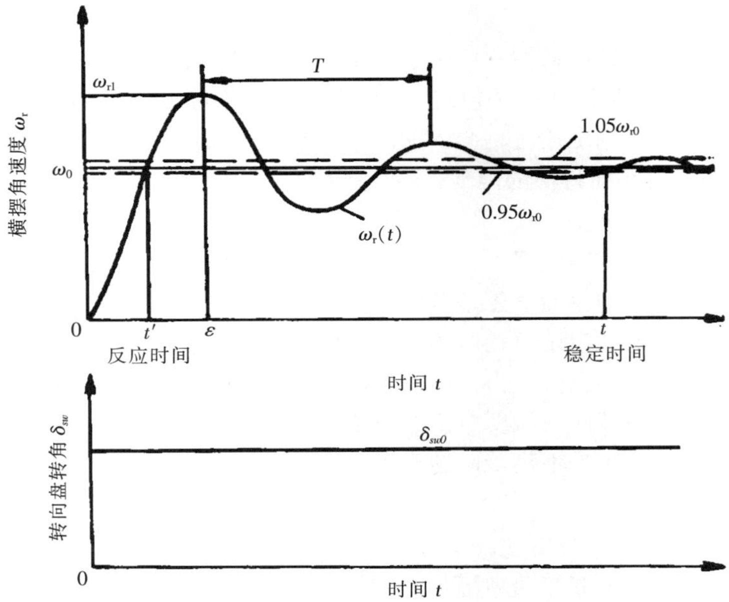

图 6-9　转向盘角阶跃输入下的汽车瞬态响应

如图 6-9 所示，表示的是一辆直线行驶的汽车，驾驶员在某处突然猛打转向盘，经过某一角度后，保持转向盘不动，即给汽车一个转向盘角阶跃输入后的瞬态响应曲线。当车速不变时，汽车横摆角速度本应该立即达到相应值，但实际上汽车横摆角速度的变化为 0。作为这一过程的评价指标如下：

1. 响应时间。

以转向盘角达到终值的 50% 的时刻作为时间坐标原点，到所测横摆角速度第一次过渡到新稳态值的 50% 所用的时间，称为响应时间。这段时间应尽量短些，响应时间太长，驾驶员将感到汽车转向反应迟钝。

2. 峰值响应时间。

从时间坐标原点开始，到所测横摆角速度响应达到第一个峰值止，这段时间称为峰值响应时间。由于打转向盘的起始时间难以准确确定，而且开始转动及停止转动转向盘前，转向盘转角变化速率较大，所以响应时间与峰值响应时间只是一个相互比较的参考性数据。

3. 横摆角速度超调量。

当横摆角速度达到最大值，往往大于 50% 的百分数称为超调量。超调量表明瞬态响应中执行令误差的大小。超调量越小越好。减小超调量可使横摆角速度波动较快衰减。

4. 横摆角速度的波动量。

在瞬态响应中，横摆角速度值上下波动。车速一定时，值的波动表现在转向半径 r 的时大时小，这就增加了驾驶难度。汽车横摆角速度的波动周期 T 或频率，也是评价瞬态响应的重要参数。

5. 稳态时间。

横摆角速度达到稳定值的 95% ~105% 之间的时间，称为稳定时间。这段时间应尽量短些，凡是能使横摆角速度加快衰减的因素，也是使稳定时间缩短的因素。

少数汽车可能出现横摆角速度不收敛情况，即越来越大，若车速不变即转向半径 r 越来越小，就会急剧增加向心力，汽车将发生侧滑或侧翻等危险情况。

6.1.3　汽车的纵翻和侧翻

6.1.3.1　**汽车不发生纵向倾覆的条件**

汽车在纵向坡道上行驶，例如等速上坡，随着道路坡度增大，前轮的地面法向反作用力不断减小。当道路坡度大到一定程度时，前轮的地面法向反作用力为零。在这样的坡度下，汽车将失去操纵，并可能产生纵向翻倒。汽车上坡时，坡度阻力随坡度的增大而增加，在坡度大到一定程度时，为克服坡度阻力所需的驱动力超过附着力时，驱动轮将滑转。这两种情况均使汽车的行驶稳定性遭到破坏。

如图 6 –10 所示，汽车在纵坡上处于静止状态时，纵向不翻倒的极限坡道角 α_{max} 由图中几何关系可得：

$$\tan\alpha_{max} = \frac{b}{h_g}$$

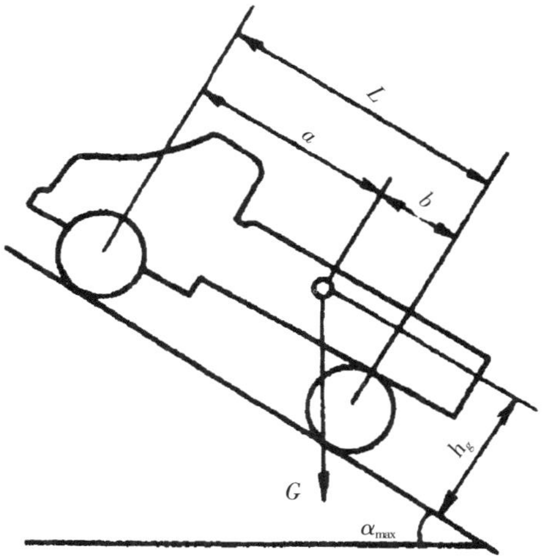

图 6 –10　纵向翻倒的坡道角

当坡道的坡度角 $\alpha \geqslant \alpha_{max}$ 时，汽车即失去操纵并可能绕后轴翻倒。汽车质心至后轴的距离 b 越大，质心高度 h_g 越小，则汽车越不容易发生绕后轴侧翻，汽车的纵向稳定性越好。

在上述稳定分析中，尚未考虑驱动轮滑转的可能性。后轮驱动的汽车，以较低速度等速上坡时，驱动轮不发生滑转的临界状态为：

$$F_{t\max} = G\sin \alpha_{\varphi\max} = Z\varphi$$

式中：$\alpha_{\varphi\max}$——汽车后轮不发生滑转所能克服的最大道路坡度角。

驱动轮滑转与附着系数、汽车质心的位置及汽车的驱动形式有关。

将上两式整理得：

$$\tan \alpha_{\varphi\max} = \frac{\alpha\varphi}{L - \varphi h_g}$$

即

$$\alpha_{\varphi\max} < \alpha_{\max}$$

当汽车遇有坡度角为 α_{max} 的坡道时，驱动轮因受附着条件的限制而滑转，地面不能提供足够的驱动力以克服坡度阻力，因而无法上坡，也就避免了汽车的纵向翻倒。所以，汽车滑转先于翻倒的条件是：

$$\frac{\alpha\varphi}{L - \varphi h_g} < \frac{b}{h_g}$$

将上式整理得：

$$\frac{b}{h_g} > \varphi$$

上式即为后轮驱动型汽车的纵向稳定性条件。

对于前轮驱动型汽车，其纵向稳定性条件为：

$$L > 0$$

对于全轮驱动型汽车，其纵向稳定性条件为：

$$\frac{b}{h_g} > \varphi$$

由于现代汽车的质心位置较低，因此上述条件均能满足而有余。但是对于越野汽车，其轴距 L 较小，质心较高（h_g 较大），轮胎又具有纵向防滑花纹因而附着系数较大，故其丧失纵向稳定性的危险增加。因此，对于经常行驶于坎坷不平路面的越野汽车，应尽可能降低其质心位置，而前轮驱动型汽车的纵向稳定最好。

6.1.3.2 汽车的侧翻

汽车行驶时，常受侧向力的作用。侧向力有重力的侧向分力、离心力、侧向风力和不平道路的侧向冲击等多种。汽车在侧向力的作用下，如车轮的侧向反作用力达到附着力时，汽车将沿侧向力的作用方向而滑移。侧向力同时将引起左、右车轮法向作用力的改变，当一侧车轮的法向反作用力变为零时，将发生侧向翻车。如图 6－11 所示，在弯道半径为 R 的平路上，如果车速达到 u_r，致使离心惯性力 $F_j = \frac{Gu_r^2}{gR}$ 与重力 G 的合力 F 的作用线通过外侧车轮与地面的接触线时，内侧车轮对路面的载荷为零，汽车将失去操纵并可能侧翻。此时有：

$$\frac{F_j}{G}=\frac{R}{2h_g}$$

将 F_j 代入上式，解得不发生侧翻的临界车速：

$$u_r=\sqrt{\frac{gRB}{2h_g}}$$

另一方面，当侧向分力（这里即为 F_i）大于路面的侧向附着力时，会发生侧滑。若转弯车速为 u_s 时发生侧滑，应满足：

$$\frac{Gu_s^2}{gR}=G\varphi$$

$$u_s=\sqrt{gR\varphi}$$

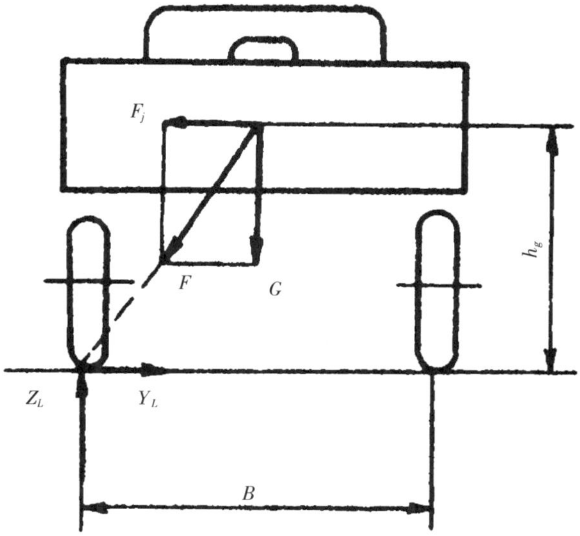

图 6-11　汽车转弯侧翻的受力图

一般侧翻比侧滑更危险。为了避免侧翻，从汽车结构上应保证使侧滑发生在翻车之前。先产生侧滑的条件是 $u_s<u_r$，将上两式代入解得：

$$\varphi<\frac{B}{2h_g}$$

$\frac{B}{2h_g}$称为汽车侧向稳定性系数。

一般汽车行驶于干燥的沥青路面上，这时 φ 值较大，为0.7～0.8，仍然能满足上述稳定性的条件。由于轮距 B 受车宽小于或等于 2.5 m 的限制，要避免侧翻应力求降低质心高度，一般车辆都能满足要求。只有在装载货物质心太高且偏向车厢的一侧，或者转向时车速过高，转动转向盘过急，致使风过大时，才容易产生侧翻。为了保证行车安全，就是侧滑也不希望发生，所以汽车转弯应降低车速，以减少侧翻及侧滑的机会。

用普通货车底盘改装的厢式货车，如冷藏车等，改装后的质心高度增加，使侧翻的危险性增大。

6.1.4 转向轮的摆振与稳定

稳定性因数 K 是决定汽车响应的一个重要参数。在实际中，汽车沿曲线行驶时，前后轴左、右两侧车轮的垂直载荷要发生变化，车轮常有外倾角，且由于悬架导向杆系统的运动及变形，外倾角也发生变化。影响行驶系统和转向系统零件的使用寿命，因此，分析这种现象产生的原因，从而采取相应的措施，具有极其重要的意义。

6.1.4.1 转向轮的摆振

1. 前轴角振动引起转向轮摆振。

行驶中，车轮受路面不平的冲击，前轴在垂直平面内产生角振动。在某一车速下，来自路面不平的冲击频率与前轴角振动的固有频率接近时，产生共振，严重时一边的车轮可以跳离路面。

前轴角振动使具有较大转动惯量的车轮旋转平面的方位改变（不含车轮旋转平面的平移），由于陀螺仪效应的影响，引起转向轮在水平平面内绕主销左右摆振。其规律是：左下左、左上右；右下右、右上左。即如果左前轮向下跳动，该轮会绕主销向左偏转；左前轮向上跳动，该轮会向右偏转；右前轮向下跳动，该轮会向右偏转。也可以记忆为左前轮：下左上右；右前轮：下右上左。这一现象可以从陀螺仪的演示得到证实。

为了消除这种现象，要求减少悬架下前轴系统的转动惯量，提高角振动的固有频率；改善公路状况，保持公路的平整；适当降低轮胎气压，增加轮胎的吸振能力。

在轿车上，为了消除陀螺仪效应的影响，采用了左、右轮独立悬架。如图 6－12（a）的等长双簧杆独立悬架，在车轮上下跳动时，没有造成车轮旋转平面方位的改变，因而不产生绕主销的摆振。但是车轮跳动时，轮距的变化较大，这会增加轮胎的磨损，所以目前多采用图 6－12（b）中所示的不等长双横杆结构。如果车轮上下跳动时，不发生旋转平面方位的变化，则不能视为前轮绕定点的转动，因而不会发生由车轮跳动引起的摆振。

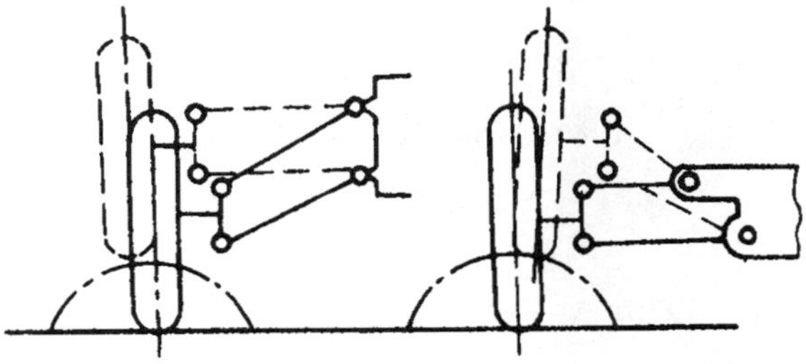

（a）　　　　（b）

图 6－12　双横杆式独立悬架的车轮位移

2. 车轮不平衡引起转向轮摆振。

如图 6－13 所示，当车轮总成的质量中心 C 与旋转中心 O 不重合时，称为静态不平衡。这时，转动中心会产生离心力 F_j，其分力 F_{jx} 是周期性干扰力，它直接引起前轮绕主销的摆振；另一分力 F_{jy} 也是周期性的干扰力，它使前轴产生角振动，由于陀螺效应会引起前轮的摆振。当左、右轮的偏心质量处于相隔 180°位置时，摆振更为严重。

即使是质量中心 C 与旋转中心 O 重合，但质量的分布对车轮的中心平面不对称，离心力的合力为零，而离心力的合力矩不为零，这时车轮处于动不平衡状态。在车轮旋转中，合力矩的方向不断变化，对主销产生周期性的干扰力矩，使转向轮绕主销摆振。

当转动体轴线处于水平位置时，若任意放置转动体均能保持静止而不摆动，则处于静平衡状态；当转动体转动时，能使两端支承的动反力为零，则转动体处于动平衡状态。动平衡包含了静平衡的内容。

为了减少摆振，车轮应经动平衡实验，选择两边轮辋平面为平衡平面，根据需要打装适当质量的卡子，以消除不平衡因素，使车轮总成的不平衡度达到规定的要求。因此，对车轮不平衡度有要求的车辆，车轮总成各零部件的拆装，必须做好标明相对位置的记号，以免破坏原有的平衡。使用变形的轮辋、翻新的外胎和补过的内胎，不平衡度较大，不应用在前轮上。

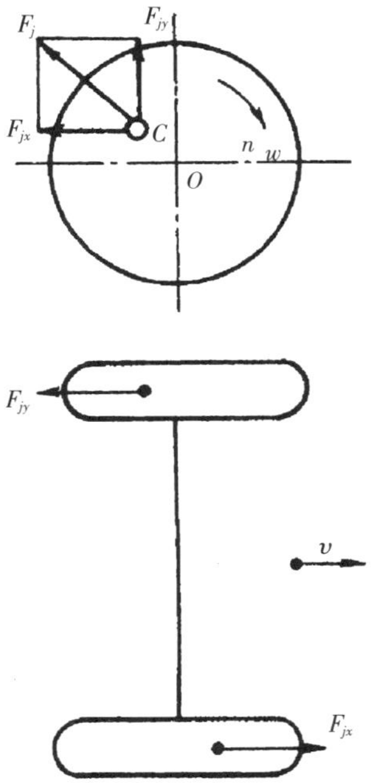

图 6－13　车轮不平衡引起前轮摆振示意图

3. 运动干涉引起的摆振。

如图 6－14 所示布置，在车轮向上跳动时，前轴绕 O_1 点旋转，如果转向节与前轴始终保持 180°，则转向节臂球头 O 将沿圆弧 OO'跳到 O'，这是不可能的，由于受直拉杆长度的限制，转向节臂球头 O 只能沿 OO''圆弧跳到 O''点。干涉量为 $O'O''$，它依靠转向节相对于前轴向右偏转来弥补。这类运动关系的不协调，导致直行中转向轮的摆振。

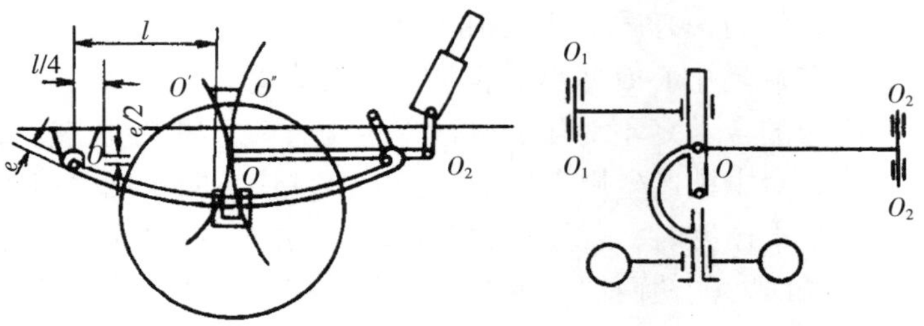

图 6－14　运动干涉引起的振摆

在图 6－14 所示的情况下，当汽车向右转弯时，由于离心力的作用，车身向外侧侧倾，外侧车轮与车架间距离缩小，迫使车轮绕主销向右多转了一个角度，引起过多转向的趋势；当干涉现象迫使车轮绕主销向左转一个角度，有增加不足转向的倾向。如果转向器布置在钢板弹簧的铰链端，这种干涉现象会减少；如果转向垂臂球头 O_2 与 O_1 点重合，这种干涉现象完全消除。

6.1.4.2　转向轮的稳定

前面分析的是引起转向轮摆振的原因，但这些原因不一定就造成转向轮的摆振，因为转向轮还有阻止其发生摆振的稳定效应。

直行时转向轮保持居中位置的能力及转向后自动回正的能力，称为转向轮的稳定效应。用阻止车轮偏转、力图使车轮保持居中位置的稳定力矩的大小来表示其稳定效应的强弱。稳定力矩有下列各项。

1. 由于主销内倾，垂直反力 Z 产生的稳定力矩 $T_{z\beta}$。

如图 6－15 所示，设前轴的空间位置保持不变，转向轮由直行位置转过某一角度时，车轮最低点将落在以 OA 为母线、绕主销轴线 OO 旋转形成的圆锥的底圆上，即车轮最低点将落在地面之下，这是不可能的。实际情况是：车轮最低点仍在路面上，而前轴在汽车转向中被抬高。驾驶员对转向盘做的功（施加于转向盘上的力矩与转向盘转角乘积之和）转变为车头抬高所增加的势能。因此，在转向时转向盘上必须施加转向力矩；维持某一转向半径行驶，转向盘上要保持一定的转向力矩；撒手后，势能将恢复到最小状态，迫使转向轮自动回正。

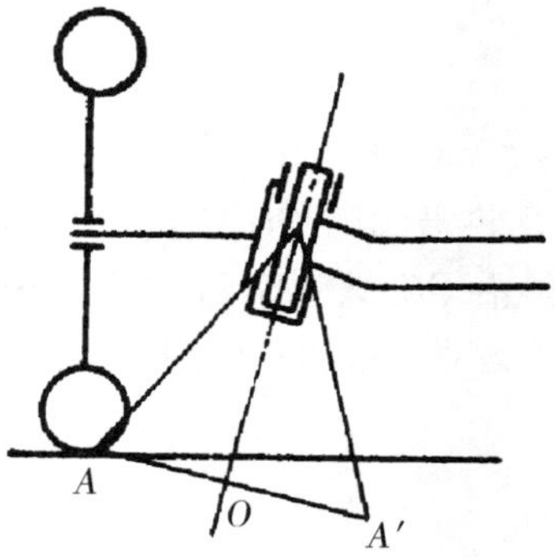

图 6－15　主销内倾作用图

直行时地面垂直反力 Z 与主销轴线在同一平面内，Z 对主销轴线的力矩为零。当前轮转过某一角度 δ 时，力 Z 对主销轴线处于空间相错位置，所产生力矩 $T_{z\beta}$ 的方向与转角 δ 的方向相反，力图阻止前轮偏转，所以 $T_{z\beta}$ 是稳定力矩。在0°～90°的范围内，随转角 δ 的加大，$T_{z\beta}$ 增大。因此，前轮以某一转角 δ 使汽车转弯时，在转向盘上必须施加一个力矩，该力矩经转向传动系数放大后，去克服稳定力矩 $T_{z\beta}$，才能实现稳定的圆周行驶。如果撒手，在稳定力矩 $M_{z\beta}$ 的作用下，前轮将自动恢复到直行位置。

2. 由于主销后倾，侧向反力 Y 产生的稳定力矩 $T_{y\gamma}$。

如图6－16 所示，主销后倾角为 γ_0 设转向轮绕主销向纸面内偏转，汽车转向中心在纸内的某点上，离心力向外，地面侧向反力 Y 垂直于纸面向内，对主销的力矩 $T_{y\gamma} = Yr\sin\alpha \cdot \gamma \cdot yr\sin Y$。它的作用方向与前轮偏转方向相反，是稳定力矩。如果转向后撒手，则有使前轮自动回正的作用；回正直行后，离心力为零，地面侧向反力也为零，$T_{y\gamma}$ 不再存在。

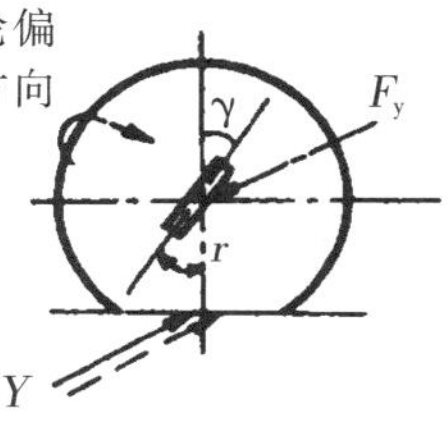

图6－16　主销后倾作用图

3. 由于侧偏，侧向反力产生的稳定力矩 $T_{y\alpha}$。

图6－17 是图6－16 的俯视图。如前所述，由于转弯时离心力的作用，车轮受到的侧向力为 F_y，产生的侧偏角为 α。轮胎接地印迹的长轴由直行时的 aa 移到 bb 位置，轮胎侧向变形前小后大，地面侧向反力的分布呈前小后大状，使其合力 Y 与 F_y 错开一个距离 b_a，形成力偶矩 $T_{ya} = Yb_a$。它的方向与车轮偏转方向相反，是稳定力矩。所以图6－16 中的地面侧向反力实际上是在虚线位置上。

现代轿车车速很高，转弯时离心力大，轮胎气压低，侧偏刚度小。由于侧偏，侧向反力的稳定力矩 T_{ya} 很大，这常使高速时感到转向沉重。实践证明，1°侧偏角引起的稳定力矩，相当于主销后倾5°～6°的效果。为了不使总的稳定力矩过大，可以相应地减小主销后倾角 γ，甚至 γ 为负值。

4. 由于侧偏，切向反力产生的稳定力矩 T_{xa}。

如图6－18 所示，由于侧偏，内、外轮地面切向反力 X_i 和 X_0 的作用线到主销的距离不等，切向反力对主销力矩 $T_{xa} = X_iL_i - X_0L_0$ 的方向取决于切向反力的方向。对于后轮驱动的汽车，前转向轮受到的切向反力（制动时的地面制动力及驱动时的滚动阻力）向后，形成的力矩方向与车轮偏转方向相同，它是非稳定力矩，记为 $-T_{xa}$；对于前轮驱动的汽车，在转向时施加驱动力的情况下，因切向反力方向向前，T_{xa} 是稳定力矩。制动时切向反力向后，且 X_i 及 X_0 值很大，$-T_{xa}$ 的绝对值很大，制动中转弯时转向轮容易过分偏转。因此，制动时要把稳方向盘。

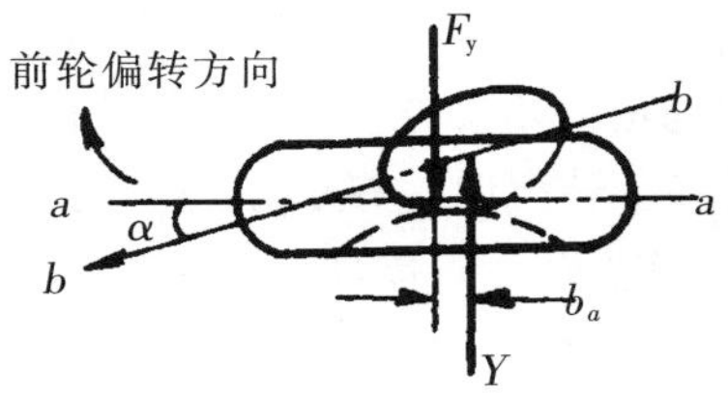

图 6-17　侧偏引起的稳定力矩

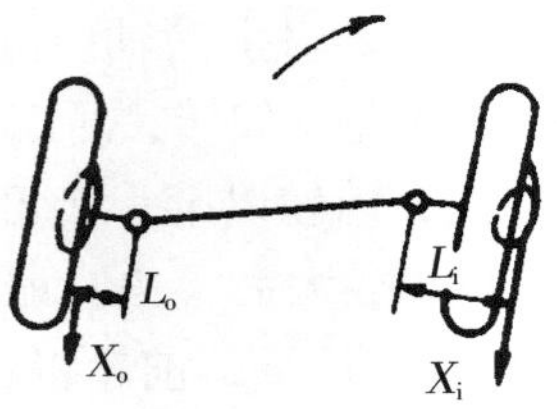

图 6-18　切向反力引起的稳定力矩

5. 转向系统的摩擦力矩 T_μ。

转向盘上施加的力矩，经转向传动系统放大后，要能克服转向系统的摩擦力矩 T_μ 及前述各项稳定力矩才能实现转向。由此看来，T_μ 起阻止转向的作用，是稳定力矩。但是，转向后它又起阻止回正的作用，所以它又是非稳定力矩。

前轮稳定力矩的数值过小，容易产生转向轮摆振。但是，稳定力矩过大，不但转向沉重，且使回正过猛，增加转向轮在回正过程中的摆振。

学习任务 6.2　汽车操纵稳定性的检测

☞学习情境

操纵性和稳定性有着密切的关系，操纵性差导致侧滑、倾覆，汽车的稳定性就破坏了，如稳定性差，则会失去操纵性。操纵稳定性是汽车的主要使用性能之一，随着汽车平均速度的提高，操纵稳定性显得越来越重要。它不仅影响着汽车的行驶安全性，而且与运输生产率和驾驶员的疲劳强度有关。因此，对于汽车操纵稳定性的检测就显得尤为重要。

☞学习目标

1. 会正确使用车轮平衡仪进行车轮动平衡检测，并对检测结果进行分析；
2. 会使用转向参数测量仪检测转向盘的自由行程和转向力，并对检验结果进行分析；
3. 能够正确使用汽车悬架装置检测台进行检测。

☞学习信息

6.2.1　汽车车轮平衡检测

汽车的车轮是由轮胎、轮毂组成的一个整体，但是由于制造上的原因，使这个整体部分的质量分布不可能非常均匀。当汽车车轮高速旋转起来后，就会形成动不平衡状态，车轮的上下跳动和摆动，使车辆难于控制，同时还加剧轮胎和有关机件的非正常磨损和冲击，造成车辆在行驶中车轮抖动、方向盘严重抖动的现象。为了避免这种现象或消除已经发生的这种情况，就要使车轮在动态情况下通过增加配重的方法，使车轮校正各边缘部分的平衡，这个校正的过程就是人们常说的动平衡。目前，车轮动平衡检测已经成为汽车检测的重要项目之一。

6.2.1.1　概述

不平衡的车轮不仅加剧其本身的磨损，而且也必然影响转向系统、行驶系统和传动系统，同时也是整车振动的激振源。车轮的平衡与否与汽车平顺性、操纵性、安全性息息相关，这已经成为人们的共识。

引起车轮不平衡的主要原因有：

（1）前轮定位不当。尤其是前束和主销倾角，不仅影响汽车的操纵性和行驶安全性，而且会造成轮胎偏磨，这种胎冠的不均匀磨损与轮胎的不平衡形成恶性循环，因而使用中出现车轮不平衡，也可能是车轮定位角失准的信号。

（2）轮胎和轮辋以及挡圈等因几何形状失准或密度不均匀而先天形成的重心偏离。

（3）因轮毂和轮辋定位误差使安装中心与旋转中心难以重合。

（4）维修过程的拆装破坏了原有的整体综合重心。

（5）轮辋直径过小，运行中轮胎相对于轮辋在圆周方面的滑移，从而发生波状不均匀磨损。

（6）车轮碰撞造成的变形引起的质心位移。

（7）轮胎翻新中因定位精度不高造成新胎冠厚度不均匀而使重心改变。

（8）高速行驶中制动抱死引起的纵向和横向滑移，会造成局部的不均匀磨损。

6.2.1.2　车轮动平衡检测

1. 就车式平衡仪。

（1）就车式平衡仪的结构。

汽车检测线用于对汽车整车进行不解体检测，并且各工位和各检测项目按照一定的节奏连续进行作业，因而车轮是不可能拆离轿车的，必须就车对其平衡状态进行检测。

就车平衡机的工作原理如上所述，因不平衡车轮 7 是在其原车桥上振动，故不平衡力传感器装在车桥支架 6 内（如图 6－19 所示），它会同制动鼓和车轮紧固件甚至传动系统一同进行平衡，是真正解决车轮实际使用状态时的平衡方法。

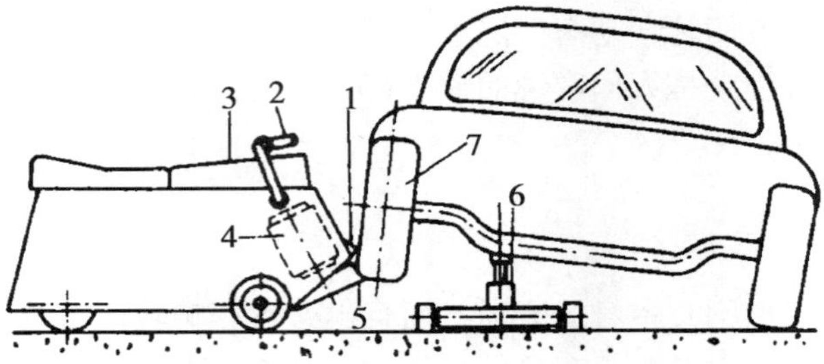

1—光电传感器；2—手柄；3—仪表板；4—驱动电机；5—摩擦轮；6—传感器支架；7—被测车轮

图 6－19　就车平衡机作业图

除力传感器外，其他如电测系统和光电相位装置以及显示仪表板和摩擦轮驱动电机等均装在一个驱动小车内，车桥支架是一个复杂的力传感器，它有两种形式：一种是供轻型小客车使用；另一种就是为中型车设计，支架高度可由顶杆 2 和销钉 3 来调整以适应不同车型的要求。传感器支架的安装位置随被测车型和被测人员的习惯及现场的条件而定，完全是随机的，因此接车平衡机电测系统的计算机软件必须具有自标定功能。这一功能是智能化的，它能根据事先设定的已知不平衡量值（一般为 30 g）反算出支架支点与车轮的悬臂和轮毂直径等参数，这是就车平衡机的一大特点。

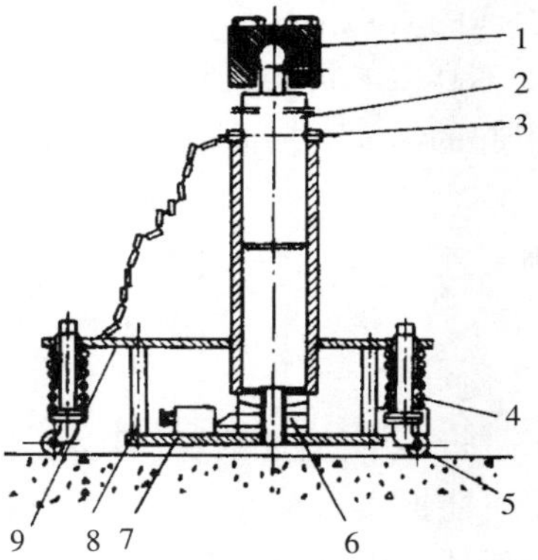

1—顶靴；2—顶杆；3—销钉；4—弹簧；5—脚轮；6—传感器；7—底板；8—支柱；9—应变梁

图 6－20　传感器支架

驱动小车前下部靠近被测轮胎处有一光电传感器组，它包括一个指形灯（强光源）4 和两个光电管 3 和 5，如图 6－21 所示。强光用以照射轮胎上的反光标志，为光电管提供相应信号以供计算机识别，计算机同时根据两个光电管接收反光信号的前后来判断车轮的旋转方向。

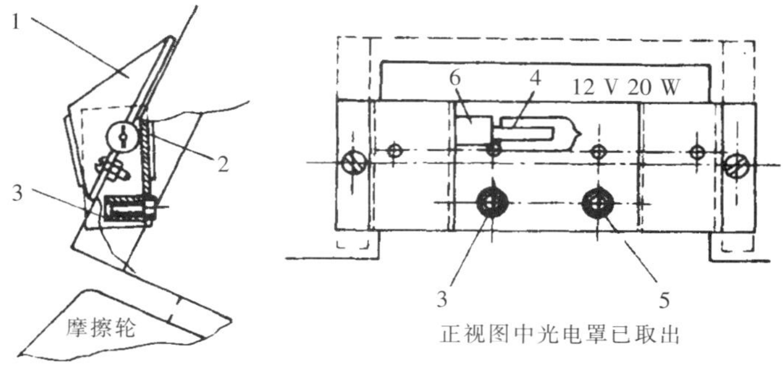

1—光电罩；2—光电线路板；3—光电二极管；4—指形灯；5—光电二极管；6—灯座

图6－21　就车车轮平衡机光电传感器组

（2）就车式平衡机的工作过程。

被测车轮事先由举升机举离地面，并将车桥座落于传感器支架上，操作人员骑于车上推动把手，使摩擦轮紧压于被测车轮上，启动电机带动摩擦轮拖动车轮以相当于110 km/h的车速旋转，这时车轮的不平衡质量产生的不平衡力随即被力传感器感知并转变成电量，这一电信号由电缆传入驱动小车内的电测系统予以计量和处理。光电传感器拾取车轮的初相位信号和转速信号，经电测电路处理后得到不平衡质量的量值和相位值，显于仪表板的两组数码管上。测试前需在北侧轮胎侧面任意处贴装白色反光标识，为使光电元件正常工作，胎侧距光电管不得超过5 cm，检测程序分三次进行。

2. 离车式平衡仪。

车轮平衡仪按动平衡原理工作，既可以检测不平衡力，也可以测定不平衡力矩，车轮拆离车桥装于平衡机主轴上，一切结构和安装基准都已经确定，所以无须自标定过程，因此平衡机的构造和电测系统都比较简单，平衡操作时只要将被测车轮的轮辋直径和轮胎宽度以及安装尺寸输入电测电路即可完成平衡作业，平衡机仪表即会自动显示轮胎两侧的不平衡质量 m_1 和 m_2 及其相位。

图6－22　车轮平衡仪

平衡机的主轴为卧式布置，称卧式平衡机，如图 6－23 所示。立式平衡机的主轴垂直布置。卧式平衡机最大的优点是被测车轮装卸方便，机械结构和传感装置较简单，造价也较低廉，因此深受修理保养厂家欢迎，同时也是制造厂家的首选机型。但因车轮在悬臂较长的主轴上形成很大的静态力矩，影响传感系统的初始设定状态，尤其是垂直传感器的预紧状态，长时间使用后精度难以保证，零漂也比较大，但其平衡精度仍然能满足一般营运车辆的要求，其灵敏度能达到 10 g。

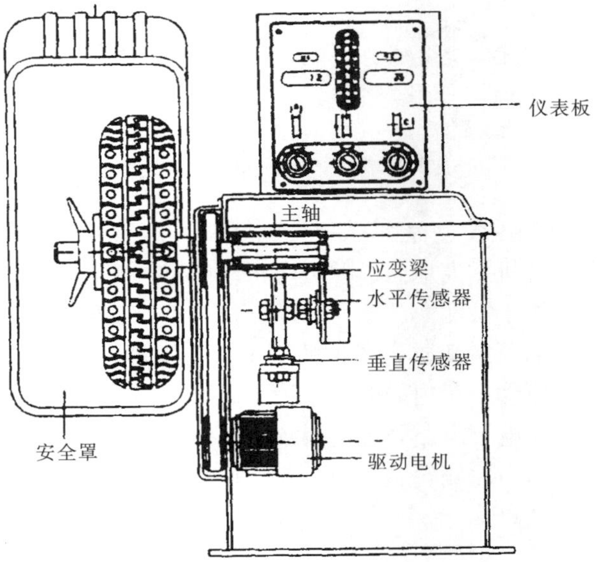

图 6－23　车轮平衡检测

平衡机的参数显示和操作系统因采用 CRT 显示，或用发光二极管显示，其外形结构差异很大，但其基本操作内容则大同小异。前者显示形象美观，并有屏幕提示，便于操作，但造价较高；后者结构简单，工作可靠，参数调整方便，成本低。如图 6－24 所示就是最为典型的一种操作面板。旋钮 8 设定轮胎宽度 B，旋钮 7 设定轮辋直径 D，旋钮 6 则设定安装尺寸 C，对于立式平衡机是胎面至顶面安全罩的距离（安全罩转下处于工作状态），对于卧式平衡机，C 值是胎面至平衡机箱体的距离，B、C、D 三个参数相当于被测车轮轮辋宽度（可用专用卡规测量）、平衡机主轴两支撑点之间的距离（为平衡机的结构参数）、被测车轮轮辋直径（可根据轮胎代号读取），C 值是一当量值，所余部分已固化在电算电路中。

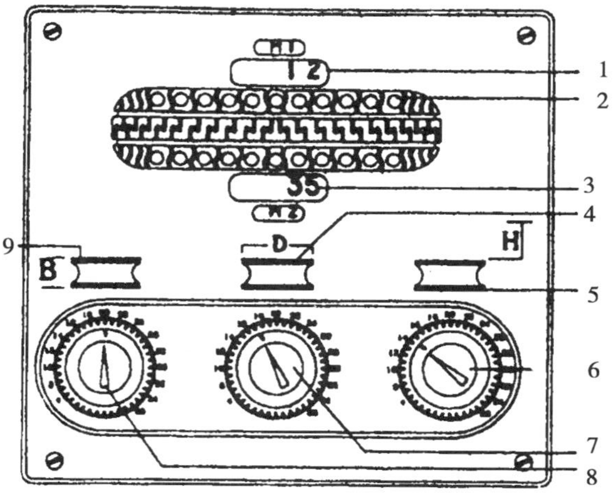

1—上平衡量；2—平衡相位指示；3—下平衡量；4—轮辋直径；5—安装位置；
6—安装位置设定；7—轮辋直径设定；8—轮胎厚度设定；9—轮胎厚度

图6－24　显示面板

车轮由专用的定位锥和紧固件安装就绪后即可启动电机实施平衡，待转数周期累积足够时，上下（或左右）不平衡值 m_1 和 m_2 即有数字显示，届时即可停车。待车轮完全停止后即可用手转动车轮，这时发光二极管即会随转动而左右（或上下）跳闪，如将上排光点调至中点，这时就可在车轮的轮辋上平面正对外缘（操作者方向）处加装 m_1，如图6－25所示。用同样的方法加装 m_2 值的平衡重。加装完毕后进行第二次试验观察剩余不平衡量是否满足要求。具体操作步骤各机型略有差异，使用者应按照所用机型的使用说明书进行操作。

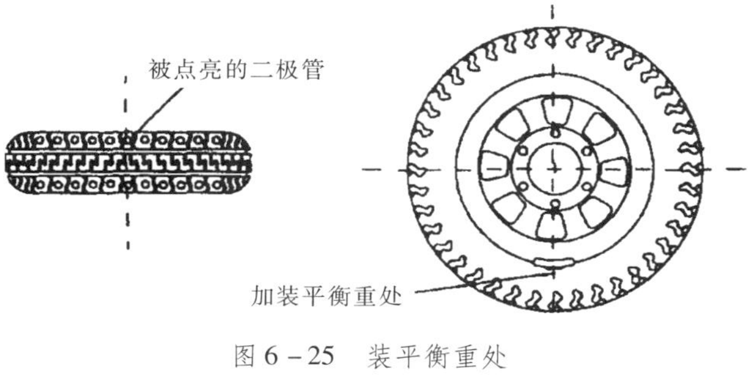

图6－25　装平衡重处

车轮在平衡机主轴上的定位至关重要，为了确保不同形式和不同规格的车轮的中心都能与主轴中心严格重合，所有离车式车轮平衡机均配有数个大小不等的定位锥体，如图6－26所示。锥体内孔与主轴高精度配套，外锥面与轮辋中心孔紧密结合，并由专用快速蝶形压紧螺母紧压于主轴定位平台上，如图6－27所示。注意车轮的外侧向下（立式平衡机）或向内（卧式平衡机）。

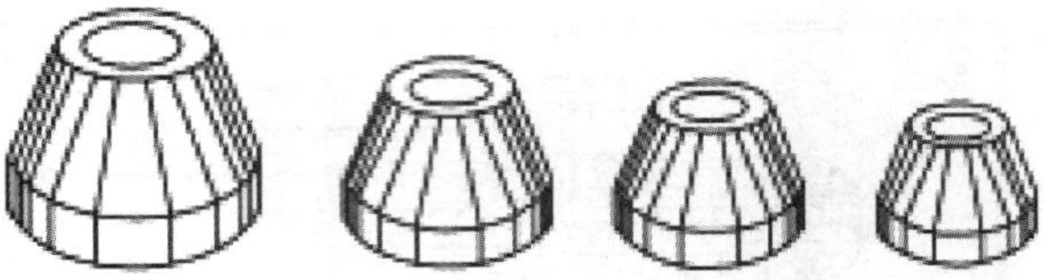

图 6－26　定位锥体

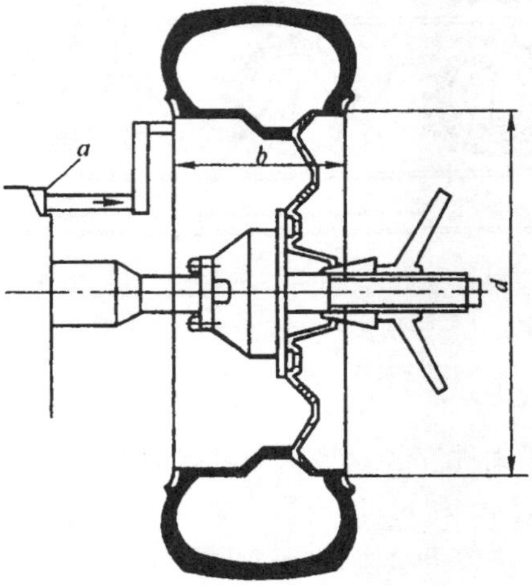

α—轮辋边缘至机箱距离；b—轮辋宽度；d—轮辋直径

图 6－27　车轮在主轮上的定位

为了方便用户，离车式平衡机随机配备一个专用卡尺，如图 6－28 所示，以供用户测量轮辋直径 D 和轮胎宽度 B，因为轮胎宽度用直尺是难以测量的。为了适应不同计量和国度，平衡机上所有标尺一般都同时标有英制和公制刻度。

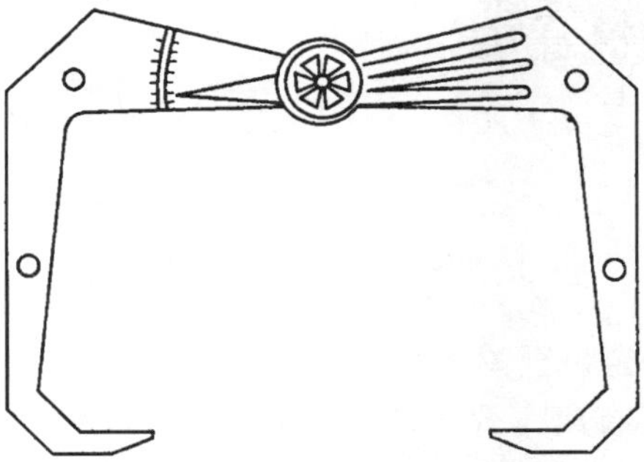

图 6－28　平衡机的专用卡尺

车轮平衡机的平衡重也称配重，又叫车轮平衡块。目前通常使用的两种形式如图 6－29所示的卡夹式配重和图 6－30 所示的粘贴式配重。它用于大多数轮辋有卷边的车轮，对于铝镁合金轮辋，因无卷边可夹，则使用图 6－30 所示的粘贴式配重，其外弯面有不干胶粘贴于轮辋内表面。

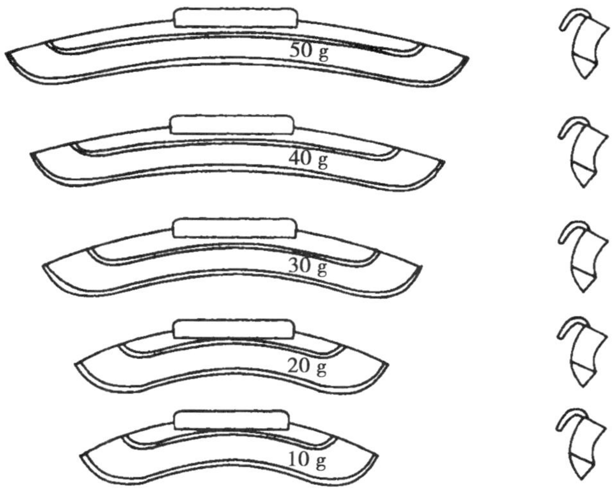

图 6－29　卡夹式配重

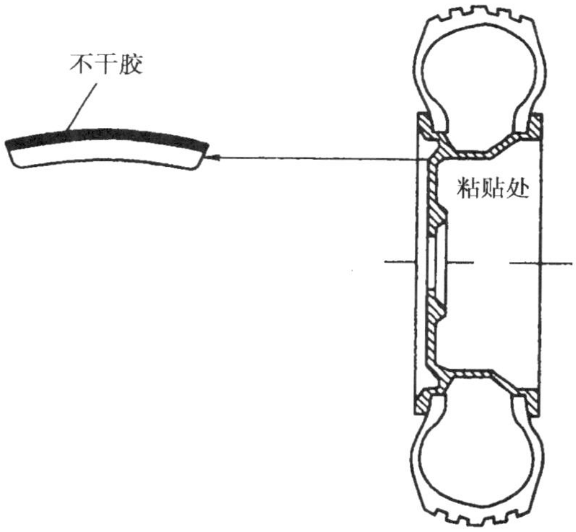

图 6－30　粘贴式配重

标准的配重有两种系列：一种系列是以昂斯（OZ）为基础单位，分 9 挡，最小为 14.5 g（0.5OZ），最大为 170.1 g（6OZ），间隔为 14.2 g（0.5OZ）；另一种以克（g）为基础单位，分 14 挡，最小的为 5 g，最大的为 80 g，60 g 以上则以 10 g 为一挡。

6.2.1.3　车轮平衡仪的使用

1. 就车式平衡仪的使用方法。

（1）就车式平衡仪测量车轮静平衡的方法和步骤如下：

在检测前必须检查车辆及车轮情况。

测量支座与车轮悬架之间必须是一种直接的刚性连接。

测量注意事项：

①仪器只能在干燥的室内使用，且应该摆放在平的水泥地面上；

②测量车轮平衡时，对于未测车轮也必须支起到相应的高度，再分别进行左或右车轮的测量，并使车轮转向与行驶方向一致；

③在进行车轮平衡测量时，同轴量车轮的转速要相似；

④采样转速不能定得过高，否则不平衡量太大，无法操作；

⑤每次旋转以后都要用同样的方法使车轮停下来，一般是自由减速，对于车轮平衡测试仪的驱动盘，可使用制动手柄使其缓慢减速；

⑥如果被平衡的车轮检测时不在公差范围以内，则必须进行测量仪的校准与检查后，方可再次测量。

（2）就车式车轮动平衡仪检测的方法与步骤：

①停好车辆，使车轮保持直线行驶状态，锁（卡）住转向盘；

②经过汽车缺陷检查排除后，用千斤顶抬高车身前部或后部，将一个测量支座（只在非驱动轮上）或者两个测量支座（在非驱动轮或者驱动轮上）支在车轮悬架装置的下面，其支承点要选在尽可能靠近车轮的地方，否则会产生不平衡量的相互影响；

③将光扫描装置安置在测量小车前面驱动盘的上方（磁铁），并连接好测量仪、光扫描装置及测量支座的测量电缆，接好测量仪的电源线；

④在轮胎侧壁径向的任意位置上用白色荧光笔做扫描标记；

⑤接通电源，待仪器自检结束，选择灵敏度调节按钮，并将测量小车向前推进，直至驱动盘（驱动辊）接触到轮胎的侧壁；

⑥通过安东电动机控制按钮键及换向开关按钮使驱动轮电动机启动，驱动盘将使车轮在行驶方向由低速驱动至所希望的转速，通常小型车为 1000 r/min，中型车为 600～700 r/min；

⑦当转速显示达到规定转速时，关闭电动机控制按钮并将测量小车拉离被驱动轮，直至驱动盘刚好不再接触轮胎，此时测量仪处于自动测量状态，几秒钟后测量仪器显示出加在车轮上的平衡量值即应加平衡块的位置，其排列形式与钟表数字相当，发光二极管亮处显示出不平衡位置，轮胎上的扫描标记对应于光亮点的位置，显示的不平衡量值就加在 12 点位置；

⑧平衡块的固定。

2. 离车式车轮动平衡的检测步骤。

（1）清除被测量车轮上的泥土、石子和旧平衡块；

（2）检测轮胎气压，根据必要充至规定值；

（3）根据轮辋中心孔的大小选择锥体，仔细装上车轮，用大螺距螺母紧固；

（4）打开电源开关，检查指示与控制装置的面板是否指示正确；

（5）用卡尺测量轮辋宽度 b、轮辋直径 d（也可由轮胎侧面读出），用平衡机的标尺测量轮辋边缘至机箱距离 a，再用键入或选择器旋钮对准测量值的方法，将 a、b、d 值输入指示与控制装置中去；

（6）放下车轮的防护罩，按下启动键，车轮旋转，平衡测试开始，微机自动采集数据；

（7）车轮自动停转或听到“嘀”声按下停止键并操纵制动装置使车轮停转后，从指示装置读取车轮内、外两侧不平衡量和不平衡位置；

（8）抬起车轮防护罩，用手慢慢转动车轮，安装平衡块；

（9）安装平衡块后有可能产生新的不平衡，应重新进行平衡试验，直至不平衡量小于5 g（0.3OZ），指示装置显示“00”或“OK”时才符合要求；

（10）测试结束，关闭电源开关。

6.2.2　汽车转向系统检测

转向系统是汽车底盘的重要组成部分，直接关系着汽车的操纵稳定性和行驶安全性。转向系应该保证的主要设计性能包括工作的安全可靠、操纵的轻便灵敏性、直线行驶稳定性，以及转向系对前轮受到冲击时逆向传递到转向盘上的冲击力要小。但是在车辆长期运行中，转向系各零部件难免会发生磨损、变形以及因金属疲劳而产生裂纹。这些变化轻则影响转向系的工作性能，破坏车辆的正常运行，表现在行驶过程中的转向沉重、方向不稳、行驶跑偏、前轮摆振和轮胎异常磨损等故障，重则引发安全事故。

随着道路条件的改善，现代轿车的行驶速度越来越快，有许多高档轿车都设置了四轮定位。对于前轮驱动汽车和独立悬架汽车，如果后轮定位不当，则即使前轮定位良好，仍然会有不良的操纵性和轮胎早期磨损。因此，对转向系的检测显得尤为重要。

6.2.2.1　四轮定位参数的认识

1. 主销后倾角。

主销后倾角是指上球头或支柱顶端与下球头的连线（转向时，车轮围绕其进行转向运动的转向轴）向前或后倾斜的角度，向前倾斜称为负主销后倾角，向后倾斜称为正主销后倾角。主销后倾角会影响转向稳定性和方向盘的自动回正能力。

主销后倾角越大，汽车的直进性越好，转向后方向盘的回复性也越好，但会使转向变沉重。一般汽车的主销后倾角在1°~2°之间。

主销后倾角太小会造成不稳定。转向后缺乏方向盘自动回正能力，车速高时发飘，车辆在高速公路上行驶时应对此项予以充分重视。

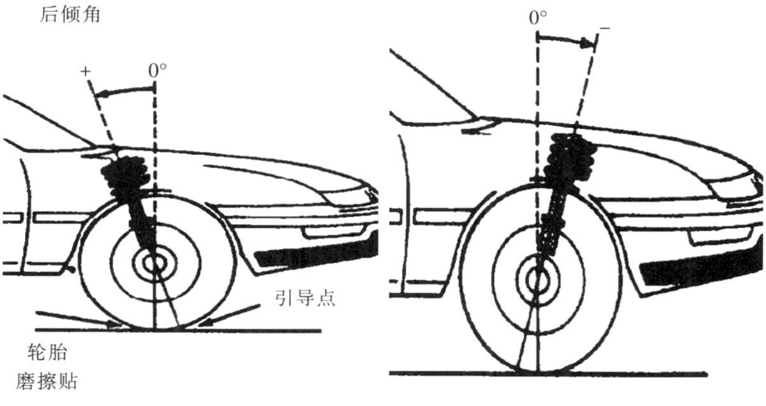

图6-31　主销后倾角作用示意图

主销后倾角不对称会造成跑偏。左右两轮的主销后倾角相差超过30′（0.5°）时，车辆会出现跑偏，方向朝主销后倾角较小的一侧。比如：左前轮主销后倾角设定为+1.0°，右前轮主销后倾角设定为+2.0°，则这辆车向左跑偏。

主销后倾角的调整手段：（1）垫片；（2）偏心凸轮；（3）长孔；（4）支柱杆；（5）支柱旋转；（6）引擎托架移动；（7）偏心球头。

2. 车轮外倾角。

如图6－32所示，轮胎的上沿偏向车辆内侧（朝向引擎、负外倾角）或外侧（偏离引擎、正外倾角）的角度。车轮外倾角主要是调整负载作用于轮胎中心，使方向盘操作更轻松，消除跑偏，减少轮胎磨损。

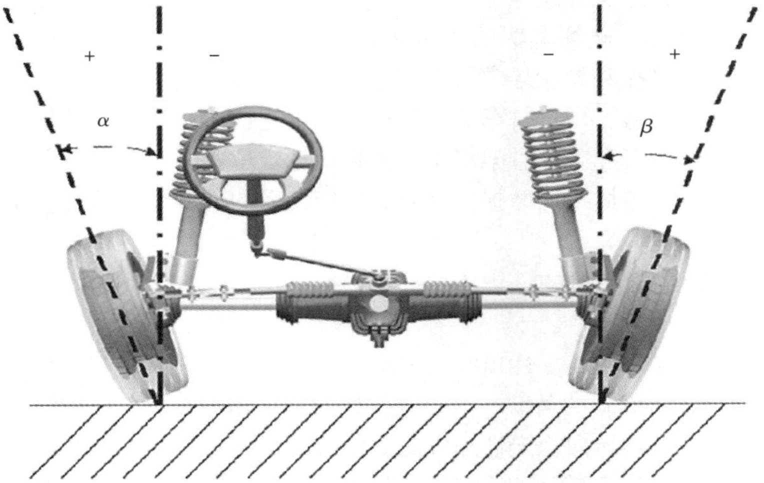

图6－32　车轮外倾角作用示意图

正外倾角太大的影响：轮胎外侧单边磨损，悬挂系统零部件磨损加速，车辆会朝向正外倾角较大的一侧跑偏。

负外倾角太大的影响：轮胎里侧单边磨损，悬挂系统零部件磨损加剧，车辆会朝向负倾角较大的一侧跑偏。

例如：左前轮外倾角设定为0.5°，右前轮外倾角设定为0.2°，车辆向左跑偏。当左、右轮外倾角相差0.5°时，车辆就会出现跑偏现象。

现在的轿车由于一般都使用扁平子午线轮胎（轮胎花纹刚性大，胎面宽），一般情况下只会设置很小的负外倾角（负外倾角：从前后方看车辆车轮，呈“八”字形）以给予车轮轴承适当的横向压力使之结合更紧密，减少轴承内部震动。外倾角也在一定程度上影响车辆的转向特性。

外倾角调整手段：（1）垫片；（2）偏心凸轮；（3）长孔；（4）球头旋转；（5）支柱旋转；（6）楔形垫片；（7）调整轴承座；（8）偏心螺栓；（9）偏心衬套；（10）偏置球头。

3. 主销内倾角。

从车前、后方向看轮胎时，主销轴向车身内侧倾斜，该角度称为主销内倾角。当车轮以主销为中心回转时，车轮的最低点将陷入路面以下，但实际上车轮下边缘不可能陷入路面以下，而是将转向车轮连同整个汽车前部向上抬起一个相应的高度，这样汽车本身的重力有使转向车轮回复到原来中间位置的效应，因而方向盘复位容易。此外，主销内倾角还使得主销轴线与路面交点到车轮中心平面与地面交线的距离减小，从而减小转向时驾驶员加在方向盘上的力，使转向操纵轻便，同时也可减少从转向轮传到方向盘上的冲击力。但主销内倾角也不宜过大，否则会加速轮胎的磨损。主销内倾角在车辆悬架设计的时候就已经设定好了，通常不需要调整。

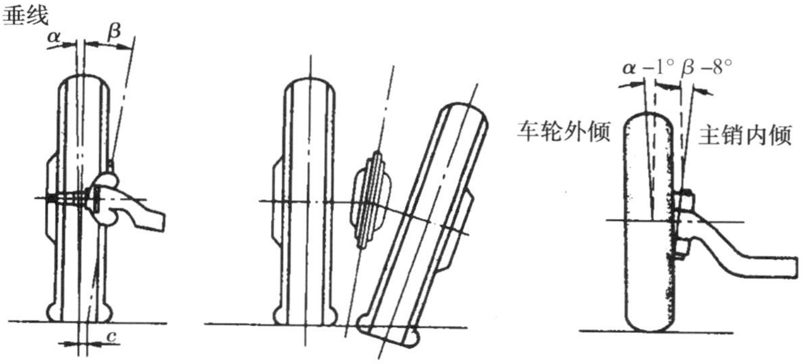

图 6－33　主销内倾角示意图

4. 前束。

脚尖向内，所谓“内八字脚”的意思，指的是左、右前轮分别向内。采用这种结构的目的是修正上述前轮外倾角引起的车轮向外侧转动。如前所述，由于有外倾，方向盘操作变得容易。另一方面，由于车轮倾斜，左、右前轮分别向外侧转动，为了修正这个问题，如果左、右两轮带有向内的角度，则正负为零，左、右两轮可保持直线行进，减少轮胎磨损。

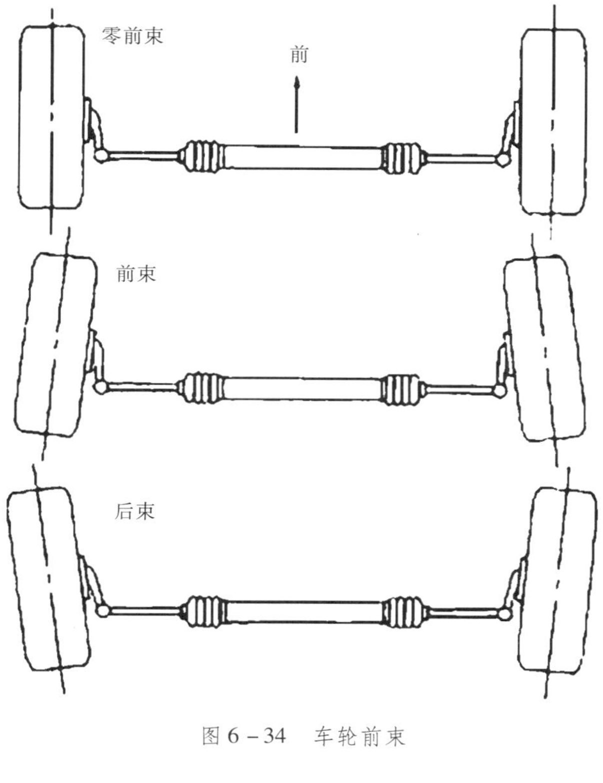

图 6－34　车轮前束

正前束太大的影响：轮胎外侧快速磨损；对子午线胎，会有类似正外倾角太大所形成的磨损形态；磨损形式为锯齿状和块状；当用手从轮胎内侧向外侧抚摸时，胎纹内缘有锐利的感觉；转向不稳，直行性差，轮胎发抖；转向时车辆发飘。

负前束太大的影响：轮胎内侧快速磨损；对子午线轮胎，会有类似负外倾角太大所形成的磨损形态；磨损形式为锯齿状和块状；当用手从轮胎外侧向内侧抚摸时，胎纹内缘有锐利的感觉；转向不稳，直行性差，轮胎发抖；转向沉重。

调整手段：前轮前束调整横拉杆。后轮前束调整：（1）原厂家的调整器；（2）偏心凸轮；（3）偏心螺栓；（4）偏心衬套；（5）长孔；（6）垫片。

6.2.2.2　四轮定位检测

1. 四轮定位仪的认识。

汽车四轮定位仪是用于检测汽车车轮定位参数，并与原厂设计参数进行对比，指导使用者对车轮定位参数进行相应调整，使其符合原设计要求，以达到理想的汽车行驶性能，即操纵轻便、行驶稳定可靠、减少轮胎偏磨损的精密测量仪器。

市场上的主要产品还是以 CCD 为核心技术的产品。CCD 汽车四轮定位仪是数据采集部分为 4 个测量探头。测量探头中的传感器（CCD）分别感应与其相对的测量探头上的红外发射管的光线坐标，经无线发射器传输到机柜中的无线接收器，再经工控机中的 COM 口传输到电脑主机，进行运算与处理。由于 CCD 传感器反映了其自身与相对应的测量探头上的红外发射管的相互关系，而测量探头通过 4 个轮夹与汽车轮辋相连，所以通过 8 个 CCD 传感器可以测量出 4 个轮辋的相互关系，从而确定车轮的定位参数；8 个 CCD 传感器形成一个封闭的四边形，可实现车辆的四轮定位测量。在实际应用中，4 个测量探头上的 8 个 CCD 传感器，其镜头前面都装有滤光片，以消除可见光对红外发射二极管亮点图像的干扰。数据处理部分为四轮定位仪主机，主要包括一套计算机系统、电源系统及接口系统。其作用是实现用户对四轮定位仪的指令操作，对传感器的图像数据进行采集、处理，并与原厂设计参数一起显示出来，同时指导用户对汽车车轮进行调整，最后打印出相应的报表。

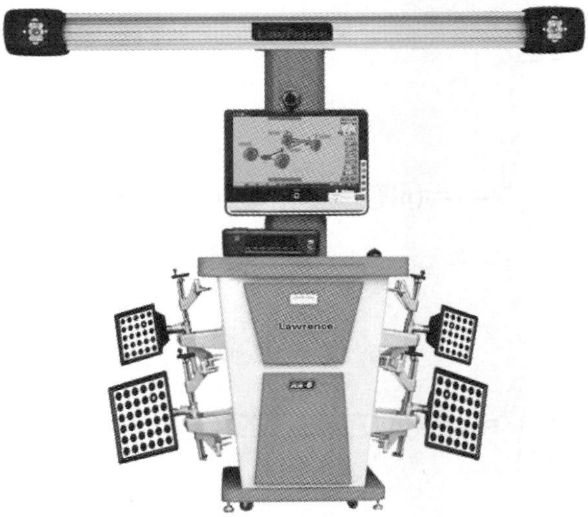

图 6－35　四轮定位仪

2. 四轮定位检查流程。

（1）定位前车辆检查。

①检查车辆悬挂装置、车轮轴承、转向系统等有没有不允许存在的间隙和损坏。

②一个车轿上的轮胎胎纹深度最多允差 2 mm。轮胎充气压力合乎规定。

③车辆装备为全装置重量。

（2）定位要求。

①将车辆安置在定位举升器上，车辆应倒入举升器。车辆中心与举升器和转盘中心重合。

②检查，必要时更改车辆规格。

③应严格按定位仪显示步骤进行操作，不允许省略。如应按要求做车轮偏差补偿和轮胎检测。轮胎检测的有关内容应按要求输入仪器。

④各轮定位参数（前束、外倾角）的调整应符合各车型“维修手册”的要求，对检测不符合规定要求的均应进行调整（原车不能调整的除外）。

⑤各定位参数的调整方法应符合各车型“维修手册”的要求。

⑥定位结果应予以保存和打印。

6.2.3　汽车悬架装置检测

悬架装置是汽车的一个重要总成，它是将车身和车轴进行弹性连接的部件。汽车悬架装置通常是由弹性元件、导向装置和减震器三部分组成。悬架的主要作用是传递作用在车轮和车身之间的一切力和力矩，比如支撑力、制动力和驱动力等，并且缓和由不平路面传给车身的冲击载荷，衰减由此引起的振动，保证乘员的舒适性，减小货物和车辆本身的动载荷。悬架与汽车的多种使用性能有关，为满足这些性能，悬架系统必须能满足这些性能的要求：首先，悬架系统要保证汽车有良好的行驶平顺性，对以载人为主要目的的轿车来讲，乘员在车中承受的振动加速度不能超过国标规定的界限值。其次，悬架要保证车身和车轮在共振区的振幅小，振动衰减快。再次，要能保证汽车有良好的操纵稳定性，一方面悬架要保证车轮跳动时，车轮定位参数不发生很大的变化，另一方面要减小车轮的动载荷和车轮跳动量。还有就是要保证车身在制动、转弯、加速时稳定，减小车身的俯仰和侧倾。最后要保证悬架系统的可靠性，有足够的刚度、强度和寿命。所以，汽车悬架是保证乘坐舒适性的重要部件。同时，汽车悬架作为车架（或车身）与车轴（或车轮）之间起连接作用的传力机件，又是保证汽车行驶安全的重要部件。因此，汽车悬架往往列为重要部件编入轿车的技术规格表，作为衡量轿车质量的指标之一。

汽车悬架装置的检测主要是检测减震器性能，在评价减震器性能的同时，也就对悬架装置的性能做出了综合评价。

汽车悬架装置工作性能的检测方法有经验法、按压车体法和实验台检测法三种类型。

经验法是通过人工外观检视的方法，主要从外部检查悬架装置的弹簧是否有裂纹，弹簧和导向装置的连接螺栓是否松动，减震器是否漏油、缺油和损坏等。

按压车体法既可以人工按压车体，也可以用试验台的动力按压车体。按压使车体上下运动，观察悬架装置减震器和各部件的工作情况，凭经验判断是否需要更换或修理减震器和其他部件。

检测台能快速检测、诊断悬架装置工作性能，并能进行定量分析。根据激振方式不同，悬架装置检测台可分为测力式和测位移式两种类型。

1. 悬架装置检测台的工作原理。

(1) 跌落式悬架装置检测台。

测试中，先通过举升机装置将汽车升起到一定高度，然后突然松开支撑机构，车辆落下产生自由振动。用测量装置测量车体振幅或者用压力传感器测量车轮对台面的冲击力，对振幅或压力分析处理后，评价汽车悬架装置的工作性能。

(2) 共振式悬架装置检测台。

如图 6－36 所示，通过试验台的电动机、偏心凸轮、蓄能飞轮和弹簧组成的激振器，迫使试验台台面及其上被检汽车悬架装置产生振动。在开机数秒后断开电机电源，从而由蓄能飞轮产生扫频激振。由于电机的频率比车轮固有频率高，因此蓄能飞轮逐渐的扫频激振过程总可以扫到车轮固有振动频率处，从而使台面汽车系统产生共振。通过检测激振后振动衰减过程中力或位移的振动，求出频率和衰减特性，便可判断悬架装置减震器的工作性能。

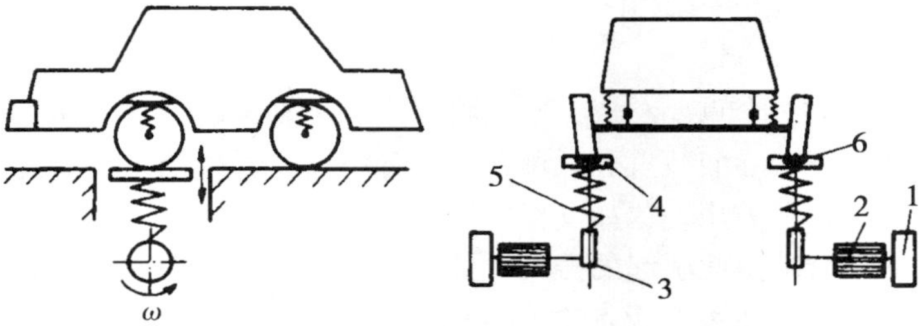

1—蓄能飞轮；2—电动机；3—偏心轮；4—激振弹簧；5—台面；6—测量装置

图 6－36　共振式悬架检测台

测力式悬架装置检测台和测位移式悬架装置检测台，一个是测激振衰减过程中的力，另一个是测振动衰减过程中的位移量，它们的结构如图 6－37 所示。由于共振式悬架装置检测台性能稳定、数据可靠，因此应用广泛。

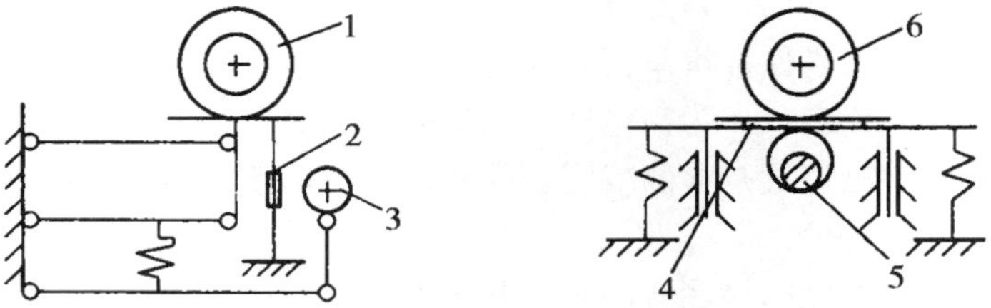

(a)　　(b)

(a) 测位移式；(b) 测力式

1、6—车轮；2—位移传感器；3—偏心轮；4—力传感器；5—偏心轴

图 6－37　测力式和测位移式悬架检测台结构简图

2. 共振式悬架装置检测台的结构。

共振式悬架装置检测台一般由机械部分和电子电器控制部分组成。

（1）机械部分。

共振式悬架装置检测台的机械部分，由箱体和左右两套相同的振动系统构成，结构如图6－35所示。每套振动系统由上摆臂、中摆臂、下摆臂、支承台面、激振弹簧、驱动电机、蓄能飞轮和传感器等构成。传感器一端固定在箱体上，另一端固定在台面上。

上摆臂、中摆臂和下摆臂通过三个摆臂轴和六个轴承安装在箱体上。上摆臂和中摆臂与支承台面连接，并构成平行四边形的四连杆机构，以保证上下运动时能平行一定，以及台面受载时始终保持水平。中摆臂和下摆臂端部之间装有弹簧。驱动电机的一端装有蓄能飞轮，另一端装有凸缘，凸缘上有偏心轴。连接杆一端通过轴承和偏心轴连接，另一端和下摆臂端部连接。

检测时，将汽车驶上支承平台，启动测试程序，驱动电机带动偏心机构使整个汽车台面系统振动。激振数秒钟达到角频率为 ω_0 的稳定强迫振动后，断开驱动电机电源，接着由蓄能飞轮以起始频率为 ω_0 的角频率进行扫频激振。由于停在台面上车轮的固有频率处于 ω_0 和0之间，因此蓄能飞轮的扫频激振总能使汽车台面系统产生共振。断开驱动电机电源的同时，启动采样测试装置，记录数据和波形，然后进行分析、处理和评价。

（2）电子电器控制部分。

共振式悬架装置检测台电子电器控制部分主要由微机、传感器、A/D转换器、电磁继电器及控制软件等组成。控制软件是悬架装置试验台电子电器控制部分与机械部分连接的桥梁。软件不仅实现对悬架装置试验台测试过程的控制，同时也对悬架装置试验台所采集的数据进行分析和处理，并最终将检测结果显示和打印出来。

3. 用检测台检测悬架特性的方法。

（1）汽车轮胎规格、气压应符合规定值，车辆空载，不乘人；

（2）将车辆每轴车轮驶上悬架检测台，使轮胎位于胎面的中央位置，驾驶员离车；

（3）启动检测台，使激振器迫使汽车悬挂产生振动，使振动频率增加至超过震荡的共振频率；

（4）在共振点过后，将激振源关断，振动频率减少，并将通过共振点；

（5）记录衰减振动曲线，纵坐标为动态轮荷，横坐标为时间，测量共振时态轮荷。计算并显示动态轮荷与静态轮荷的百分比及其同轴左右轮百分比的差值。

☞单元小结

汽车操纵稳定性分为两个方面：一是操纵性；二是稳定性。两者很难截然分开，稳定性的好坏可直接影响操纵性的好坏，反之亦然，因此，把两者统称为操纵稳定性。

随着道路的改善，特别是高速公路的发展，不仅火车，轿车以100 km/h车速行驶的情况也是常见的，而许多汽车设计时速更超过200 km/h。随着汽车速度的不断提高，汽车操纵稳定性的问题就显得更加突出。操纵稳定性不仅影响到汽车驾驶的操纵方便程度，而且也是决定汽车安全行驶的一个主要性能，被称为“高速汽车行驶的生命线”。所以，汽车操纵稳定性的研究日益受到重视，成为现代汽车研究中最重要的项目之一。汽车控制是靠驾驶员对转向系统的操纵而进行的，在一般的操纵条件下能够达到要求，但当汽车处于恶劣工作状态或紧急状况时，汽车的控制往往比较困难，而绝大多数交通事故就发生在这种非理想的驾驶状况下，所以在这些工况下增加辅助控制以提高汽车操纵性、稳定性是十分必要的。

☞学习工作页

学习工作页	学习单元	汽车的操纵稳定性与检测			
	学习任务	汽车操纵稳定性能的认识、汽车操纵稳定性的检测			
姓　名		班　级		小　组	
日　期		开始时间		结束时间	
场　地	整车理实一体教室				
用品、用具、工具、设备	轿车一辆、越野车一辆、动平衡测试仪一台、四轮定位仪一台、悬架检测台一架、通用工具				
工作记录	1. 动平衡测试 (1) (2) (3) 2. 四轮定位 (1) (2) (3)				

1. 填空题。

（1）汽车纵向稳定的条件是____________，侧向稳定的条件是____________。

（2）车轮动平衡时，应先输入轮辋肩部至机体的距离和____________、____________和____________三个参数。

（3）四轮定位的参数有____________、____________、____________、____________。

（4）汽车悬架装置通常由____________、____________、____________三部分组成。

2. 判断题。

（1）汽车高速行驶时，若汽车后轮抱死，则容易发生侧翻。（　　）

（2）安装平衡块后，车轮的不平衡量不超过15g。（　　）

（3）若转向轮向内侧滑，且侧滑量超标，则表明转向轮前束过大或负外倾角过大。（　）

（4）前轮外倾，前轮就一定前束。（　　）

3. 任务分析。

刘先生行车过程中感觉以前方向盘是很稳的，后来做了二保回去，发现车速达到四五十千米/时时，就感觉方向盘发飘，有点跑偏的意思。请你以维修人员的角色分析原因并写出检测流程。

____

____

____

____

____

____

指导教师评语：

____

____

教师签字：______________　日期：________年________月________日

单元7　汽车的舒适性与行驶安全性

学习任务7.1　汽车的舒适性能

☞学习情境

随着生活水平的提高，人们对汽车性能的要求除了动力性、经济性、安全性之外，在舒适性、可靠性、耐久性和安全性等方面的要求也越来越高。良好的驾驶操纵性能、舒适的驾乘环境、降低事故发生率成为现代汽车的重要指标。

☞学习目标

1. 了解汽车乘坐的舒适环境；
2. 掌握汽车行驶安全性的主要内容。

☞学习信息

汽车的舒适性是指为成员提供舒服、愉快的乘坐环境，货物的安全运输和方便安全的操作条件的性能。汽车舒适性包括汽车平顺性、汽车噪声、汽车空气调节、汽车乘坐环境及驾驶操作性能等。它是现代高速、高效率汽车的一个主要性能。

随着现代文明的进程，汽车越来越多地介入了社会的各个方面，成为与人们工作生活紧密相关的、大众化的产品，作为“活动空间”的功能日趋完善。与汽车其他性能不同，舒适性各方面的评价都与人体主观感觉直接相关。

7.1.1　汽车的平顺性

汽车的平顺性就是汽车在行驶中保持乘员所处的振动环境具有一定的舒适度的性能。汽车行驶时，由于路面不平等因素激起汽车的振动，振动影响人的舒适、工作效率和身体健康，并影响所运货物的完好性；振动还在汽车上产生动载荷，加速零件磨损，导致疲劳失效。因此，减少汽车振动是汽车平顺性研究的主要问题（参考单元5）。

7.1.2　汽车空气调节性能

汽车空气调节是指对汽车内的空气温度、空气湿度、空气清新度实现控制和调节，使封闭空间内的空气环境达到使人体最舒适的状态。

为了达到热舒适的要求，必须对车室内空气的质量和数量进行调节，从而使车内空气经常保持使乘员感到舒适的状态，以提高汽车舒适性和安全性。汽车空调系统包括制冷系统、采暖系统、通风系统、空气净化与自动控制系统五大部分。汽车空调的工作环境与室内空调有较大的差别，因而对其有特殊的要求。汽车空调的工作环境的特殊性主要有以下几方面：

承受频繁的振动及冲击：要求汽车空调的零部件应该有足够的轻度和抗振能力，管路接头连接牢固，防漏能力强；

空调热负荷大：汽车车内的容积狭小，人员密集，所以要求有更大的换气量及空调的制冷量要大，降温要迅速；

在提高汽车空气调节性能的同时空调既要满足汽车怠速或低速行驶时的制冷需要，又要尽可能地减少燃料消耗；

追求运行可靠、操作自动化、成本低、维修简便。

汽车空调的基本功能如表 7－1 所示：

表 7－1　汽车空调的基本功能

温度	快速冷却、怠速冷却、温度分布、区域调节（外部空气、内部空气、日光补偿）、快速升温
湿度	湿度调节（湿度传感器）、增湿、减湿
气流速度	气流连续控制、多通风口、无噪声运行，正面气流流速（通风），冷却空气
辐射	（日光补偿）区域调节（点调节）
气味灰尘（通风量）	气味调节，负离子调节，外界空气进入，内部循环空气灰尘自动调节，通风
运行性能	冷却能力调节、需求响应，节能控制，燃油经济性，振动小
舒适（疲劳）	舒适，噪声低，增湿（避免眼睛、喉咙、鼻子干燥）
操作性	易于操作（位置，操作力大小，简便，外形），模式转换调节，模式指示（显示），手动和自动转换（动力操作）
视觉范围识别	自动除霜、除雾，气帘、模式指示（操纵指示）

1. 舒适的空气调节参数。

舒适感是很多因素综合决定的，准确定量地描述人体对空气调节性能的感受和反映是非常困难的，一般由以下几点来衡量：

（1）空气温度。

空气温度是汽车空调质量最重要的指标。在夏季人感到舒适的温度是 22 ℃～28 ℃，超过 28 ℃，人就会感到燥热，精神集中不起来，思维迟钝，容易造成交通事故。冬季是 16 ℃～18 ℃，低于 14 ℃，手脚动作变得僵硬，驾驶员不能灵活操作，驾乘人员也会感觉不舒适。人体面部所需要的温度比足部略低，即要求“头凉足暖”，温差大约是 2 ℃。

（2）湿度。

人觉得舒适的夏季湿度是 50%～60%，冬季是 40%～50%，在这种湿度环境下，人会觉得心情舒畅，湿度过低，皮肤会痒；湿度过高，人会觉得闷。

（3）流速。

人在流动的空气中比在静止的空气中要舒适，而舒适的空气流速应该在 0.075～0.2 m/s之间。

（4）空气清新度。

清新的空气应该是富氧、少二氧化碳和一氧化碳、少粉尘的空气。

人的身体在不断地产生和散发热量，以维持体温恒定不变的热平衡。在一年四季中，人的皮肤温度不尽相同，如果能获得体温恒定不变的热平衡，便可以认为是处于舒适的状态。

2. 汽车空气调节试验。

我国汽车空气调节试验还没有建立国家标准。一般参考过激汽车空调协会试验标准 LMACA 和日本 JISD 1618—1986 标准。

汽车空气调节试验以唤起性能、采暖性能和制冷性能为研究对象，主要测定项目是风量、风速、温度、湿度。根据所测数据，对汽车空气调节系统的性能做出定量评价。此外还必须进行主观评价，以做出全面的综合判断。

上述试验与评价要在实际道路和环境实验室内进行。环境实验室可随意给定温度、湿度、日照等条件，可获取高重复性的试验数据。通常试验控制条件的范围：温度 -30 ℃～50 ℃，湿度 20%～80%。

（1）换气性能试验。

换气性能是汽车空调的最基本性能。它的主要试验有：车内空气换气，车内风速风向，进、排通风孔位置影响等。

①换气量。

进出车内的空气量是由空调装置的进风量、车身缝隙的空气渗漏量平衡决定的。空调装置进风量的测定方法分静态和动态两种。静态测定法是在车辆静止状态下，改变空调装置的鼓风机电压，测定各出风口的风量；动态测定法可在汽车运行中进行风量测定，也可在风洞室内测定，更简便的方法是利用鼓风机送与车速相当的风量进行测定。不管采用什么方法，都必须确保空气入口—车内—空气出口的压力变化与汽车行驶状态相同。逐个测定车身每个缝隙的渗漏是十分困难的，一般只测总渗漏量。从车身缝隙向外渗漏的空气量，要由外界向车内补充。总渗漏量可通过测定车内某一定压时的补充空气量来代替。

②风速、风向。

“体感风速”是风速的主要试验内容，应在相当于人体各部位外装微型风速传感器，以测定身体感受的风速。风向测定可采用“气流可见化”试验方法，最简便的是“丝丛法”，在细木棍的尖部贴附丝绒或毛线。受气流作用后便随风飘动，可判断气流的方向和强度。

③空气入口和空气出口。

根据车身表面压力分布，在正压大的部位设置空气入口，在负压大的部位设置空气出口，其换气效率较高。但必须考核尘埃、水分、发动机废气进入的问题。对于水侵入的问题，可选洗车或暴雨状况下试验。类似地，尘埃问题可选特定工况下试验。而对于发动机排气效果差，则关闭车门时会使车内压力瞬时增高，给乘员带来不舒适的感觉，甚至还会成为关不上车门的原因之一。

（2）采暖、制冷性能。

在采暖和制冷性能的试验中，最基本的内容是温度测量。热电偶传感器能够做得很小，而且对温度变化反应灵敏，所以得到越来越广泛的应用。

①采暖性能。

对于采暖性能来说，最重要的是温度的分布。测量内容包括足部附近的温度分布、足部和面部空间的温度差、左右座席的温度差、前后座席的温度差。另外，还应测量湿度。

发动机冷却水温度也是采暖性能的重要评价项目。测量车内温度分布的同时，也要测量发动机散热器的进出口水温，并研究发动机发热量和散热器散热量的热平衡问题。试验气温一般选择20 ℃左右，试验车速应选择负荷小的情况（即发动机发热量小），如40～50 km/h，还要选发热量急剧变化的工况，如80 km/h以上的车速和发动机怠速两种工况编成一定组合进行试验。

②制冷性能。

与采暖性能一样，制冷性能的主要试验项目也是温度测量。此外，出风口和风速也是制冷性能的重要测试参数。为了掌握空调系统工作是否正常，还应测定冷媒气体的压力。

试验条件因地区而异，我国可选气温36 ℃～42 ℃，湿度30%～70%，试验运行工况应包括40～50 km/h中速行驶、100 km/h左右高速行驶以及怠速等适当组合。在试验环境条件下，将汽车停放1～2 h后，待车内温度稳定时开始试验，测定降温过程。经过40～50 min，车内温度趋于稳定。此时，如果面部温度为20 ℃左右，足下温度为25 ℃，则认为制冷性能良好。

③温度控制性能。

温度控制性能是指温度调节杆的动作量和吹出空气温度的变化关系。如果调节杆能吹送空气为直线变化，则认为温度控制性能良好。试验时，将温度调节杆的动作行程分为4～10等份，置于各等分点时送吹空气，测定车内各部位温度。试验气温在－20 ℃～40 ℃范围内，每隔10 ℃或15 ℃进行一次试验。试验车速为50～80 km/h，并能保证冷却水温能使节温阀处于开启状态。在所有吹出口处同时测定吹送空气温度，由此对左右测温差做出评价。

（3）主观评价试验。

主观评价试验主要是对车内整体温度分布和风量（风感）进行评价。另外，鼓风机响声、座席触感、空调控制杆的操纵性等也列入评价内容。主观评价分为综合评价和头、足等身体局部感受评价，在规定时间内，将各部位的感觉记录在评价卡上。试验条件与制冷、采暖性能试验基本相同，但主观评价试验要求在实际行驶状态下进行，并要求有更多的人参与试验评价。由于难以找到适宜的试验条件，主观评价试验也多在环境实验室内进行。试验前，评价人员必须在实验室内的试验条件下停留 30 min，并按规定着装。

7.1.3 汽车乘坐环境与驾驶操作性能

汽车乘坐环境是指活动空间、内部设备、脚踏板高度、车门及通道宽度等，汽车驾驶员操纵性能是指驾驶操作的轻便性和各种信息的接受能力等。

研究汽车与人的相互关系是汽车舒适性的重要课题。在调查众多人的体格素质、体力状况、工作技能的基础上，研究如何给乘员提供舒适的乘坐环境，减轻疲劳感，同时保证驾驶员易于操作和接收信息的方便，以利长时间安全行驶，是本学习任务讨论的主要内容。

7.1.3.1 与人体工程学有关的知识

汽车舒适性研究中，往往需要进行许多项有关人体的基础数据测量。

百分位是人体工程学中常用的一个术语，它表示人体的某项基础数据在使用对象中有百分之多少的人可适用。这是人体工程学中一条基本的设计原则。目前人体基础数据标准均以百分位形式公布，这种表达方式已在国际上通用。

我国地域辽阔，自然环境复杂，人体差异较大，1989 年 7 月 1 日起正式实施的国家标准《中国成年人体尺寸》，分 7 档公布数据。表 7－2 和表 7－3 分别是我国成年人立姿和坐姿的人体尺寸。

表 7－2　我国成年人的立姿人体尺寸

（单位：mm）

项目 \ 百分位	男（18～60 岁）							女（18～55 岁）						
	1	5	10	50	90	95	99	1	5	10	50	90	95	99
身高	1543	1583	1604	1678	1754	1775	1814	1449	1484	1503	1570	1640	1659	1697
体重（kg）	44	48	50	59	71	75	83	39	42	44	52	63	66	74
上臂长	279	289	294	313	333	338	349	252	262	267	284	303	308	319
前臂长	206	216	220	237	253	258	268	185	193	198	213	229	234	242
大腿长	413	428	436	465	496	505	523	387	402	410	438	467	476	494
小腿长	324	338	344	369	389	403	419	300	313	319	344	370	376	390
眼高	1463	1474	1495	1568	1643	1664	1705	1337	1371	1388	1454	1522	1541	1579
肩高	1244	1281	1299	1367	1435	1455	1494	1166	1195	1211	1271	1333	1350	1385
肘高	925	954	968	1024	1079	1096	1128	873	899	913	960	1009	1023	1050
手功能高	656	680	693	741	787	801	828	630	650	662	704	746	757	778
胫骨点高	394	409	417	444	472	481	498	363	377	384	410	437	444	459

表 7－3　我国成年人的坐姿人体尺寸

（单位：mm）

项目 \ 百分位	男（18～60 岁）							女（18～55 岁）						
	1	5	10	50	90	95	99	1	5	10	50	90	95	99
坐高	836	858	870	908	947	958	979	789	809	819	855	891	901	920
坐姿颈椎点高	566	615	624	657	691	701	719	563	579	587	617	648	657	675
坐姿眼高	729	749	761	798	836	847	868	678	695	704	739	773	783	803
坐姿肩高	539	557	566	597	631	641	659	504	518	526	556	585	594	609
坐姿肘高	214	228	235	263	291	298	312	201	215	223	251	277	284	299
坐姿大腿厚	103	112	116	130	146	151	160	107	113	117	130	146	151	160
坐姿膝高	441	456	464	493	523	532	549	410	424	431	458	485	493	507
小腿加足高	372	383	389	413	439	448	463	331	342	350	382	399	405	417
坐深	407	421	429	457	486	494	510	388	401	408	433	461	469	485
臂膝距	499	515	524	554	585	595	613	481	495	502	529	561	570	587
坐姿下肢长	892	921	937	992	1046	1063	1096	826	851	865	912	960	975	1005

汽车驾驶员的眼睛、头部、胯部、膝部及胃腹部等一些与车身设计有关的特殊点称为驾驶员的人体特征点。驾驶员以自己的意愿将座椅调整到适宜位置并以正常驾驶姿势入座后，人体上的这些特征点在车内坐标系中的位置可以通过摄影法测得。测得的位置数据经数理统计处理后，便可得到各种百分位身材男女驾驶员的人体特征点的分布图形（图 7－1）。它们包括驾驶员服（椭圆，图中 D）、头廓包络线（图中 E）、左右膝包络线（图中 C 和 B）、H 点位置线（图中 A）、胃部包络线（图中 F）等。将图形制成样板可作为车室设计的工具，因此上述图形也称为车室设计用工具性图形。

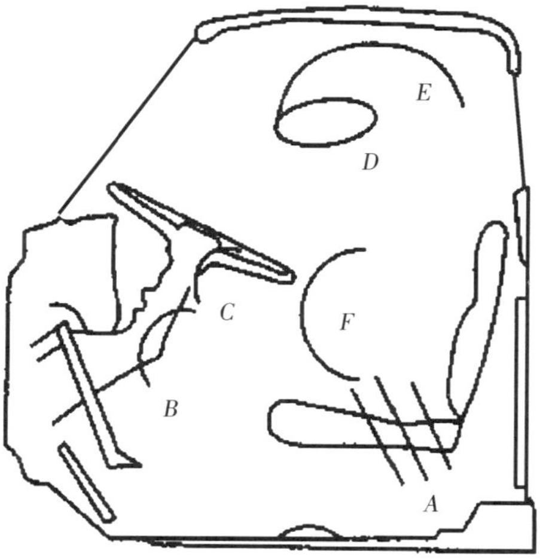

图 7－1　车室设计用具性图形

汽车驾驶员手伸及界面是指驾驶员以正常姿势坐在座椅中，身系安全带，右脚支承于加速踏板上，一手握住方向盘时，另一只手所能伸及的最大空间曲面。该曲面的形状及其在汽车中的位置见图7-2。驾驶室内的一切手操作钮件、杆件、开关等的位置均应在驾驶员手伸及界面之内，这是汽车理论的一条重要原则。

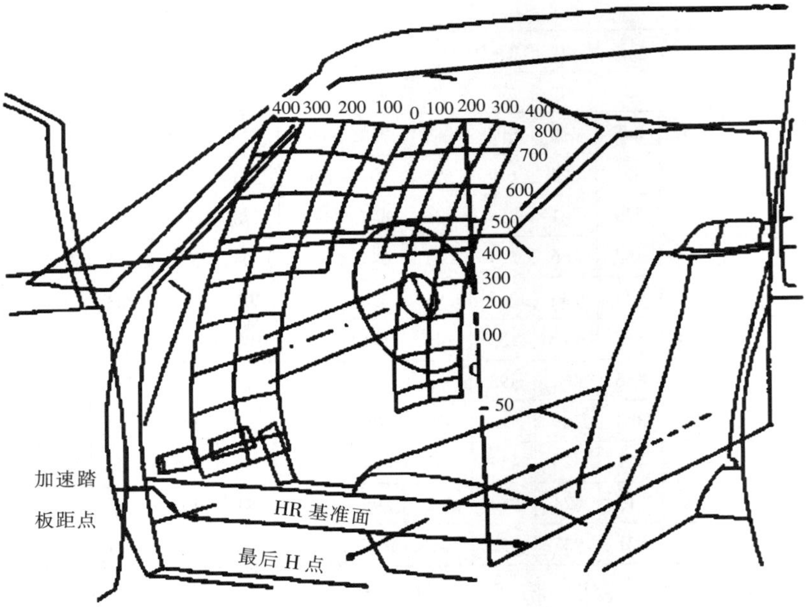

图7-2　汽车驾驶员的手伸及界面

此外，还应测定手的尺寸（手伸平长度、手指长度、“虎口”最大开度）、脚的尺寸、头的大小等等。

1. H 点人体模型。

H 点是人体身躯与大腿的连接点，即胯点（hip point），汽车理论中常称它为 H 点。H 点人体模型是一种用来确定汽车车身的实际 H 点位置的人体模型（图7-3）。我国采用的 H 点人体模型各部分的质量见表7-4。

表7-4　H 点人体模型各部分的质量

部位		数量	单块质量（kg）	质量和（kg）	备注
背盘	胸部重块	8	3.26 ±0.03	40.95	和胸块的形状、质量相同，包括 H 点的轴、螺母质量
	臀部重块	2	3.26 ±0.03		
	其他	1	8.35 ±0.17		
座盘	大腿重块	2	2.03 ±0.02	12.60	包括膝部量角器及衬套质量
	其他	1	8.54 ±0.17		
小腿部	小腿重块	2	1.86 ±0.02	6.30	包括足部连接销的质量
	其他	2	1.29 ±0.03		
足部	—	2	1.57 ±0.03	3.15	
合计				63.0 ±0.84	

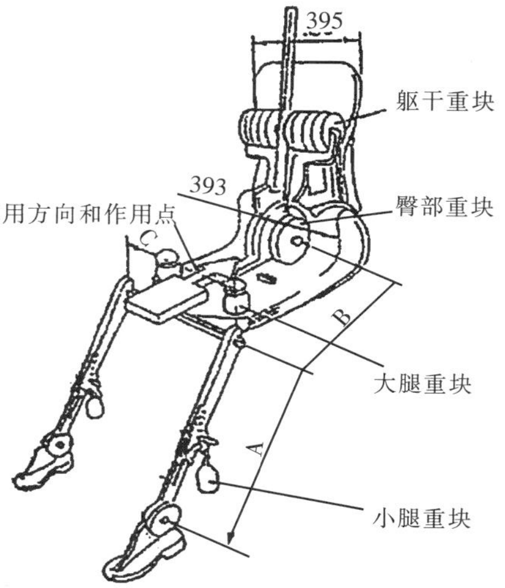

图 7－3　H 点人体模型

汽车的实际 H 点是指当 H 点三维人体模型按规定步骤安放在汽车座椅中时，人体模型上左右两 H 点标记连线的中点。它表示驾驶员或乘员入座后胯点关节中点在车身中的实际位置。汽车实际 H 点在汽车舒适性中有重要作用。

（1）汽车实际 H 点是与操作方便性及坐姿舒适性相关的车内尺寸的基准点。

（2）汽车实际 H 点是确定眼椭圆在车身中位置的基准点。

（3）汽车实际 H 点的位置影响到驾驶员的手伸及界面。

2. 足蹬力及手操舵力。

坐姿时用足蹬踏板，足蹬力大小与坐姿、足位、踏板和座椅间的距离等因素有关。一般情况下，右腿可提供的最大平均足蹬力为 2620 N，左腿为 2420 N。足蹬力达 2250 N 的持续时间约为 40 s。膝部屈曲 160°时足蹬力最能发挥。为防止踏板的误操作，踏板的起动压力应大于足休息时对踏板的静压力。静压力值为 18～32 N。

坐姿时驾驶员双手对方向盘的手操舵力与方向盘倾角有密切的关系。方向盘倾角越小，手操舵力越大，但可以转动方向盘的角度值也变小，此时对应的座椅靠背比较垂直，驾驶员坐姿相应地也比较平直。大客车、重型汽车由于前轴负荷较大，要求有较大的操舵力施于方向盘上，故其方向盘的倾角均不大，对于轿车，要求施加在方向盘上的操舵力并不大，从而有可能加大方向盘倾角。这样驾驶员上躯干可以适当后倾，背部受到靠背的支持，坐姿舒适性得以改善。另外，方向盘倾角的加大对安全气垫的装设提供有利条件。

3. 人体的疲劳。

开车时，人的脉搏和心律都增高。这主要是心脏的原因，同时也是由于肌肉的活动使氧气消耗量增加的缘故。一般来说，操作力越大，耗氧量就越多，肌肉和人体的疲劳就越严重。另外，姿势不正确或以一种姿势持续时间过长，也会产生肌肉疲劳现象，所以车内应考虑提供适当活动身体的余地。

随着汽车操作轻便性的提高，驾驶引起的肉体疲劳已没有精神疲劳所占的比重大。精神因素表现在人的种种生理反应上，遇到紧急情况时，精神因素的作用更大。这些反应越激烈，频度越高，则精神疲劳越严重。

腰痛是驾驶员的一种常见职业病。这是脊椎的一种疲劳。座椅装备和形状不好或坐姿不正确，时间长了，椎间板就会受到损伤，造成腰痛。

7.1.3.2　汽车方面的影响因素

改善汽车乘坐环境与驾驶操作性能，主要应考虑必要的活动空间、舒适的乘坐（操作）姿势、较强的信息接受能力。

1. 必要的活动空间。

汽车的外形尺寸不可能无限大。研究车内活动空间的基本条件是：在有限的外形内，如何设计出必要的空间来。为有效发挥活动空间的功效，必须探讨车室长、宽、高之比，车室前后玻璃平面倾角，车门形状，内饰影响，车内设备布置，车身造型，空气动力特性，结构强度，自重等方面的因素。实际上，汽车活动空间就是指可以容纳额定乘员的最小极限尺寸。

确定车室容积时，应考虑乘员坐姿及供身体转动的足够空间。加大车室前后玻璃窗倾角会使人感到车顶棚前沿逼近眼前，室内空间狭窄。撞车时头部也容易发生挫伤。而采用曲面玻璃既扩大肩部空间，又消除轿车后座椅显得过于狭窄的缺陷。

采用前置前驱动方式可减少传动系统造成地板鼓包，是加大脚底空间最重要的方法。

车内装饰件，除考虑尺寸大小外，还应研究人的心理要求，注意色调和谐。为节省资源和能源，轿车正致力于结构紧凑型研究。

2. 舒适的乘坐（操作）姿势。

汽车座椅的重要作用是在乘坐环境下支持乘员，并作为缓冲装置缓和地板传给人体的振动。为让乘员乘坐舒适，对座椅要求的主要因素是：稳定的坐姿、合理的体压分布、缓冲特性、座椅尺寸、蒙皮的触感等等。

为使坐姿下的腰曲弧线的变形最小，汽车座椅的靠背应提供所谓两点支承。其中，第一支承位于第5~6胸椎之间，形成靠背承受较大的压力。第二支承设置在第4~5腰椎之间的高度上，形成腰垫，正确的腰垫形状应该是使腰曲弧线微微前突。

人体臀部的不同部位在产生不舒适感觉之前所能忍受的压力是不同的。坐骨粗壮，能承受比其周围肌肉更大的压力，大腿底部的大血管和神经系统，压力过大会影响血液循环和神经传导而感到不适。所以座垫上的压力应按臀部不同部位承受压力不同的原则分布，在坐骨处压力最大，向四周逐渐减少，至大腿部位时压力降到最低值。此为坐垫设计的压力分布不均匀原则。图7－4为较理想的坐垫体压分布曲线。每条封闭曲线为等压线，单位为100 Pa。为了减轻驾驶姿势的不适和疲劳，驾驶员身体各部位之间的夹角应保持在合理范围（见图7－5）。

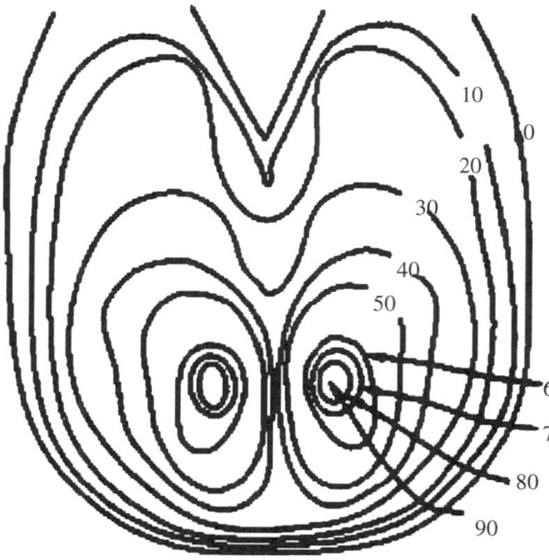

图 7－4　坐垫体压分布曲线

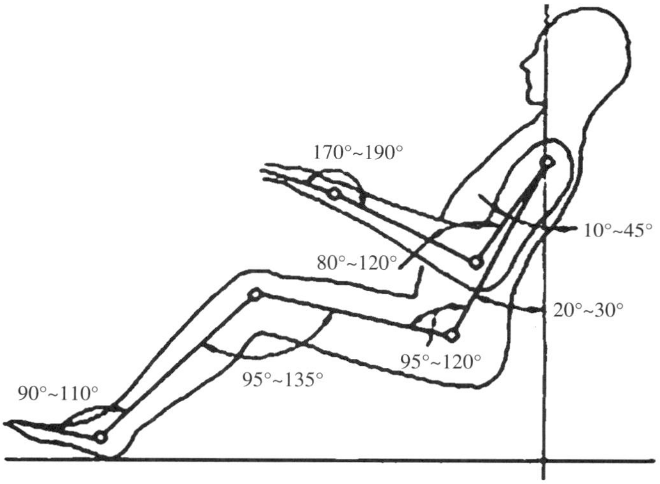

图 7－5　驾驶姿势时人体各部分夹角的合理范围

汽车座椅的几何参数可参考表 7－3 坐姿人体尺寸确定。但是垂直坐姿与驾驶（或乘坐）姿势有明显区别，因此汽车座椅中的某些尺寸或角度还应从专门的驾驶（或乘坐）姿势的人体测量中获得。表 7－5 和表 7－6 分别提供了驾驶员座椅和乘客座椅几何参数的参考值。

表 7－5 驾驶员座椅几何参数

车型		靠背角	坐垫后倾角	座高（mm）	座宽（mm）	座深（mm）	靠背高（mm）	方向柱倾角
轿车		105°	12°	300～640	480～520	400～420	450～500	20°～35°
货车	轻型	98°	10°	340～380	480～520	400～420	450～500	20°～35°
	长头中型	96°	9°	400～470	480～520	400～420	450～500	40°～45°
	重型	92°	7°	470～500	480～520	400～420	450～500	60°～85°
大客车		92°	7°	450～500	480～520	460～500	450～500	70°～80°

表 7－6 乘客座椅几何参数

车型	靠背角	坐垫后倾角	座高（mm）	座宽（mm）	座深（mm）	靠背高（mm）	背靠宽（mm）
大客车	105°～115°	6°～7°	400～480	450～530	420～4500	530～560	450～530
轿车	100°～105°	8°～13°	340～410	480～530	420～530	510～660	480～530

从人体工程学角度对汽车座椅的要求可归纳为：

（1）贴合感。座椅靠背和坐垫的形状是否与人体背部、臀部、大腿底面的形状相贴合。接触面积和部位以及坐垫的弹性迟滞损失特性与贴合感密切相关。

（2）侧向稳定感。汽车转向行驶时乘坐者能受到座椅左右的适当约束，避免人体横向偏斜。侧向稳定感与座椅两侧形状、压力比、压力分布等因素有关。适当选择侧向压力与总压力之比能改善侧向稳定感。

（3）腰椎依托感。腰椎依托感良好的座椅，其乘坐者容易获得舒适坐姿。第 3 至第 5 腰椎部的压力与靠背总压力比适当时，依托感有明显改善。

（4）振动弹性感。与振动弹性感相联系的是座椅的静态刚度、共振频率及衰减特性。

（5）坐垫与靠背的软硬感。可用 392 N 做载荷时的静态变形特性来反映，不得有陷落的感觉。

（6）蒙皮触感。重要的是提高蒙皮的摩擦系数、传热效率、透气性等等。

（7）座椅安全带。应减少采用时的压迫感和失调感，并要求不妨碍自由动作，系解容易。

（8）除以上要求外，汽车座椅不得有臀部滑动感、腹部压迫感及背部弓形感等。

为保证驾驶员得心应手地进行操作和不易疲劳，所有手操纵件必须布置在驾驶员手伸及范围以内。方向盘、加速踏板、制动踏板、离合器踏板、变速杆等操纵机构使用频繁，特别重要。汽车理论中把这些操纵机构和驾驶员的相对位置关系称为“驾驶位置”。

影响“驾驶位置”协调的因素有机构的布置、操作方式、机构的形状、所需操作力等。任何一个因素不佳，都会影响综合效果，整体协调是十分重要的。一般应考虑以下几点：

（1）在操纵开关和控制手柄时，既要保证动作平稳，又要确切地感觉到动作的位置。所以操作力既不能过重也不能过轻。另外，操作力过轻，有时会误碰或因外力振动引起动作，发生误操作，必须注意。

（2）每个操作装置最好只有一种或两种功能，以使操作方法简单。三种以上功能，由于操作方法复杂，遇紧急情况时容易引起误操作。

（3）驾驶汽车时，经常连续操纵各种操作装置，为此，必须考虑在预想的各种使用场合下，使动作进行得自然而有节奏。例如：转向信号手柄和变速杆的布置，一般应是分用两只手操作。

（4）提高操纵装置的机能，可以获得更好的操作性。用自动化取代手上操作，以减少操作次数，用助力装置以减轻操作负荷。

（5）为适应驾驶员不同体型的最佳驾驶位置，汽车驾驶座椅和方向盘的位置一般都应设置调节机构。

3. 较强的信息接受能力。

（1）视界。

驾驶汽车时所必须知道的道路状况、各种信号标志和周围交通情况等外部信息，几乎全是靠视觉获得。所以视觉良好便可减轻驾驶员的负担，提高舒适性和工作效率。

视觉良好是指在人的视野内具有广阔的视界，因此，应尽可能地减少驾驶员视野内的死角（盲区）。汽车视界可分为直接视界（驾驶员眼睛可直接看到的视界）、间接视界（通过后视镜观察到的视界）、雨刷视界（由雨刷器刮拭区所看到的视界）。

影响直接视界的因素有：风挡玻璃开口面积、立柱、座椅、翼子板等车身构件的位置和尺寸，风窗玻璃的透光率和车窗玻璃的反射率等。

影响间接视界的因素有：后视镜的位置与大小、靠枕等的构造和后座乘员头部位置等。

此外，研究在下雨和寒冷时使用雨刷器和除霜器的视界也很重要。

（2）视认性。

驾驶员通过装在车上的仪表和警告灯，获取汽车各装置工作状态和行驶状况的信息，并进行判断和操作，所以，视认性良好的仪表和警告灯等是舒适地进行汽车驾驶必不可缺的设施。

影响视认性的因素有：仪表的数量与布置、指针与表示文字的长度和大小、配色和夜间照明等等。

（3）照明。

用于夜间行驶的照明和用于表示信号的照明是有很大差别的。为确保驾驶员舒适，不易疲劳，并安全地驾驶汽车，各国都以法律形式规定了各种照明装置的主要性能，如：明亮度、颜色、配光、安装位置和闪光频率等等。

典型的照明装置是前照灯，它必须确保驾驶员能够看清较广范围内的障碍物和行人，并能看到周围汽车和行人接近的情况。同时还要求不能给对方驾驶员以晃眼的炫目感。为获得较为明亮而又不太刺眼的照明性能，卤素灯、三光束式以及根据汽车姿势变化而修正光束的装置等正在被广泛采用。

7.1.3.3　**评价与试验**

乘坐环境和操作性能试验最重要的特征是把人体本身也作为试验对象的一部分。

1. 人体机能的测定。

人体尺寸测定可用马丁人体测量仪进行人体身长及各部尺寸的测定。如果要取得更精确的数据，则要人坐在1:1模型（或实车）内进行测定。此种情况下，除直接测定外，还采用300～1000倍望远镜头拍照，获取两维尺寸。另外，在研究可动件的尺寸、位置时，可采用频闪器拍摄动作解析照片。

驾驶操作能力的测定内容包括操作力、操作次数、频度和反应时间等。该试验多在实车或1:1模型上进行。测试仪器一般使用位移计、负荷计、应变仪、计数器、录像机或电影摄影机等。

眼椭圆的测定是在较大的室或厅内进行。如图7-6所示，在厅室的一面墙上设有宽银幕，银幕前方一定距离处停放着测定用汽车。银幕中央藏设一架照相机。在汽车驾驶员侧面远处设置第二架照相机。两照相机等高且两光轴相互垂直。被测驾驶员在明确有关测定要求后，将座椅按自己意愿调节到适意位置，以正常驾驶姿态入座。当银幕上映出事先拍摄好的交通场景时，驾驶员如同在此交通下行车一般，此时两架照相机便同步拍摄被测驾驶员眼睛在汽车车身坐标中位置的照片。由于两照相机光轴在同一水平面内且互相垂直，可以根据照片确定眼睛在车内坐标中的位置。

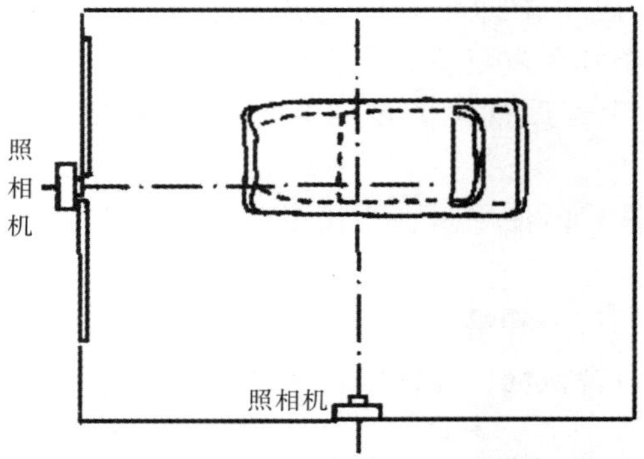

图7-6　眼椭圆测定现场示意

驾驶员的手伸及界面是在实验室内手伸及界面测量台上测得，见图7-7。测量台上带有三点式安全带的座椅、方向盘、脚踏板等。在座椅前设有测量架，架上有滑动杆。测量架和滑动杆一起可做前后、上下及左右移动。其上的刻度用来表示被试人员的手伸及范围。为统一实验条件，测量杆手接触端有一25 mm的三指抓捏式操作钮件。将测量杆推到最远的位置，根据三个方向的刻度可整理出如图7-7所示的驾驶员手伸及界面。

图7－7　手伸及界面测量台示意图

人体生理反应测定可用医用测试仪表测量脑电、肌电、血压等等。

2. 汽车方面的评价与试验。

目前，对汽车乘坐环境和操作性能主要是从操作方便、安全运行方面做了若干规定。测定内容涉及车室空间、装置、视界、视认性、照明性能等（见表7－7）。这些测定均可采用一般工业测试仪表测取物理量进行评价。

表7－7　汽车乘坐环境和操作性能主要测定内容

项目	测定内容
车内空间	室内尺寸（长、宽、高），大客车立席面积
上下车方便性	室内尺寸，车门开口（高、宽），带篷车后门（高、宽），大客车紧急用车门尺寸，大客车门踏板高
座椅	座椅宽、内深、椅间间隙、头枕尺寸、触感
操纵装置总体布置	配置范围、识别标志，视认性
操作者视界	直接视界，间接视界，雨刷视界，除霜性
照明	照明灯（中心距、高度、主光轴、配光），牌照灯（照度、视认性），倒车灯（照射距离、光度），辅助前照灯、示宽灯，侧灯、尾灯、停车灯、制动灯，方向指示灯
座椅安全带	固定位置，着脱方便性

下面侧重介绍几个试验：

（1）驾驶室内操作钮件布置合理性的检验方法（ISO 3958）。

如图7－8所示，ISO 3958适用于以下尺寸范围的轿车：

座椅靠背角β　9°～33°

最后H点至踵点的垂直距离H_2　130～520 mm

H点的水平调节范围H_x　≥130 mm

方向盘直径 D　330 ~ 600 mm

方向盘倾斜角 α　10° ~ 70°

方向盘中心至踵点水平距离 W_x　152 ~ 660 mm

方向盘中心至踵点垂直距离 W_z　530 ~ 838 mm

检验步骤如下：

①测量出欲检验汽车驾驶室与手伸及界面有关的尺寸 H_x，D，W_x，W_z，α，β，γ（见图 7 – 8）。

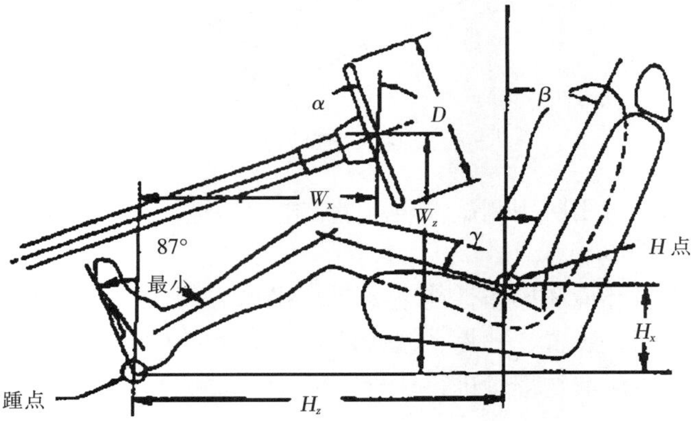

图 7 – 8　与手伸及界面有关的驾驶室尺寸

②根据标准中给出的驾驶室尺寸综合因子 G 的计算公式计算 G 值。

$G = 0.0018H_x - 0.0197\beta + 0.0027D + 0.0106\alpha - 0.0011W_x + 0.0024W_z + 0.0027\gamma - 3.0853$

③按下式计算手伸及界面前后方向上基准面 HR 离踵点的距离 d。

$d = 786 - 99G$　（mm）

若 $d < H_x$，该基准面 HR 纵向地位于加速踏板踵点之后 d 处；若 $d > H_x$，该基准面 HR 纵向地位于最后 H 点处。

④以基准面 HR、驾驶员座椅对称平面、通过最后 H 点的水平面组成正交坐标系（参见图 7 – 9）。

⑤测量出车辆上欲检验的操作钮件在上述坐标系中的坐标值。若此坐标值小于标准中的规定值（按 G 值和男女驾驶员比值确定），则认为该手操作钮件布置合理。

（2）轿车手操纵件、指示器和信号显示装置的合理布置。

手操纵件应布置在驾驶员手伸及范围内。重要的指示器、信号显示装置应布置在驾驶员头部无须转动便能直接观察到的视区内，以确保操作方便和迅速辨认。国际标准化组织（ISO）对此做出统一规定。

①驾驶员手伸及范围的分区（图 7 – 9）。

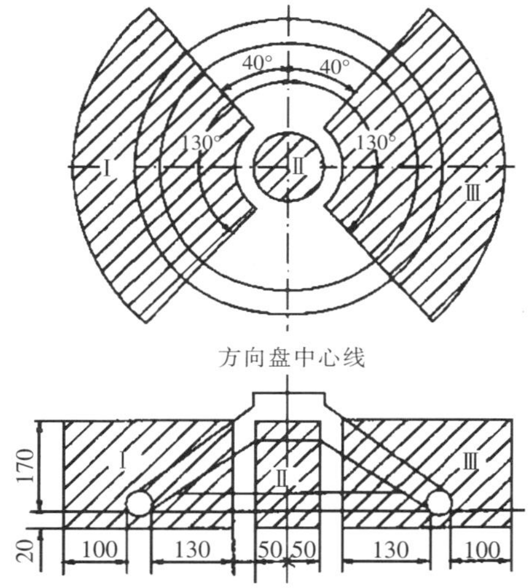

图 7－9　区域划分

参考平面：与汽车纵向对称平面平行，与座椅参考点（设计时采用的 H 点）左右相距 50 mm 的两平面。

Ⅰ区：位于参考平面左侧，由下列表面形成的区域：（a）平行于方向盘平面且向上相距 20 mm 和向下相距 17 mm 的两平面；（b）以方向盘轴线为中心线，沿方向盘轮圈外缘点向外 100 mm 和内缘点向内 130 mm 的两圆柱面；（c）通过方向盘轴线的两正交平面，它们与参考平面的夹角分别为 40°和 130°。如图 7－9 所示。

Ⅱ区：由下列表面形成的区域：（a）同Ⅰ区的（a）；（b）以方向盘轴线为中心线，半径 50 mm 的圆柱面。如图 7－9 所示。

Ⅲ区：与Ⅰ区关于参考平面相对称的右侧区域。如图 7－9 所示。

②手操纵件的合理位置。

下列手操纵件应布置在Ⅰ区：前照灯变光开关、前照灯警告开关、转向灯开关。

下列手操纵件应布置在参考平面左侧：灯光总开关、左侧行驶的汽车的紧急制动手操纵件（同理，对右侧行驶情况则布置在参考平面右侧）。

音响喇叭手操纵件可布置在Ⅰ区或Ⅱ区。如果Ⅲ区内除变速杆外还设置两个以上操作杆，则风挡玻璃洗涤器和雨刮器由离方向盘轮缘最近的操作杆控制。

③对组合操作的要求。

下列配对功能应由同一操作完成：电动风挡玻璃刮水器开关和洗涤器开关，前照灯警告开关及其变光开关。

灯光总开关不可与下述任一操作件混同操作，除非没有避免功能混同的装置：音响警告（喇叭）、风挡玻璃雨刮器及洗涤器、转向指示器。

④对信号显示装置的观察要求。

以下信号显示区应在驾驶员不转动头部的情形下直接看到：车速表及里程表、燃油表最大量程 1/4 及以上的刻度区、发动机机油压力显示信号、冷却水显示信号、蓄电池充电状况显示信号、安装在仪表板上或转向柱上的自动变速的挡位显示装置。

以下信号指示器的照明区应在至少为 18 mm^2 的一个单独区域内，且在驾驶员头部不转动情形下能看到：制动器、前照灯远光、转向指示器、紧急报警器、驻车制动器、安全带指示器、安全气垫故障预报器、发动机机油压力、发动机冷却水温度、阻风阀、燃油液面高度、蓄电池充电、自动变速器挡位选择键。

（3）座椅试验。

有关座椅减振特性的试验已在本章第一节中叙述。这里介绍与舒适安全有关的两项试验。

①舒适驾驶坐姿测定装置。

为确定驾驶员舒适坐姿下人体各部的夹角，已经研制出一种驾驶坐姿舒适角测定装置。该装置是以人体在舒适驾驶姿势下受力分析为基础来设计的，由座椅、方向盘及踏板 3 部分组成，共有 12 个部位可做调节。除了测定舒适角外，更重要的是能测出舒适坐姿下的靠背轮廓形状。这是由装在一个公用支承上的 13 个机械式传感器来完成测量的，当受试者入座后，传感器杆相对于支承滑动，滑动量由电位器检测，经数据处理后获得座椅靠背轮廓形状。受试者人体各特征点应做出标记，当受试者认为处在舒适坐姿时，拍摄此时的姿态，由各特征点连线即可确定人体各部的夹角。

②座椅强度试验。

座椅的固定强度：

静态试验：通过座椅质心沿水平方向加载，加载量为座椅总成重力的 20 倍时，座椅骨架不应与座椅调节机构分离，座椅调节机构不应损坏、失灵，座椅总成与车身固定部位不得分离。

动态试验：当座椅受到水平方向的力时，座椅骨架不应与调节机构分离，调节机构不应损坏、失灵，座椅总成与车身固定部位不应脱开。

向靠背加载的强度试验：

将座椅调节到最后位置，确定出座椅的 R 点（最后位置的 H 点），沿座椅靠背上横梁中点水平向后缓慢加载到相对于 R 点的力矩为 373 N·m 时，座椅骨架不应与调节机构分离，调节机构不应损坏、失灵，固定部位不应分离。

向头枕加载的强度试验：

在向靠背加载试验达到 373 N·m 时，确定出 H 点人体模型移位后的躯干线的新位置，见图 7－10，用直径为 16.5 mm 的头部模型向头枕加载，形成对 H 点力矩达 373 N·m为止，测取图 7－10 中的 d，若 $d<102$ mm，则认为满足静强度要求。

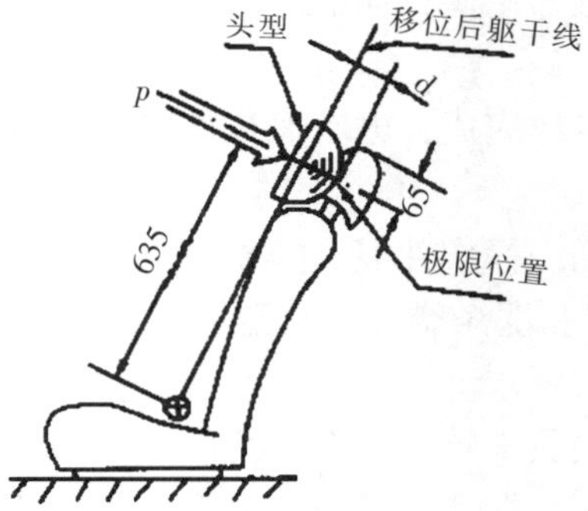

图 7－10　向头枕加载试验

坐垫与靠背的疲劳试验：

把坐垫加压板放置在坐垫上，加压板的底面形状与人体臀部和大腿底部表面形状相仿，加压板的 R 点与座椅的 R 点相重合。将小腿模型装在加压板上，按设计基准将踝点作为支承点，如图 7－11。在座椅中心平面内施加垂直脉动载荷 $\pm P = 471 \pm 235$ N，载荷中心点距加压板的 R 点为 32 mm。加载频率应不引起坐垫、加压板及加载系统的共振。试验时应经常检查坐垫、骨架等是否有损坏，直到规定次数为止。

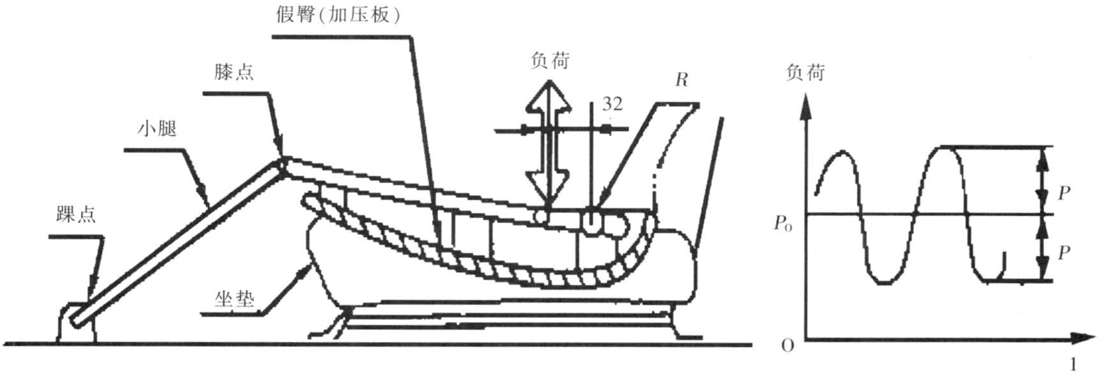

图 7－11　坐垫疲劳试验

将座椅调节到最后位置，在靠背上横梁中点施加在 R 点产生力矩 49 ± 14.7 N · m 的载荷，循环次数为 20 次时，座椅总成不应损坏。

学习任务7.2　汽车的行驶安全性能

☞学习情境

汽车安全性（automobile safety）是指汽车在行驶中避免事故，保障行人和乘员安全的性能，一般分为主动安全性、被动安全性、事故后安全性和生态安全性。在道路交通事故中，汽车本身的安全性能也是不可忽视的因素。汽车安全性能好，往往可以避免事故的发生或减少伤亡的程度。

为了保障汽车的安全性，美国率先在1966年颁布了《联邦机动车辆安全标准》(FMVSS)。随后，其他各国政府也都制定了严格的汽车安全法规。中国也制定了国家标准《机动车运行安全技术条件》(GB 7258—1997)。

为了推进机动车辆安全标准的研究，各国都开展了“试验安全车”的研究，即通过研制实验性的汽车，来推动汽车安全性能的全面研究，并通过研究和试验，找到制定安全标准的依据。这种研究对改善汽车的安全性能起了很大的推动作用。

☞学习目标

1. 了解汽车安全性的主要内容；
2. 了解汽车安全技术。

☞学习信息

汽车安全对于车辆来说分为主动安全、被动安全、事故后安全和生态安全四个方面。主动安全就是尽量自如地操纵控制汽车。无论是直线上的制动与加速还是左右打方向都应该尽量平稳，不至于偏离既定的行进路线，而且不影响司机的视野与舒适性。这样的汽车，当然就有着比较高的避免事故能力，尤其在突发情况的条件下保证汽车安全。被动安全是指汽车在发生事故以后对车内乘员的保护，如今这一保护的概念已经延伸到车内外所有的人甚至物体。由于国际汽车界对于被动安全已经有着非常详细的测试细节的规定，所以在某种程度上，被动安全是可以量化的。

7.2.1　汽车的主动安全

主动安全就是尽量自如地操纵控制汽车。无论是直线上的制动与加速还是左右转弯都应该尽量平稳，不至于偏离既定的行进路线，而且不影响司机的视野与舒适性。这样的汽车，当然就有着比较高的避免事故能力，尤其在突发情况的条件下保证汽车安全。主动安全体系大致有以下几个系统装置。

7.2.1.1　防抱死制动（ABS）

ABS 是 Anti－lock Braking System 的缩写。

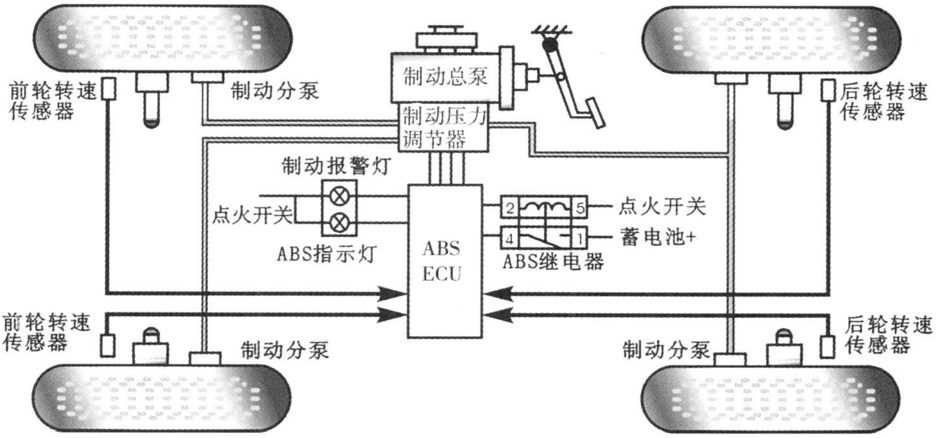

图7－12　防抱死制动系统示意图

大多数轿车都装有 ABS，在遇到紧急刹车时，经常需要汽车立刻停下来，但人为大力刹车容易发生车轮锁死的状况——如果前驱动轮锁死易引起汽车失去转弯能力，后驱动轮锁死容易发生甩尾事故。安装 ABS 就是为解决刹车时车轮锁死的问题，从而提高刹车时汽车的稳定性及较差路面条件下的汽车制动性能。简而言之，就是在汽车制动状态下，仍能保持转向，保证制动方向的稳定性，使汽车轮胎处于即将静止与未静止之间。ABS 的广泛使用，大大降低了在紧急情况下汽车的事故率。

7.2.1.2　防碰撞预警（AWS）

AWS 是 Advance Warning System 的缩写。是一个意外事故预防和缓和的驾驶辅助系统，在危险发生前给驾驶员提供及时的声音和视觉报警。公路交通事故已成为全球范围内日益严重的公共安全问题。统计资料表明，其中驾驶员的人为因素导致的公路交通事故率最高。无论是事故数量还是伤亡人数均分别高达各自总数的90%左右。并且，在导致这些公路交通事故的驾驶员的人为因素中，疲劳和精神分散驾驶是重要原因之一。驾驶员在3 s时间内的注意力不集中，造成了其中80%的交通事故，主要表现为车道偏离和追尾事故。国内外在防止车道偏离和保持安全车距两个方面都开展了相当多有益的探索，在雷达、激光、超声波、红外线、机器视觉等传感器技术方面都取得了一些突破。经过长期大量的研究实践，人们逐步认识到采用单目视觉技术，仅使用一台摄像机，即能在一定程度上实现对前方道路环境、车辆探测及车距监测的功能。研究显示，若在公路交通事故发生前的1.5 s给驾驶员发出预警，则可避免90%的这类事故。因此，通过在汽车上安装汽车碰撞预警系统，利用技术手段分析车道、周围车辆的状况等驾驶环境信息，一旦驾驶员发生疲劳及精神分散、汽车出现无意识的车道偏离及汽车间车距过近存在追尾可能时，能够及时给予驾驶员主动预警，是减少公路交通事故行之有效的技术措施。

7.2.1.3 夜视辅助

图 7－13 夜视辅助工作示意图

这项新的研发成果能提供更大的视野范围，而且不会让逆向的车辆感到晃眼。由于采用了夜视辅助系统，可以提前看清近光灯照不到的黑暗中的交通标牌、弯道、行人、汽车、丢失的货物或者道路上其他可能造成危险的事物，这样，驾驶者可以及时采取制动或者避让措施。此外，这个系统能减轻驾驶者在夜间开车的紧张和劳累，保持精神饱满的状态，从而能够在紧要关头迅速而正确地做出反应。配备了夜视辅助系统的车辆装有两个额外的红外线前照灯，可以照到前方大约 200 m 的距离。

由于夜视辅助系统的前照灯在可见光波长范围之外进行工作，因此不会对人类的视线产生影响。在挡风玻璃内侧，一个小型红外线摄像机可以记录车辆前方的环境，并将其显示在驾驶舱仪表板的显示屏上。

当车速超过每小时 15 km 时，驾驶者就可以启动夜视辅助系统。将前照灯打开，然后只需按下仪表板上的一个按钮，通常情况下显示速度的 8 英寸显示器就被切换为摄像机图像的状态。汽车前方的道路情况以一个清楚的灰度级图像出现在人们眼前。

7.2.1.4 变道辅助（LCA）

LCA（lane change assist），又称变道辅助系统。因为汽车 C 柱有一个视野盲区，所以车辆在变道的时候就容易产生危险，LCA 就采用 24Ghz 雷达传感器检测后面盲区接近的车辆，并通过前方后视镜旁的指示灯报警提示，起到提醒驾驶员注意的功能。

图 7－14　变道辅助工作示意图

7.2.1.5　主动防追尾

是在车辆的前端装上传感器、雷达、摄像机等设备，能够自动探测出与前车的距离，并与本车的制动、灯光等系统联动，当跟车距离低于安全距离时，系统会在零点几秒内启动，以强制拉大跟车距离。东风标致 206 装备有主动防追尾安全系统，在紧急制动时，危险警示灯自动频闪，尽早提醒后面车辆，预防后车追尾。市场上有一种结合了声、光、电、机于一体的泰远汽车自动防撞器，可以安装于绝大部分车辆上，在不改变原车性能与结构的前提下，保障驾驶员的生命和财产安全。

7.2.1.6　电子制动分配（EBD）

EBD 能够在汽车制动时自动调节前、后轴的制动力分配比例，并配合 ABS 提高制动稳定性。汽车在制动时，四只轮胎与地面的摩擦力不一样，容易造成打滑、倾斜和车辆侧翻事故。EBD 用高速计算机分别对四只轮胎附着的不同地面进行感应与计算，根据不同的情况用不同的方式和力量制动，并不断调整，保证车辆的平稳、安全。

7.2.1.7　牵引力控制（TCS）

TCS 又称循迹控制系统。汽车在光滑路面制动时，车轮会打滑，甚至使方向失控。同样，汽车在起步或急加速时，驱动轮也有可能打滑，在冰雪等光滑路面上还会使方向失控而出危险。TCS 依靠电子传感器探测车轮驱动情况，不断调节动力的输出，从而使车轮不再打滑，提高加速性与爬坡能力。

7.2.1.8　电子稳定装置（ESP）

ESP（electronic stability program）是一种牵引力控制系统，不但控制驱动轮，而且可以控制从动轮。如后轮驱动汽车常出现的转向过度的情况，此时后轮会失控而甩尾，ESP

便会通过对外侧的前轮的适度制动来稳定车辆。转向不足时，为了校正循迹方向，ESP 则会对内后轮制动，从而校正行驶方向。

随着电子科技的发展，各种汽车智能安全系统也开始发展起来，汽车防撞系统主要是通过由雷达和摄像机组成的“预知传感器”，对行车危险进行判断并帮助驾车者进行处理。这一系统能够在汽车与其他物体发生碰撞前的瞬间，自动进行干预以保证安全。

7.2.1.9 车辆检测与报警装置

车辆检测是指两辆车在接近的区域内检查是否有车辆存在。如有车，则发出报警信号，既警告自车驾驶员，又警告跟随车辆驾驶员。

7.2.2 汽车的被动安全

被动安全是指汽车在发生事故以后对车内乘员的保护，如今这一保护的概念已经延伸到车内外所有的人甚至物体。由于国际汽车界对于被动安全已经有着非常详细的测试细节的规定，所以在某种程度上，被动安全是可以量化的。被动安全装置则是在车祸意外发生、车辆已经失控的状况之下，对于乘坐人员进行被动的保护，希望透过固定装置，让车室内的乘员固定在安全的位置，并利用结构上的导引与溃缩，尽量吸收撞击的力量，确保车室内乘员的安全。

汽车的被动安全性可以分为汽车外部安全和车内安全。汽车的外部安全性是从减轻在事故中汽车对行人、自行车和摩托车乘员的伤害方面提高汽车被动安全性，决定汽车外部安全性的因素有：发生碰撞后汽车车身变形的状态、汽车车身外部形状。车内安全性是指汽车所具有的在事故中使作用于乘员的加速度和力降低到最小，在事故发生以后提供足够的生存空间，以及确保那些对从车辆中营救乘员起关键作用的部件的可操作性等能力。车内安全性的决定性因素有：车身变形状态、客厢强度、当碰撞发生时和发生后的生存空间尺寸、约束系统、撞击面积（车内部）、转向系统、乘员的解救及防火。

车辆的被动安全系统归纳起来可分为安全车身结构和乘员保护系统两大类。

7.2.2.1 安全车身结构

为了提高汽车的被动安全性，汽车外部设计应把碰撞的不良后果减轻到最低强度（涉及车外的人和汽车自身的碰撞）作为基本目的。车身应与安全带、安全气囊、能量吸收式转向系统等围绕乘员的一些装置进行匹配，共同完成如下功能：

必须尽可能地缓和吸收车辆及乘员的运动能量，以缓解乘员受到的冲击；

在确保乘员的有效生存空间的同时，还必须保证碰撞后乘员易于逃脱和容易进行车外救护。

车身的安全设计水平，在很大程度上决定了车辆的被动安全性能。

1. 车身的变形特性。

由于道路交通情况较为复杂，汽车在各种路面上高速行驶发生碰撞事故时的碰撞形式不相同，大致可分为前碰撞、侧面碰撞、追尾碰撞，另外还有车撞行人欲翻车等情况。

（1）前碰撞。

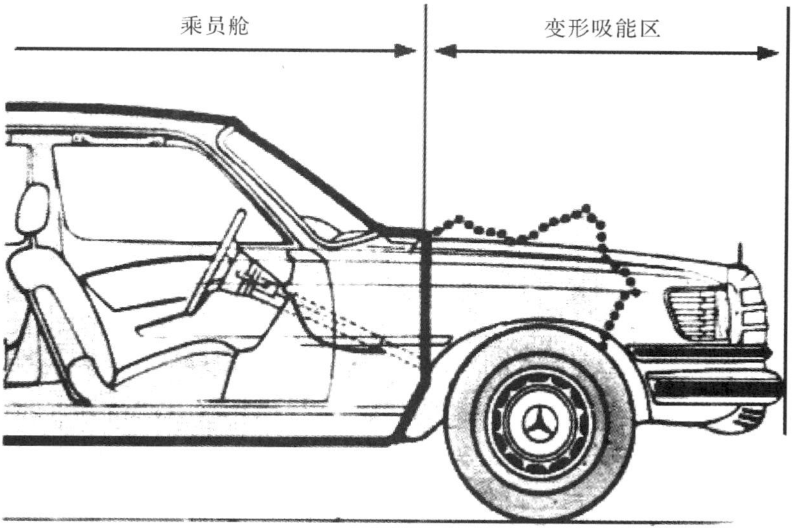

图 7－15　汽车前部吸能区示意图

在正面碰撞中，动能被保险杠和车身前部变形所吸收，在剧烈碰撞时还要涉及乘客区前部（前围）。车桥、车轮（轮辋）和发动机限制了可变形区的长度，所以需要有适当的可以变形的长度和某些允许产生位移的部件以减低车厢的加速度。对于车身前部的前围板区域的撞击变形会引起转向系统、仪表板、踏板和前围板的错位；车底部的变形会引起座椅下沉或翻倒；前侧部结构的变形会导致发生事故后不能打开车门。

（2）侧部撞击。

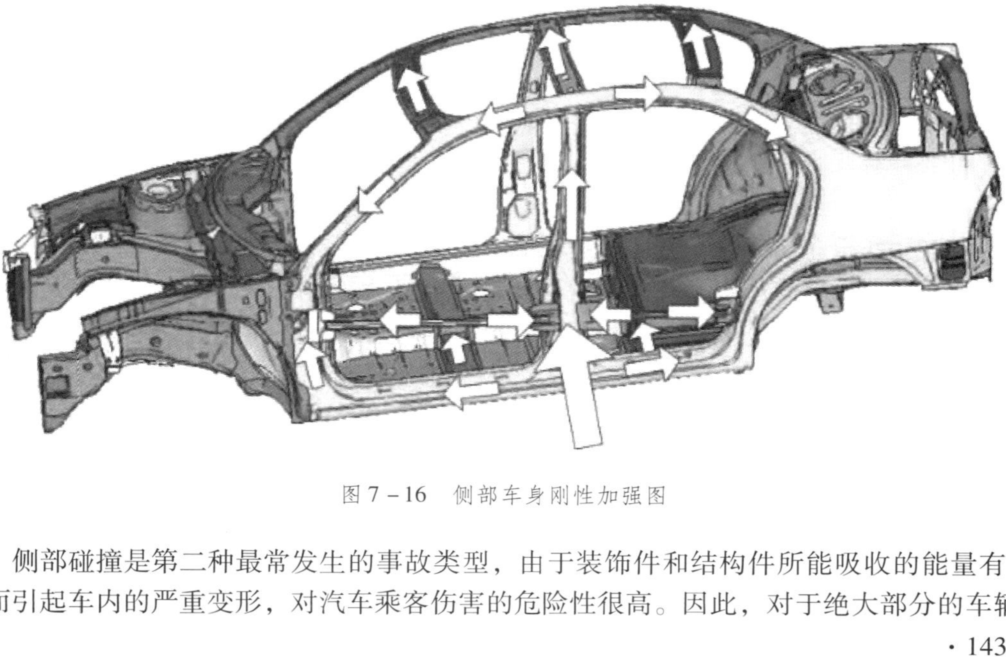

图 7－16　侧部车身刚性加强图

侧部碰撞是第二种最常发生的事故类型，由于装饰件和结构件所能吸收的能量有限，因而引起车内的严重变形，对汽车乘客伤害的危险性很高。因此，对于绝大部分的车辆而言，当其遭受侧撞时几乎没有可利用的缓冲吸能区间，也即其理想的侧撞特性应具有足够大的刚性，车门和立柱不应发生大的变形。另外，考虑到侧撞时乘员很可能会撞击到车门内板，车门内板在设计的时候应柔软。

（3）汽车的追尾碰撞。

图 7－17　追尾变形示意图

汽车的追尾碰撞，其理想碰撞特性应与前部相同，但由于一般追尾碰撞时，相对碰撞速度较低，并且尾部一般也有足够多的碰撞吸能区间（除两厢车外），所以车辆尾部的碰撞吸能设计相对前部并不那么重要，不过尾部碰撞时车辆乘员受到的最主要伤害是颈部冲击损伤，因此，车辆尾部区段应尽量软量化。另外，由于轿车燃油箱一般布置在车身后部，应保证发生后面碰撞时，行李厢盖边缘不能穿过后窗而进入车厢内，并尽量保证燃油系统的完整性。

2. 安全车身结构设计。

为了使乘员安全区在变形尽可能小的情况下获得优良的缓冲吸能性能，合理设计汽车的结构是汽车碰撞安全性设计与改进的基本目标。

（1）保险杠。

汽车保险杠是吸收缓和外界冲击力、防护车身前后部的安全装置。20 年前，轿车前后保险杠是以金属材料为主，用厚度为 3 mm 以上的钢板冲压成 U 形槽钢，表面处理镀铬，与车架纵梁铆接或焊接在一起，与车身有一段较大的间隙，好像是一件附加上去的部件。随着汽车工业的发展，汽车保险杠作为一种重要的安全装置也走向了革新的道路。今天的轿车前后保险杠除了保持原有的保护功能外，还要追求与车体造型和谐与统一，追求本身的轻量化。为了达到这种目的，轿车的前后保险杠用了塑料，人们称为塑料保险杠。塑料保险杠是由外板、缓冲材料和横梁 3 部分组成。其中外板和缓冲材料用塑料制成，横梁用厚度为 1.5 mm 左右的冷轧薄板冲压成 U 形槽；外板和缓冲材料附着在横梁上，横梁与车架纵梁用螺丝连接，可以随时拆卸下来。这种塑料保险杠使用的塑料，大体上使用聚酯系和聚丙烯系两种材料，采用注射成型法制成。国外还有一种称为聚碳酯系的塑料，渗进合金成分，采用合金注射成型的方法，加工出来的保险杠不但具有高强度的刚性，还具有可以焊接的优点，而且涂装性能好，在轿车上的用量越来越多。塑料保险杠具有强度、刚性和装饰性，从安全上看，汽车发生碰撞事故时能起到缓冲作用，保护前后车体，从外观上看，可以很自然地与车体结合在一块儿，浑然成一体，具有很好的装饰性，成为装饰轿车的重要部件。

①前保险杠。

目的是减轻一次碰撞的伤害程度。在发生碰撞时，既能够对行人起到保护作用，又能避免汽车重要部件的损坏，减少了因碰撞造成的维修费用。最初保险杠被设计成刚性的，现在多采用吸能保险杠。根据吸能材料和作用原理可分为以下几种：

阻尼型：在保险杠和车身之间加装油压和液气阻尼元件。该装置通过油液的黏稠性阻尼力抵抗碰撞，吸收撞击能量。这种结构能量吸收率高，车身部分变形量小，热敏性能稳定。

弹性型：在保险杠内填充泡沫塑料、蜂窝结构材料等吸能材料。与阻尼型结构相比较，这种装置结构简单、质量轻、成本低、对上下左右各个方向的碰撞均有能量吸收能力。

弹性—阻尼型：综合弹性保险杠和阻尼保险杠的优点。

波纹管型：在保险杠内加装几个矩形波纹管，通过波形管的变形来吸收碰撞能量。

柔性型：采用合金材料制成，通过保险杠本体材料变形来吸收碰撞能量，碰撞后可恢复原状。

能量耗散型：采用金属切削或弯曲、挤压变形等手段来消耗碰撞能量。

主动作用型：多与主动碰撞探测系统相连。根据探测系统对将发生的碰撞进行判断，通过缓冲气缸将保险杠自动弹出一段距离，这样保险杠就可以有较大的变形行程，从而可以吸收更多的碰撞能量。

②后保险杠。

用于车身后部的防撞装置，减轻倒车时对行人的碰撞伤害、与障碍物及其他车辆碰撞时保护车身后部。所用材料同前保险杠。

③侧围保险杠。

车身侧面的防撞装置，防止会车时与侧面碰撞物之间的擦伤，减轻侧面碰撞冲击。

④救护网。

多设置在车身前部，防止撞击后的行人跌下路面继而遭受车轮的碾轧。

⑤减轻撞击行人的弹性装置。

发动机上部及前风窗玻璃周围布置弹性材料，减轻行人撞击后再次冲击的程度，减轻二次碰撞伤害。

⑥吸能车架结构。

利用车架变形吸收撞击能量，保证乘员必要的生存空间。

⑦翻车安全对策。

在车辆行车中，驾驶员由于紧急情况而急打方向盘等会导致翻车，为确保乘员有足够的生存空间，主要措施有：加强车顶纵梁及立柱的强度和刚度，在车顶设置翻车保护杠。

7. 2. 2. 2　座椅安全带

1. 座椅安全带的历史。

最早在 100 多年前，在欧美国家的马车座位上就已经有了安全带，以防止乘客从马车上被颠下来。1902 年 5 月 20 日，美国纽约举行汽车竞赛。参赛选手沃尔特·贝克工程师害怕在激烈的车赛中翻车受伤，他从学步幼儿在童车里被布条系捆防止摔出车外的事例中受到启发，也在“鱼雷牌”赛车上钉上了几根绳带，参赛时把自己和同伴马达技工紧紧系好。竞赛进行中，高速飞驰的“鱼雷牌”赛车突然撞上一根垂直地面的钢轨，腾空跳起，坠入观众席，当场压死 2 人，伤 10 人，可是贝克和那位技工却安然无恙。这便是汽车安全带的起源。

1922 年，赛车场上的跑车开始使用安全带，1955 年，美国福特汽车装备了安全带，而使用最多的三点式安全带却是瑞典人尼·波林于 1957 年发明的，他原来在做 Saab（萨博）的飞机设计工作，到美国沃尔沃公司后发明了这个真正广泛应用的安全带。

2. 安全带的作用与原理。

现代汽车的速度很快，一旦发生碰撞，车身停止运动，而乘客身体由于惯性会继续向前运动，在车内与车身撞击，严重时可能把挡风玻璃撞碎而向前飞出窗外。为防止撞车时发生类似的伤害，公安部门要求小型客车的驾驶员和前排的乘客必须使用安全带，以便发生交通事故时，安全带对人起到缓冲的作用，防止出现二次伤害。在高档轿车上，除了前、后排座位都有安全带外，还安装着安全气囊系统，一旦发生车祸，气囊就会自动充气弹出，使人不撞到车身上。

安全带的装置里面有一个卡轮，如果快速拉动安全带，比如说发生车祸的情形下，里面的卡子会由于安全带滚轮的快速转动而被离心力带出，迅速将安全带锁死，把座位上的人员固定在椅子上。待冲击峰值过去，或者人已经能受到安全气囊的保护时安全带就会放松以免压伤人的肋骨。用以上一系列的动作来达到保证驾乘人员安全的目的。

汽车安全带的作用及其原理是将大部分停止作用力施加到胸腔和骨盆，这些身体部位相对来说比较强壮。由于安全带在身体上跨越的部分较宽，因而作用力不会集中在一个较小区域，所以不会造成过大伤害。此外，安全带所用的材料比仪表板或挡风玻璃要柔软得多，它可以略微拉伸，这意味着停止过程不会过于突然。但是，安全带不应拉伸过长，否则可能会使人撞向方向盘或侧窗。安全带只允许人略微前移。

在典型的安全带系统中，安全带与一个卷收器相连，卷收器中的核心元件是卷轴，它与安全带的一端相连。在卷收器内部，一个弹簧为卷轴提供旋转作用力（或扭矩）。它会旋转卷轴，以便卷起任何松弛的安全带。当拉出安全带时，卷轴将逆时针旋转，并使相连的弹簧也沿相同方向旋转。这样，旋转的卷轴就反扭了弹簧。因为弹簧想要恢复到原状，因此它会抗拒这一扭转运动。如果松开安全带，弹簧将收紧，并顺时针旋转卷轴，直至使安全带张紧。卷收器有一个锁定机构，可在汽车发生碰撞时停止卷轴的旋转。

理想的安全带作用过程是：首先，及时收紧，在事故发生的第一时刻毫不犹豫地把人“按”在座椅上。然后，适度放松，待冲击力峰值过去，或人已能受到气囊的保护时，即适当放松安全带，避免因拉力过大而使人肋骨受伤。最先进的安全带都带有预收紧装置和拉力限制器，让我们来看看这两者的功能原理。

（1）事故发生时。

人向前，座椅往后，此时如果安全带过松，后果很可能是乘员从安全带下面滑出去，或者人已碰到了气囊，安全带却由于张紧余量过大而未能及时绷紧，即未能像希望的那样先期吃掉一部分冲力，而是将全部负担都交给了气囊。这两种情况都有可能导致乘员严重受伤。但问题是，正确安装的安全带，其松动余地来自何方？一是由于乘员的衣服本身有一定的厚度，另外在安全带装置中也多少隐藏了部分松动余地，这种余地无法消除，但真遇到事故时，还就应该尽量消除。怎么办？为此出现了安全带预收紧装置，它负责提供瞬间绷紧的安全带。其作用过程是：首先由一个探头负责收集撞车信息，然后释放出电脉冲，该脉冲传递到气体发生器上，引爆气体。爆炸产生的气体在管道内迅速膨胀，压向所谓的球链，使球在管内往前窜，带动棘爪盘转。棘爪盘跟轴连为一体，安全带就绕在轴上。简单地讲，就是气体压力使球动，球带动棘爪盘转，棘爪盘带动轴转——瞬间实现了安全带的预收紧功能。从感知事故到完成安全带预收紧的全过程仅持续千分之几秒。管道末端是一截空腔，用于容留滚过来的球。

（2）事故发生后。

安全带在预收紧装置的作用下已经绷紧了。但我们希望在受力峰值过去后，安全带的张紧力度马上降低，以减小乘员受力，这份特殊任务就由安全带拉力限制器来完成：在安全带装置上，有一个如前所述的预收紧装置，底下卷绕着安全带。轴芯里边是一根钢质扭转棒。当负荷达到预定情况时，扭转棒即开始扭曲，这样就在一定程度上放松了安全带，实现了安全带的拉力限制功能。

在安全带预收紧装置和安全带拉力限制器的共同作用下，安全带的保护能力几乎达到了理想状态。所谓于细微处见精神，先进的安全带确实能给乘员提供可以信赖的安全保护。

3. 常见安全带类型：

（1）按照安全带的固定安装方式来分。

①两点式安全带。

两点式安全带是与车体或座椅仅有两个固定点的安全带。这种安全带又可分为腰带（或膝带）式和肩带式两种。腰带式是应用最广的形式，它不能保护人体上身的安全，但能有效地防止乘客被抛出车外。肩带式也称斜挂式，盛行于欧洲，但美、日、澳等国并不采用。两点式安全带的软带从腰的两侧挂到腹部，形似腰带，在碰撞事故中可以防止乘员身体前移或从车内甩出，优点是使用方便，容易解脱，缺点是乘员上身容易前倾，前座乘员头部会撞到仪表板或挡风玻璃上。这种安全带主要用在轿车后排座位上。

②三点式安全带。

三点式安全带是在两点式安全带的基础上增加了肩带，在靠近肩部的车体上有一个固定点，可同时防止乘员躯体前移和上半身前倾，增强了乘员的安全性，是目前使用最普遍的一种安全带。它由腰带式和肩带式组合而成。按照腰带式和肩带式方式的不同，又可分为 A 型和 B 型两种。A 型三点式安全带——可分离型三点安全带，其一端与腰带带扣和锁舌插入同一倘体中，另一端固定在靠近肩部的车体上，成为三个固定点的安全带。B 型三点式安全带——连续性三点式安全带。其主要特点是腰带肩带为一条连续织带，带扣的锁舌套在织带上并可沿织带滑动，在肩部固定点附近装有一个长度调节件，因此比 A 型带使用方便。

③四点式安全带。

它又被称为马夹式安全带，是在两点式安全带上连接两根肩带而构成。其固定点多为四个，乘员保护性能最好，但结构复杂，实用型较差，一般仅用于赛车或特殊车辆上。

（2）按智能化程度，安全带分为被动式安全带与自动式安全带。

被动式安全带需要乘员的操作才能起作用，即需要乘员自己佩戴。目前大部分汽车所装配的都是被动式安全带。自动安全带是一种自动约束驾驶员或乘客的安全带，即在汽车起动时，不需驾驶员或乘客操作就能自动提供保护，而且乘客上下车时也不需要任何操纵动作。自动安全带有全自动式和半自动式两种。

4. 安全带的使用及保养。

（1）要保证正确的佩戴位置，把腰部安全带的搭节部分系在骨盆下面，肩部安全带斜挂胸前，不能系在其他部位。一副安全带只能一个人使用。

（2）安全带不能拧起来使用。身穿厚衣服可能造成安全带位置不正确。不要让安全带在锋利的刃口摩擦。

（3）不要使座椅靠背过于倾斜，否则安全带不能正确地伸长或缩短。

（4）不要把安全带压在很硬的或易碎的物品上，如衣服里的眼镜、钢笔和钥匙等。

（5）如果安全带承受过一次严重冲击，即使不损坏，也应更换总成。要定期检查安全带是否磨损，损坏件应更换。

（6）座椅上无人时，安全带要完全送回卷收器中，以便扣舌处于收藏位置，避免在紧急制动时，扣舌撞在物体上。

（7）安全带老化。随着使用时间的增加，安全带也会老化，最主要表现是内部卷簧器老化，安全带会过松或不能及时拉紧，这时候的安全带已经开始“罢工”。在紧急时刻，如果安全带过松容易导致乘员从安全带下滑出，造成严重的损伤；或者人已碰到了气囊，但由于安全带张紧余量过大而未能及时绷紧，未能像希望的那样吃掉一部分冲力，而是将人的全部负担都交给了气囊，也有可能导致乘员严重受伤。每位车主都可以自己检查安全带是否老化、失去紧张感等。一般安全带装置都有安全带拉力限制器功能。另外，平时要经常检查搭扣上松开按钮的位置，确认这个按钮必须能够方便地触及以及轻松地打开，以便发生万一时能够解开安全带。

（8）如果安全带在使用中曾承受过一次强拉伸负荷，即使未损坏，也应更换，不能继续使用。碰撞事故发生后，不论安全气囊是否起爆，都应请维修站人员对相关安全系统做一次全面检修；如果车曾经发生过碰撞导致气囊弹出爆破，那么安全带必须要及时更换。不能自行改动或附加安全带。除此之外，后排双插锁一般具有防插错功能，防插错插锁只能与其中一种锁舌相匹配。用车门钥匙或其他硬物插入此防插错插锁的小孔可以实现本插锁的解锁功能。

（9）安全带太脏时，可以用中性肥皂和微温的水，用布或海绵蘸湿后进行擦洗，注意不要使用染料或漂白剂，否则会腐蚀安全带，也不要用硬刷刷洗，以免降低安全带的抗拉强度。在安全带未干之前不要使用。检查锁扣有没有异物进入，如果有灰尘进入肩部安全带的铰接处，会使安全带反应缓慢，应及时用清洁的干布擦干净。如果安全带老化或者损坏，必须去4S店更换。安全带不能随便拆卸，如果有问题一定要请专业人员维修。

7.2.2.3 安全气囊系统

安全气囊是安全气囊系统一个辅助保护设备，它是用带橡胶衬里的特种织物尼龙制成，工作时用无害的氮气填充。在发生碰撞时，安全气囊充气大约需要0.03 s。非常快的充气速度确保当乘客的身体被安全带束缚不动而头部仍然向前行进时，安全气囊能及时到位。在头部碰到安全气囊时，安全气囊通过气囊表面的气孔开始排气。气体的排出有一定的速率，确保让人的身体部位缓慢地减速。由于安全气囊弹开充气的速度可高达320 km/h，碰撞时如果人的乘坐姿势不正确，将给人带来严重的伤害。

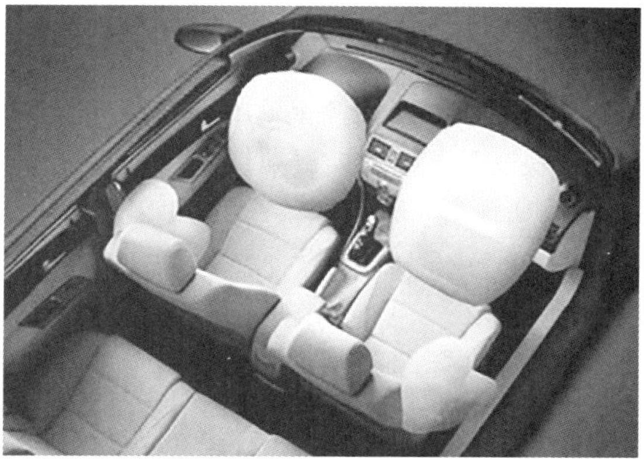

图7－18　安全气囊安装位置图

1. 安全气囊的分类。

（1）按保护对象分。

前方气囊：驾驶气囊、乘客气囊。

侧边气囊：前座侧边气囊、后座侧边气囊。

侧边气帘。

膝部气囊。

（2）按数量分。

单气囊、双气囊：目前在国内生产的中低档轿车中标配的气囊个数是1～2个，一般都是在车辆的驾驶和副驾驶位置各一个，作用是当车辆发生猛烈撞击时对前排成员的胸部和脑部进行有效保护。

图7－19　单气囊示意图

四气囊：在一些中档的B级车中，一般都会装有四个气囊，除了位于驾驶、副驾驶位的两个，在它的侧面车门内也装有两个。

图 7-20 四气囊示意图

多气囊：在一些高档车中，像以安全性著称的瑞典的沃尔沃轿车旗舰车型中全车配备了6个气囊和18个气帘，分别位于车内前排正副驾驶位，前后车门两侧有2个，18个气帘分布在前后挡风玻璃处、侧面视窗处，对来自各个方向的撞击提供最有效的保护。

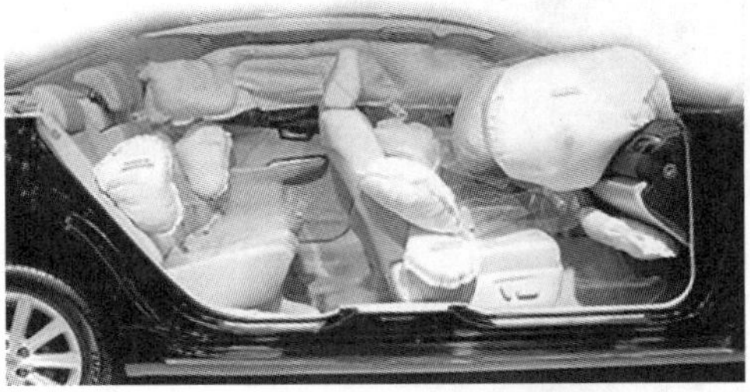

图 7-21 多气囊示意图

（3）按创新力分。

①气囊式安全带：防汽车反弹伤亡的气囊式安全带，原名防汽车气囊反弹伤亡的保险带，又称气囊式安全带。在车用保险带肩部及整体，设有标致形气囊装置。该保险带结合了传统安全带和安全气囊的特性，为乘客提供更高级别的碰撞安全保护。这项技术减少了事故发生时对乘客头部、颈部和胸部的伤害，进一步提升了该车型的安全创新设施，同时对于儿童和老人是个福音。

当碰到意外情况时，这款气囊式安全带会瞬间膨胀成气囊状，其缓解冲击力的效果是传统安全带的5倍：一是面积大可以有效降低头部与颈部的晃动；二是气囊膨胀时具备一定的反作用力，能减少车祸中乘客容易出现的肋骨骨折、内脏器官受损和瘀伤等现象，实现避免目前因气囊弹伤颈椎的60%以上的伤亡事故。

②侧气囊：

侧气囊是安装在座椅外侧的，目的是减缓侧面撞击造成的伤害。现在很多厂家的车型都会标配前排两个座椅的侧气囊，而装配后排侧气囊的车型则很少。

③膝部气囊：

大多数车型都只配备了主、副驾驶安全气囊，侧气囊等，其实车辆在真正发生正面碰撞时，下面是更应该受保护的，下面的膝部与中控台的距离最短，是最易造成骨折损伤的部位。

膝部安全气囊用来降低在二次碰撞中车内饰对乘员膝部的伤害。膝盖部分的气囊位于前排驾驶座椅内，一旦打开能够有效保护后排乘客的腰下肢体部位，从而也能缓解来自正面碰撞的前冲力。

④头部气囊：

头部气囊也叫侧气帘，在碰撞时弹出遮盖车窗，以达到保护乘客的效果。

头部气囊主要针对侧撞时乘车人的头部进行保护。B 柱侧、窗玻璃，甚至安全带侧面支撑扣都有可能成为车祸中的杀手，那么头部气囊就会把成员和这些东西隔开。

头部气囊安装在车顶弧形钢梁内，通常贯穿前后，受车身内横向加速度传感器控制。当横向加速度大于正常值，且达到危险值时就会控制起爆。对于侧撞、翻车等严重事故有着很好的人员保护功能。

7.2.2.4　汽车座椅系统

汽车座椅是汽车中将乘员与车身联系在一起的重要内饰部件，它直接影响到整车的舒适性和安全性。所谓座椅的安全性是指汽车座椅能有效地防止汽车事故的发生，并在事故发生时最大限度地减轻对驾驶员及乘员造成伤害的能力，它包括主动安全性和被动安全性。主动安全性是指汽车能够识别潜在的危险因素并自动减速，或当突发的因素作用时能够在驾驶员的操纵下避免发生碰撞事故的性能；被动安全性是指汽车发生不可避免的交通事故后，能够对车内乘员或车外行人进行保护，以免发生伤害或使伤害降低至最低程度的性能。汽车座椅不仅要减轻驾驶员及乘员的疲劳来满足主动安全性要求，还要与安全带和安全气囊一起对乘员定位的同时缓解碰撞的强度，使乘员的损伤指标达到最小。座椅作为安全部件是在被动保护中起决定性作用的组成部分。首先，在事故中它要保证使乘员处在自身的生存空间之内，并防止其他车载体（如其他乘员、货物）进入到这个空间。其次，要使乘员在事故发生过程中保持一定的姿态，以使其他的约束系统能充分发挥其保护效能。除具有防止事故发生的功能外，座椅还应具有在乘员与其发生碰撞时（在事故中乘员与车内部发生的碰撞称为“二次碰撞”）使乘员的伤害减轻到最低的性能，即能够吸收乘员与之碰撞时产生的能量。座椅安全功能失效时可引起各种形式的乘员伤害：如在正面碰撞中，座椅与车身连接强度不够时，座椅会脱离车体，导致乘员逸出其生存空间。如果后排乘员未受到约束，前排座椅靠背强度不足，则后排乘员的惯性力将击溃前排座椅，使前排乘员受到伤害；反之，若前排座椅强度太高，又会在与后排乘员相撞时对其造成伤害。另外，座椅外廓设计不当，在正面碰撞时会使乘员沿座椅靠背下滑，使腰部安全带移到胸部以上（即所谓的“潜水”现象），这是极为不利的约束姿态。在后部碰撞中，如果头枕设计过低或与靠背的相对位置设计不当都会引起胸部与头部的加速度差值，作用在颈部上的这个差值超过一定程度后就会对乘员造成致命的伤害。前排座椅靠背的强度不足，会在其本身质量及乘员质量的惯性力作用下向后发生较大的弹性变形以至塑性变形，失去对乘员的支撑作用，使前排乘员射向后排座椅或后窗，并伤及后排乘员。汽车座椅的安全性设计目标就是避免上述诸种不利情况的发生。

从座椅的安全性能考虑，其结构可分为靠背、头枕、坐垫、座椅总成与车身相连接的固定部件。靠背的强度设计分柔性吸能式和刚性吸能式两种。根据不同的碰撞条件，两种靠背的保护效果是不同的。在高强度碰撞时，刚性靠背的设计概念对于正常坐姿、按标准状态使用约束系统的乘员来讲是合理的。但是，在发生低强度尾部碰撞时刚性靠背座椅会引起乘员身体沿靠背向上滑动、靠背对乘员产生回弹及乘员以非正常坐姿乘坐。坐垫一般不会对乘员造成直接的冲击伤害，但其结构可以影响到乘员的运动过程，以及约束力施加到乘员身体上的方式和外部载荷（加速度、力等）的绝对值大小。坐垫结构主要影响人体以下几个坐姿参数：颈椎倾角、胸部倾角、躯干基准线与轴间的夹角等。另外，坐垫的有效深度、倾角的选取也会对座椅安全性产生一定的影响。一般在满足乘坐舒适性的前提下，车速越高其驾驶员座椅的坐垫倾角就越大。在国际标准中有关座椅头枕的法规规定是独立于整个座椅系统的，在我国国家标准中对座椅头枕也单独做了规定。这充分体现了在被动安全性研究中，头枕是一个相当重要的安全部件。但考虑到整个座椅系统结构的完整性，本文将头枕作为整个座椅系统的一个重要组成部件考虑其对被动安全性的影响。头枕的设计目的是在后部碰撞中防止由于头部相对胸部过度后仰而引起的头颈部内伤，这是后部碰撞中最常发生的一种伤害形式。头枕的设计应当以低速碰撞防护为主。虽然与前部碰撞相比后部碰撞的碰撞能量通常是最小的，但是在发生后部碰撞时引起的头部与胸部加速度差值，对于颈部尤其是脊柱以及神经系统的影响却是不可忽视的。假定伤害大部分发生在碰撞后的第一阶段，由于靠背的冲击胸部会产生向前的加速运动，而头部刚好相反。头部与头枕未接触时，或多或少会保持惯性运动，此时脊柱呈弧形，并从胸部传递剪力给头部，这个剪力对颈椎骨造成的危害很大。因此应尽可能减小头部与胸部的相对水平运动，与此同时在低速后面碰撞时位置靠前且较高的头枕设计能减少颈部的损伤。另外，座椅头枕应能够自动实现水平、垂直位置的调整，以适应乘员位置的变化。汽车座椅连接部件的强度设计在很大程度上影响座椅本身的安全性能，在发生碰撞时，如果连接部件先于座椅失效，很可能会造成座椅骨架的裂开、严重变形和调节机构失灵等，此时乘员的生命安全将受到极大的威胁。汽车座椅的首要任务是满足安全性的要求，其次是满足舒适性、低成本、质量轻及美观耐用的要求。

☞单元小结

平顺性、汽车空气调节性能、汽车驾乘环境及驾驶操作性能是影响汽车舒适性的重要因素。针对每一因素，本章由理论进行了分析，得出了与舒适性相关的结构因素或参数，并提出了相关的实验方法。

汽车舒适性是与使用者联系最为密切的性能，良好的汽车舒适性能保证驾驶者的平稳情绪、快速的反应速度进而保证行车的安全性；同时，也有助于增加汽车使用年限。

对于汽车生产商，无论是新生产车型还是对原有车型进行改进，都应充分重视汽车的舒适性。良好的汽车舒适性不仅能保护驾乘人员的身心健康，提高效率，而且还会影响到车辆的多种使用性能的发挥和汽车零部件的寿命。提高汽车的舒适性不仅会树立良好的品牌形象，还会大大减少售后开支。因此，汽车生产研发者应重视汽车舒适性的研究，以提高自身竞争力，抢占激烈竞争中的市场份额。

☞学习工作页

<table>
<tr><td rowspan="2">学习工作页</td><td>学习单元</td><td colspan="4">汽车的舒适性与行驶安全性</td></tr>
<tr><td>学习任务</td><td colspan="4">汽车的舒适性能、汽车的行驶安全性能</td></tr>
<tr><td>姓　名</td><td></td><td>班　级</td><td></td><td>小　组</td><td></td></tr>
<tr><td>日　期</td><td></td><td>开始时间</td><td></td><td>结束时间</td><td></td></tr>
<tr><td>场　地</td><td colspan="5">整车理实一体教室</td></tr>
<tr><td>用品、用具、工具、设备</td><td colspan="5">轿车一辆，越野车一辆，行驶安全专用检测仪器一台，通用工具一套</td></tr>
<tr><td>工作记录</td><td colspan="5">1. 舒适性检测
(1)
(2)
(3)
2. 行驶安全性检测
(1)
(2)
(3)</td></tr>
</table>

1. 填空题。

(1) 舒适的空气调节参数有________、________、________、________。

(2) 汽车的安全性按照交通事故发生的前后分为________和________。

(3) 汽车的碰撞分为________和________。

(4) 车辆的被动安全系统归纳起来可分为________和________两大类。

2. 判断题。

(1) 防抱死制动系统属于被动安全系统。(　　)

(2) 汽车的舒适性与汽车的振动没有关系。(　　)

(3) 汽车的安全气囊可作为一种辅助的乘员约束系统，防止与车内饰件的二次碰撞。(　　)

3. 任务实施。

对于试验车实施舒适性能与安全性能的检测，并做出比较分析。

____

____

____

指导教师评语：

____

____

教师签字：____________　日期：______年______月______日

单元8　汽车前照灯与车速表检测

学习任务8.1　汽车的前照灯检测

☞学习情境

前照灯是汽车在夜间或能见度较低的情况下为驾驶员提供行车道路照明的重要电气设备，而且也是驾驶员发出警示、进行联络的灯光信号装置，所以前照灯必须有足够的发光强度和正确的照射方向。汽车在行驶过程中由于会受到振动，可能引起前照灯部件的安装位置发生变动，从而改变光束的正确照射位置；同时，灯泡在使用过程中会逐步老化，反射镜也会受到污染而使其聚光性能变差，导致前照灯的亮度不足。这些变化会使驾驶员在夜间行车时对前方道路情况辨认不清楚，或在与对面来车会车时造成对方驾驶员炫目等情况，从而导致交通事故的发生。因此，为了确保汽车在使用过程中具有良好的照明性能，在新车出厂、汽车年检及平时汽车安全性能检查时，都要利用专用的检测仪对前照灯进行检测，只有前照灯符合国家标准才能上路行驶。

☞学习目标

1. 针对汽车前照灯的认识；
2. 了解汽车前照灯检测设备；
3. 掌握汽车前照灯的检测方法；
4. 会使用前照灯检测仪对汽车前照灯进行检测。

☞学习信息

8.1.1　汽车前照灯的认识

汽车在夜间或光线不足的情况下，为了保证驾驶员能及时发现情况、被其他车辆所识别，保障行车安全，提高运输生产率，汽车必须自身装备有夜间使用的照明灯具，即前照灯。前照灯由灯泡、反光镜和配光镜构成，有近、远两种灯光。前照灯在汽车上的安装数量一般有两灯制和四灯制。

8.1.1.1　前照灯的类型

汽车的前照灯一般有白炽、卤素、氙气等类型。随着汽车技术的不断发展，过去那种白炽真空灯已先后被淘汰。现在汽车的前照灯以卤素灯、氙气灯为主。

卤素灯，就是在灯泡内渗入少量的卤素气体碘，从灯丝蒸发出来的钨原子与碘原子相遇反应，生成碘化钨化合物，碘化钨化合物一接触白热化的灯丝（温度超过1450 ℃），又会分解还原为钨和碘，钨又重新归队回到灯丝中去，碘则重新进入气体中。如此循环不已，灯丝几乎不会烧断，灯泡也不会发黑，所以它比传统的白炽前照灯寿命更长、亮度更大。现在的汽车普遍采用的都是这种前照灯。

卤素灯有其独特的配光结构，每只灯泡内有两组灯丝，一组是主光束灯丝，发出的灯光经灯罩反射镜反射后径直向前射去，这种光源就是我们平时所说的“远光”；另一种是偏光束灯丝，发出的光给遮光板挡到灯罩反射镜子的上半部分，其反射出去的光线都是朝下漫射向地面，不会给对面来车的驾驶者造成眩目，这种光源就是我们平常所说的“近光”。

氙气灯，英文简称是HID。它所发出的光照亮度是普通卤素灯的2倍，而能耗仅为其2/3，使用寿命可达普通卤素灯的10倍。氙气灯极大地增加了驾驶的安全性与舒适性，还有助于缓解人们夜间行驶的紧张与疲劳。驾车者可在第一时间内发现危险，从而获得足够的反应时间，很大程度上减少了夜间事故发生率。目前国内推出的全新奥迪、帕萨特、别克君威、马自达等豪华款均配备了氙气前照灯。从应用前景看，氙气前照灯将会成为市场的主流。

8.1.1.2　前照灯的检测参数

1. 发光强度。

发光强度是光线在给定方向上发光强弱的度量，其单位是坎德拉，简称坎，用符号cd表示。它表示光源在某球面度立体角（该物体表面对点光源形成的角）内发射出1 lm的光通量。1 cd = 1 lm/1 sr（sr——立体角的球面度单位），40 W白炽灯正下方具有约30 cd的发光强度。而在它的上方，由于有灯头和灯座的遮挡，在这个方向上没有光射出，故此方向的发光强度为零。如加上一个不透明的搪瓷伞形罩，向上的光通量除少量被吸收外，都被灯罩朝下面反射，因此向下的光通量增加，而灯罩下方立体角未变，故光通量的空间密度加大，发光强度由30 cd增加到73 cd。

照度即物体表面所得到的光通量与被照面积之比，单位是lx（1勒克斯是1流明的光通量均匀照射在1平方米面积上所产生的照度）或英尺烛光（1英尺烛光是1流明的光通量均匀照射在1平方英尺面积上所产生的照度），1英尺烛光 = 10.76 lx。光照强度的测量用照度计。夏季在阳光直接照射下，光照强度可达6万~10万lx，没有太阳的室外0.1万~1万lx，夏天明朗的室内100~550 lx，夜间满月下为0.2 lx。

发光强度是针对光源本身而言，而照度是针对被照量的物体而言。发光强度与照度之间有一定的关系，在光源发光强度不变的情况下，物体离光源越远，被照明的程度越差。

2. 光束照射方位的偏移值。

如果把前照灯最亮的地方看作光束中心，则它对水平、垂直坐标轴交点的偏离，即表示它的照射方位偏移，其偏移的尺寸就是光束照射方位的偏移值，也称光轴的偏斜量。

前照灯光束照射位置要求：

(1) 机动车在检验前照灯的近光光束照射位置时，前照灯在距离屏幕 10 m 处，光束明暗截止线转角或中点的高度应为 $0.6H \sim 0.8H$（H 为前照灯基准中心高度，下同），其水平方向位置向左向右偏差均不得超过 100 mm。

(2) 四灯制前照灯远光单光束灯的调整，要求在屏幕上光束中心离地高度为 $0.85H \sim 0.90H$，水平位置要求左灯向左偏不得大于 100 mm，向右偏不得大于 170 mm；右灯向左或向右偏均不得大于 170 mm。

8.1.1.3 前照灯的配光特性

配光特性就是指前照灯灯光的光行分布特性。前照灯的配光特性有美国式 SAE 配光和欧洲式 ECE 配光两种。

1. 美国式 SAE 配光特性。

SAE 配光也称美国配光方式，如图 8－1 所示。

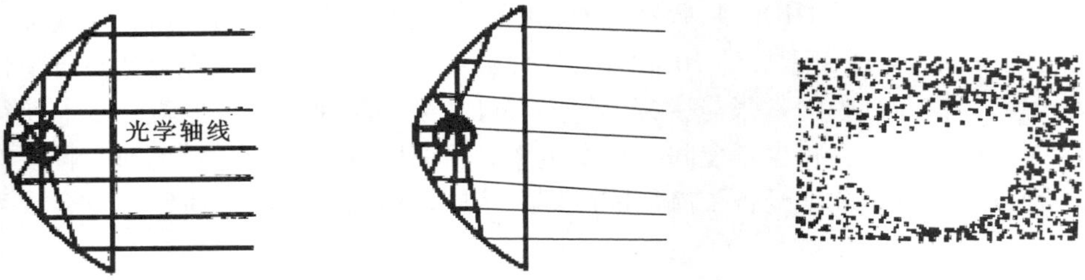

（a）　（b）　（c）

图 8－1　美国配光方式原理图

远光灯丝位于反射镜交点处，所发出光线经反射沿光学轴线方向射向远方；近光灯丝位于焦点之上，所发出的光线经反射后，大部分向下倾斜，从而下部较亮而上部较暗，所形成的光形分布是水平方向宽、垂直方向窄。若等照度曲线左右对称，不偏向一边，上下扩展不太宽，就是好的配光特性。SAE 配光方式的近光照射在屏幕上的光斑没有明显的明暗截止线。

2. 欧洲式 ECE 配光特性。

ECE 配光特性也称欧洲配光方式，如图 8－2 所示。

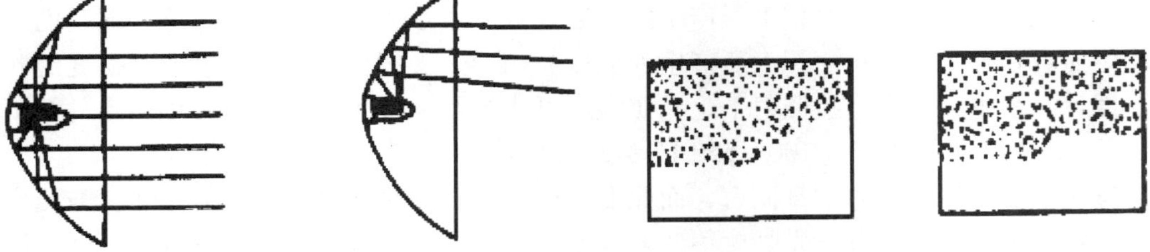

（a）　（b）　（c）

图 8－2　欧洲配光方式原理图

其远光配光与 SAE 配光方式相同；近光灯丝位于反射镜交点之前，且在灯丝下设置一遮光屏。这样，近光光线只能落在反射镜上半部分而向下倾斜反射，照到屏幕上时，可看到明显的明暗截止线和明暗截止线转角点的光斑。

ECE 配光方式有两种，如图 8 - 3 所示：一种在配光屏幕上，左半边明暗截止线是与水平的前照灯基准中线高度水平线 *h—h* 重合，右半部分明暗截止线以 *h—h* 与 *V—V* 线（汽车纵向中心平面在屏幕上的投影）的交点为起点，呈 15°向右上方倾斜。另一种配光方式，灯光在屏幕投影呈 Z 字形。左半部分投影明暗截止线在 *h—h* 线下 250 mm 处，右半部分则先在左半部分投影明暗截止线与 *V—V* 线交点处向上倾斜 45°倾斜角，与 *h—h* 线相交后成为水平线，明暗截止线在屏幕上呈 Z 字形。我国前近光灯已采用 Z 字形配光方式。

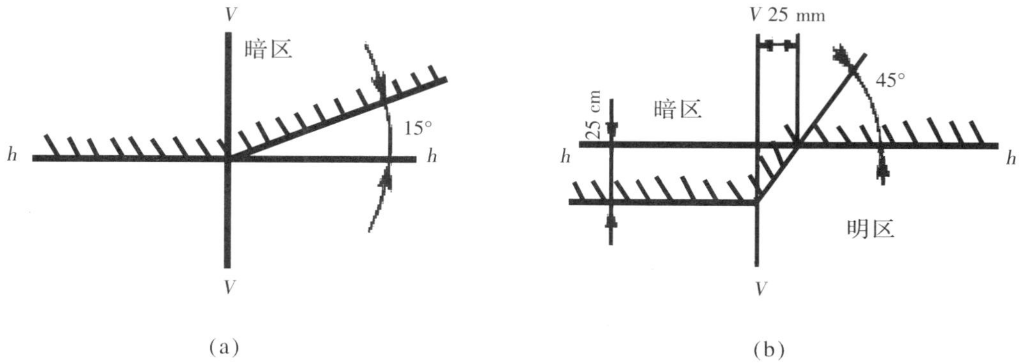

图 8 - 3　ECE 配光方式

8.1.2　汽车前照灯的检测

国家标准《机动车运行安全技术条件》（GB 7258—2004）对前照灯的安装、使用以及性能方面有如下要求：

1. 对前照灯安装、使用的要求。

（1）在正常使用条件下，机动车前照灯光束照射位置应保持稳定。

（2）装有前照灯的机动车应有远、近光变换装置，并且当远光变为近光时，所有远光应能同时熄灭。同一辆机动车上的前照灯不允许左、右的远、近光灯交叉开亮。

（3）前照灯的远、近光灯上下并列设置时，近光灯应位于上侧，其他情况下近光灯应位于外侧。

（4）所有前照灯的近光都不允许炫目。

2. 对前照灯性能的要求。

主要包括配光特性、发光强度和光束照射方向等。

8.1.2.1　前照灯检测仪的认识

1. 投影式前照灯检测仪的结构与工作原理。

仪器主体由车架和受光箱两部分构成。受光箱用以接收被检前照灯的光束并进行检测。受光箱安装在车架上，可沿立柱由电动机驱动（或摇动手轮）上下移动并可在地面上沿轨道左右移动，外形结构如图 8－4 所示。

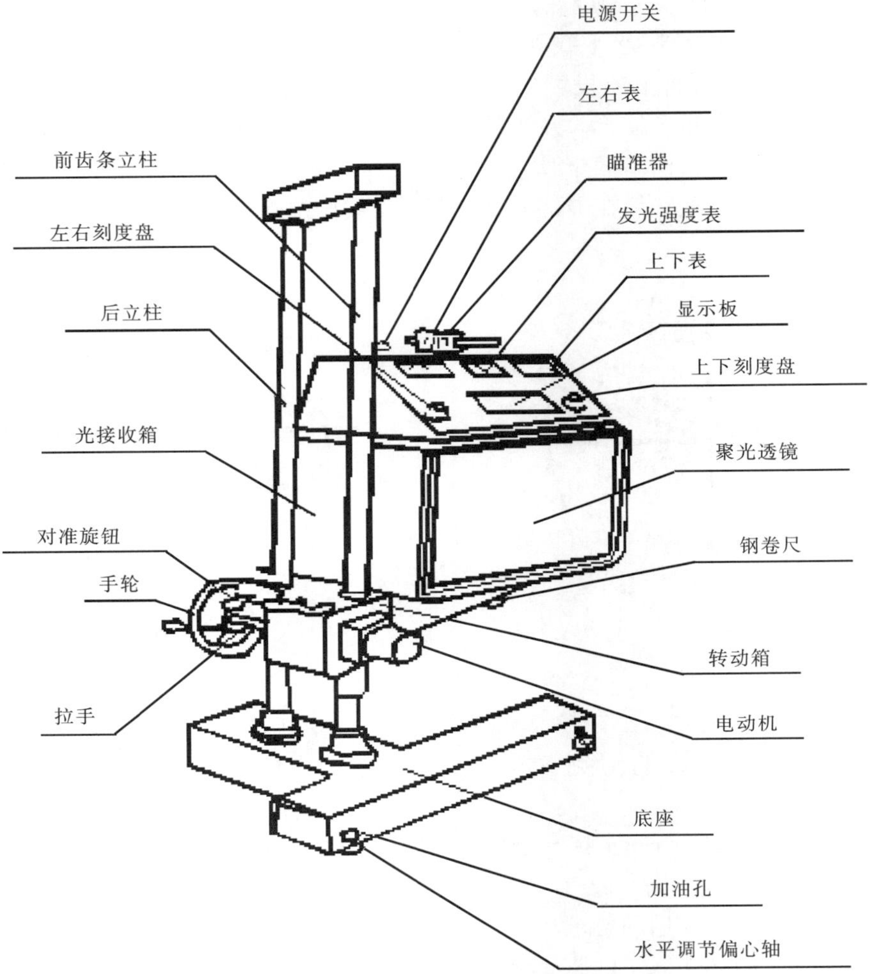

图 8－4　投影式前照灯检测仪结构图

由被检前照灯发出的光束经聚光镜会聚后，由反射镜反射到屏幕上。屏幕呈半透明状，在屏幕上可看到光束的光分布图形。该图形近似于在 10 m 屏幕上观察的光分布特性。屏幕上对称分布 5 个光检测器，如图 8－5 所示。NO. 1 及 NO. 2 用以检测垂直方向的光分布，其输出电流经转换成电压后，连接到垂直方向的指示表上。通过旋转上下刻度盘，使反光镜移动，从而使 NO. 1 及 NO. 2 输出信号相等，上下指示表指示为零。此时上下刻度盘指示出光轴偏移量的数值。NO. 3 及 NO. 4 用以检测左右方向的光分布情况，其原理同上。由左右刻度盘指示出光轴偏移量。NO. 5 用以检测发光强度，其输出放大后由发光强度指示表指示发光强度数值。

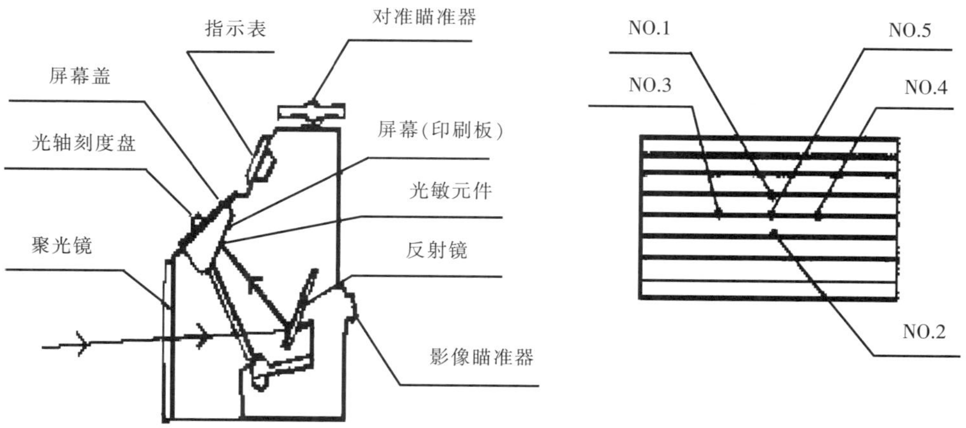

图 8－5　光分布特性示意图

2. 自动跟踪光轴式前照灯的结构与工作原理。

仪器外形如图 8－6 所示。仪器主要由驱动机构及光接收箱构成。底箱内装左右方向驱动系统及垂直方向牵引系统以驱动仪器整机做左右方向运动及牵引接收箱做垂直方向运动。仪器可沿导轨左右移动整个设备。

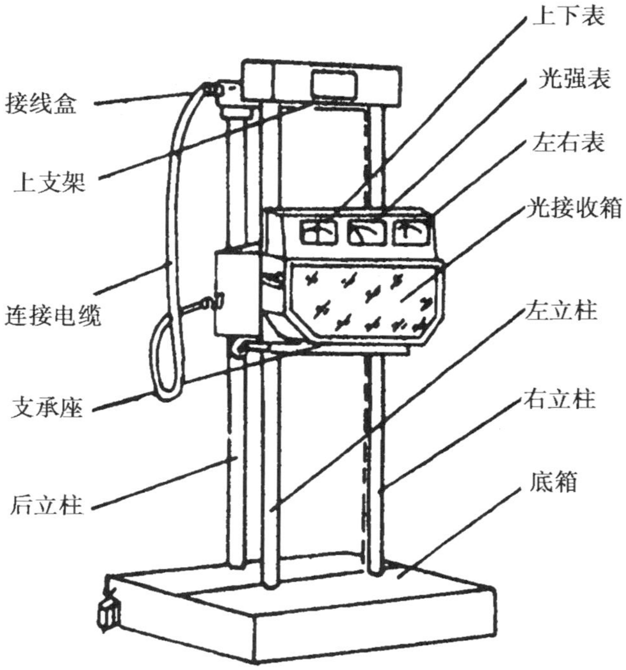

图 8－6　自动跟踪光轴式前照灯结构图

光接收箱内部有一透镜组件，光接收箱正面装有上下左右 4 个光电池，用作光轴追踪。其原理是当上下光电池受到的光照度不同时，产生的偏差信号驱动上下传动部件中的电机，牵引光接收箱向光照平衡的位置移动。同样，左右光电池的偏差信号驱动左右传动部件中的电机，使仪器向左向右移动，直到光轴位置偏差信号为零时，灯光仪停止移动，灯光的光轴处于光接收箱的中心上。同时在透镜后面的四象限光电池受到前照灯光束经透镜聚光后，照射在这一光电池组的中央时，四光电池产生的偏差信号为零（上下表和左右表指示为零）。如果在仪器定位于主光轴位置时，通过聚光透镜的光束偏离中心位置，必然产生偏差信号。左右偏移的偏差信号驱动电机，使透镜移动，以减少这一偏差，亦即使得汇聚的光束向光电池组中心逼近。同样，上下偏移偏差信号则驱动透镜在垂直方向上做调整，以使光点能在垂直方向逼近光电池组的中心。透镜在两个方向的位移量由分别安装在两个方向的位移传感器经电路放大处理后，分别将偏移量显示在左右指示表上和上下指示表上并输出。光强在四象限光电池中心聚焦后由四象限光电池组与光照强度产生正比的电信号，经叠加后，再经过放大电路放大后送到光强指示表上指示并输出。

3. 采用 CCD 图像传感器的全自动前照灯远、近光检测仪器的结构及工作原理。

常见的检测设备有南华厂生产的 QD－1003、NHD－6101 型远近光检测仪，浙大鸣泉生产的 QDC－1B 型远近光检测仪和佛山厂生产的 FD－103 型远近光检测仪。是在全自动远光检测仪基础上结合 CCD 图像传感器和先进的图像处理技术发展而来的。南华产 NHD－6101 和佛山产 FD－103 型检测仪在透镜的前后安装有两个 CCD 摄像机，分别负责光轴的跟踪及前照灯配光性能和照射方向的分析；南华产 QD－1003 型检测仪在透镜后安装有一个 CCD 摄像机，用于前照灯配光性能和照射方向的分析，而光轴的跟踪仍沿用以前的光电池方法。有的检测仪的立柱上装有扫描光电管阵列，其作用是扫描汽车前照灯的大概位置，以便光接收箱快速定位。

（1）前照灯光轴的定位原理。

根据机动车前照灯远光或近光的配光特性、CCD 测量技术特点和聚光透镜的聚光特性，可以对进入仪器光接收箱未进行聚光的机动车前照灯远光光束进行拍摄，利用高性能计算机和先进的图像处理技术对整个光斑进行量化分析处理，找出前照灯的光轴中心，通过控制系统控制驱动电机，使光接收箱的光学中心和前照灯的远光（或近光）光束中心准确重合。当光接收箱的光学中心和前照灯的远光光束中心准确重合时，如图 8－7（a）所示，上下、左右电机不动，仪器处于平衡状态；当光接收箱的光学中心和前照灯的远光光束中心不重合时，如图 8－7（b）所示，计算机会发出指令，使上下、左右电机走动直到光接收箱的光学中心和前照灯的远光光束中心准确重合。

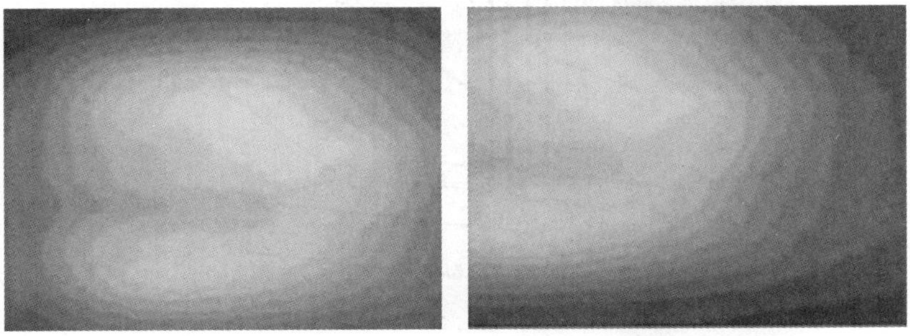

（a）　　（b）

图 8－7　前照灯配光特性图

（2）偏角和光强的测量。

对准光轴后，利用 CCD 对进入仪器光接收箱经过聚光镜聚光后，聚集在焦平面屏幕上的机动车前照灯远光光斑进行拍摄，利用高性能计算机和先进的图像处理技术对整个焦平面光斑进行量化分析处理，找出其光束中心，不同偏角的光束其光学中心成像在焦平面上的位置不同，不同光强的点，其在图像上的灰度也不同。光强越强的点，光斑越白；光强越小的点，光斑越暗。FD－103 型前照灯检测仪这样就可以测出机动车前照灯远光灯的角度和光强。当机动车前照灯远光的偏角为零度时，远光（或近光）灯光束经过聚光透镜聚光后，其成像在焦平面光学中心也在焦平面的中心，其成像在焦平面的光分布图如图 8－8（a）所示。当机动车前照灯远光的偏角不为零度时，远光灯光束经过聚光透镜聚光后，其成像不在焦平面光学中心也不在焦平面的中心，其成像在焦平面的光分布图如图 8－8（b）所示。

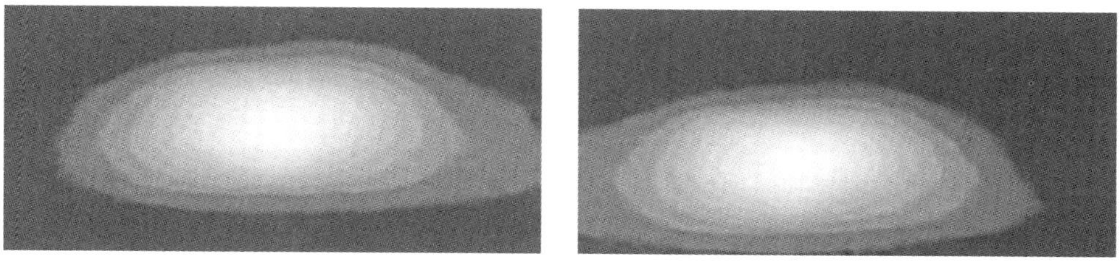

（a）　　（b）

图 8－8　前照灯光分布图

8.1.2.2　**汽车前照灯的检测方法**

汽车前照灯的检测方法因仪器型号、厂家不同而有所不同，应根据使用说明书进行操作。这里仅仅介绍一般的检测方法。

1. 检测前的准备。

（1）检测仪的准备。

①在前照灯检测仪不受光的情况下，调整前照灯检测仪光度计和光轴偏斜指示计指针的机械零点；

②检查聚光透镜和反射镜的镜面上有无污染物，若有，可用柔软的布或镜头纸擦拭干净；

③水准器的气泡应处于规定位置；

④检查导轨有无泥污，若有，及时清除，导轨移动平顺、灵活。

（2）被测车辆的准备。

①清除前照灯上的污染物；

②轮胎气压应符合规定值；

③保持蓄电池处于良好状态；

④汽车空载，在司机座位乘坐一名驾驶员。

2. 前照灯检测仪检测步骤。

（1）车辆正直居中行驶，在前照灯离检测灯箱 1 m（或根据说明书要求的距离）处停车。

（2）车辆发动机处于怠速状态，置变速器于空挡，电源处于充电状态，开启前照灯远光。

（3）启动前照灯检测仪开始测量，不同型号的检测仪操作方法不同，请按说明书要求操作。

（4）在并列的前照灯（四灯制）进行检测时，应将与受检灯相邻的灯遮蔽。

（5）检测完毕，前照灯检测仪归位，车辆驶离。

3. 检测注意事项。

（1）停车位置要准确，车身纵向中心线要垂直于前照灯受光面，否则主要会影响光束左右偏测量的准确性。

（2）初检与复检时尽量由同一检验员引车操作，驾驶员体重的变化会对光束上下偏测量的准确性和重复性造成影响，尤其对微型车影响较大。

（3）前照灯检测仪正在移动或将要移动时，严禁车辆通过。

（4）检测完毕后车辆要及时驶离，车身不得长时间挡住轨道。

4. 检测结果分析。

（1）前照灯发光强度偏低：在前大灯照射位置正确的前提下，应检查反光镜的光泽是否明亮；灯泡是否老化；蓄电池到灯座的导线电压降是否过大；是否存在搭铁不良等原因。

（2）前照灯光束照射位置偏斜：可在前大灯检测仪上通过大灯上的调整装置进行调整。

（3）劣质大灯的问题：没有光形；前照灯近光亮区暗；前照灯近光暗区漏光；前照灯远光亮区暗。原因：配光镜和反光镜的角度、弧线以及它们之间的相互配合存在设计问题；配光镜材质问题，对光的吸收率高；反光罩加工粗糙，材料低劣，造成反光率差。

学习任务 8.2　汽车车速表的检测

☞学习情境

汽车驾驶室内的仪表台上的车速表是驾驶员判断汽车行驶速度的重要设备，它随时向驾驶员提供车速信息，为驾驶员的正确控制提供重要依据。车速表的好坏，直接影响驾驶员对车速的控制，如果车速表指示误差较大，有可能导致行车事故。因此，为了保证行车安全，国家规定所有汽车必须定期检查车速表误差。

☞学习目标

1. 了解车速表误差形成的原因；
2. 了解车速表试验台的结构与工作原理；
3. 会使用车速表试验台进行车速表检测；
4. 会判断分析检测结果。

☞学习信息

8.2.1　汽车车速表的认识

为了保证汽车行驶的安全性，提高汽车运输生产率，充分发挥汽车的动力性，正确掌握行车速度是非常重要的。车速太高，方向就难于准确控制，遇到紧急情况可能来不及采取措施，还会增大紧急制动距离，因而容易造成交通事故。所以在一些路况不好的路段或市区内往往要限制车速，严禁超速行驶。要监视行车速度，单靠驾驶员的主观感觉或经验是不行的，必须依靠车速表。

8.2.1.1 车速表的工作原理

图 8－9 汽车车速表

车速表一般与里程表结合在一起，称为车速里程表。其结构原理如图 8－10 所示。

变速器输出轴驱动的软轴与车速表相连接，软轴驱动车速表中的永久磁铁旋转，使感应盘切割磁力线而产生涡流，建立涡流磁场。涡流磁场与永久磁铁的旋转磁场相互作用，使感应盘产生转动力矩。在转动力矩的作用下，转动盘克服游丝的张力而转动。感应盘的转角随永久磁铁转速的升高而增大，指针与感应盘一起转动，指示了行车速度。

现代汽车正向高速化方向发展，随着车速的提高，用软轴驱动的传统车速里程表受到前所未有的挑战，这是因为软轴在高速行驶时，由于受钢丝交变应力极限的限制而容易断裂，同时软轴布置过长会出现形变过大或运动迟滞现象，而且对于不同的车型，转速里程表的安装位置也会受到软轴长度及弯曲度限制。因而使得电子式转速里程表得到迅速发展。

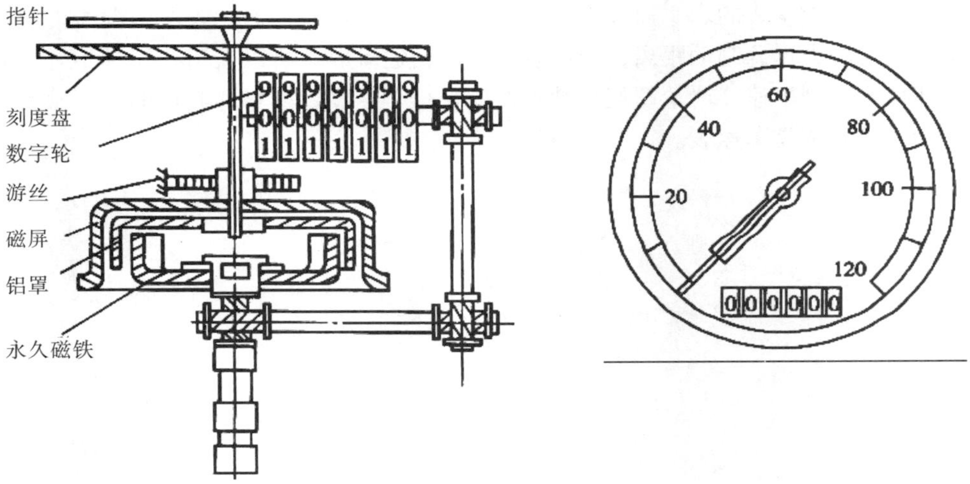

图 8－10 磁感应式车速表

8.2.1.2　车速里程表误差的形成与测量

1. 车速表误差的形成。

一般是通过速度传感器将汽车行驶速度传递给车速表，以使其指示车辆的行驶速度。由于传感器、车速表的制造、装配误差以及车速性能下降，或轮胎磨损、轮胎气压不符合规定等因素都可能引起车速表的指示车速与实际车速之间出现误差。

车速表是利用磁电互感作用，通过指针摆动来显示汽车的行驶速度的。车速表内有带指针轴的转盘、带永久磁铁的转轴、轴承、游丝等零件，转轴由软轴相连接。这些零件在使用中的自然磨损以及磁性元件松磁性变化都会造成车速表的指示误差。

车速表的转轴一般通过变速器或传动器输出轴上的蜗杆—蜗轮传动副经软轴驱动。在变速器输出轴转速不变的情况下，则车速表指示值为定值，而汽车的实际行驶速度还与车轮的滚动半径有关。汽车轮胎在使用过程中随行驶里程的增加而逐渐磨损，其滚动半径逐渐减小，轮胎气压高低也影响滚动半径的大小，因此车速表指示值与实际值就会形成误差。为消除上述原因所引起的车速指示误差，需对车速表进行适时的校验。

2. 车速表误差的测量原理。

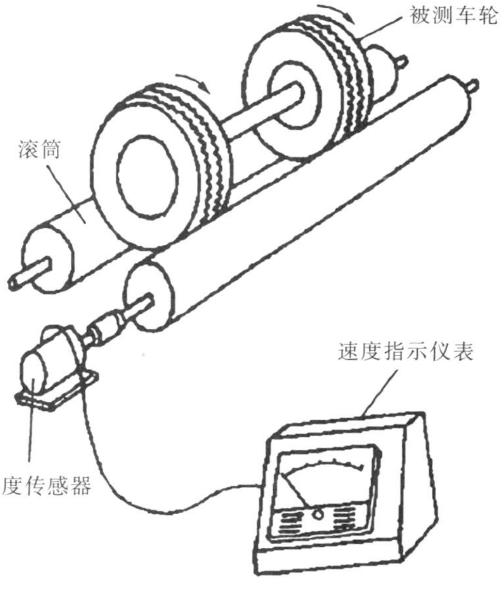

图 8－11　车速表试验台

车速表误差的测量需采用滚筒式车速表试验台进行，将被测汽车车轮置于滚筒上旋转，模拟汽车在道路上的行驶状态。

测量时，由被测车轮驱动滚筒旋转或由滚筒驱动车轮旋转，滚筒端部装有速度传感器（测速发电机），测速发电机的转速随滚筒转速的增加而增加，而滚筒的转速与车速成正比，因此测速发电机发出的电压也与车速成正比。

滚筒的线速度、圆周长与转速之间的关系可用下式表达：

$$V = L \times n \times 60 \times 10^{-6}$$

式中：V——滚筒的线速度（km/h）；

L——滚筒的圆周长（mm）；

n——滚筒的转速（r/min）。

因车轮的线速度与滚筒的线速度相等，故上述的计算值即为汽车的实际车速值，由车速表试验台上的速度指示仪表显示，称为试验台指示值。

车轮在滚筒上转动的同时，汽车驾驶室内的车速表也在显示车速值，称为车速表指示值。将试验台指示值与车速表指示值相比较，即可得出车速表的指示误差。

8.2.2 汽车车速表的检测

车速表经长期使用后，其指示误差会越来越大，车速表指示不准或出现故障将直接影响驾驶员对行车速度的判断，从而影响到行车安全。因此，为了保证行车安全，确保车速表的指示精度，在行车安全法规中要求对车速表进行定期检查。

1. 车速表试验台的结构及工作原理。

车速表试验台有三种类型：无驱动装置的标准型，它依靠被测车轮带动滚筒旋转；有驱动装置的驱动型，它由电动机驱动滚筒旋转；把车速表试验台与制动试验台或底盘测功机试验台组合在一起的综合型。

（1）标准型车速表试验台。

该试验台由速度测量装置、速度指示装置和速度报警装置等组成。

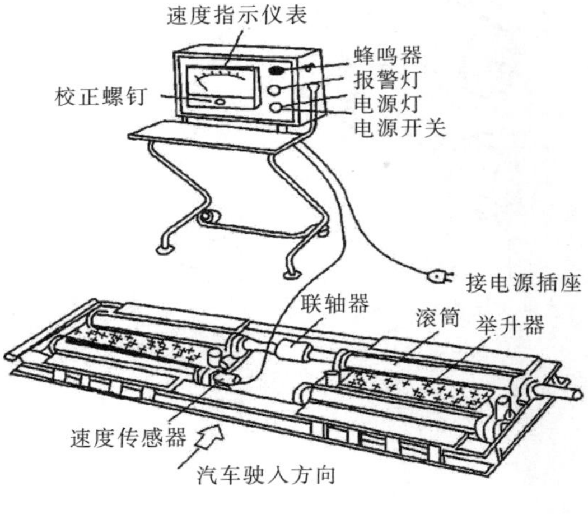

图 8－12　标准型车速表试验台

速度测量装置主要由框架、滚筒装置、速度传感器和举升器等组成。滚筒一般为 4 个，通过滚筒轴承安装在框架上。在前、后滚筒之间设有举升器，以便汽车进出试验台，举升器与滚筒制动装置联动，举升器升起时，滚筒不会转动。速度传感器一般采用测速发电机式、差动变压器式、磁电式和光电式等多种，安装在滚筒的一端，将对应于滚筒转速发出的电信号送至速度指示装置。

速度指示装置是根据速度传感器发出的电信号大小来工作的，能把以滚筒圆周长与滚筒转速算出的线速度，以 km/h 为单位在速度指示仪表上显示车速。

速度报警装置是为在测量时便于判明车速表误差是否在合格范围之内而设置的。

（2）驱动型车速表试验台。

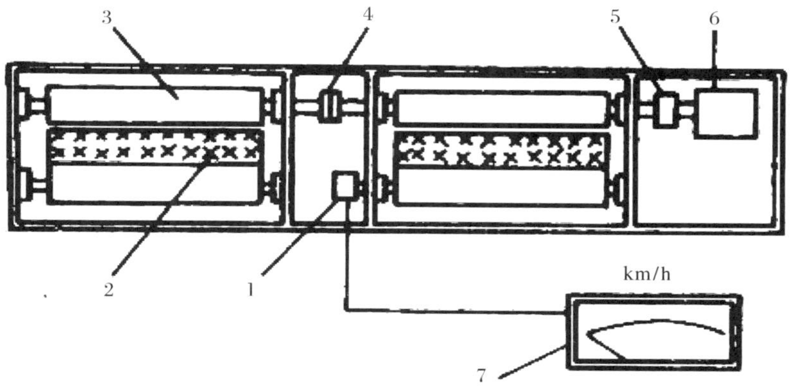

1—车速传感器；2—举升机；3—滚筒；4—联轴器；5—离合器；6—电动机；7—车速指示仪表

图 8－13　电机驱动型车速表检验台结构示意图

汽车车速表的转速信号多数取自变速器或分动器的输出端，但对于后置发动机的汽车，如车速表软轴过长，会出现传动精度和寿命方面的问题，因此转速信号取自前轮。驱动型车速表试验台就是为适应后置发动机汽车的试验而制造的。

这种试验台在滚筒的一端装有电动机，由它来驱动滚筒旋转。此外，这种试验台在滚筒与电动机之间装有离合器，若试验时将离合器分离，又可作为标准型试验台使用。

2. 车速表的检测方法。

（1）车速表试验台的准备。

在滚筒处于静止状态时检查指示仪表是否在零点上，不在应调零。

检查滚筒上是否沾有油、水、泥、砂等杂物，应清除干净。

检查举升器的升降动作是否自如。若动作阻滞或有漏气部位，应予修理。

检查导线的连接接触情况，若有接触不良或断路，应予修理或更换。

（2）被测车辆的准备。

轮胎气压在标准值。

清除轮胎上的水、油、泥和嵌夹石子。

（3）检测方法。

①接通试验台电源。

②升起滚筒间的举升器。

③将被检车辆开上试验台，使输出车速信号的车轮尽可能与滚筒成垂直状态地停放在试验台上。

④降下滚筒间的举升器，至轮胎与举升器托板完全脱离为止。

⑤用挡块抵住位于试验台滚筒之外的一对车轮，防止汽车在测试时滑出试验台。

⑥使用标准型试验台时应做如下操作：

待汽车的驱动轮在滚筒上稳定后，挂入最高挡，松开驻车制动器，踩下加速踏板使驱动轮带动滚筒平稳地加速运转。

当汽车车速表的指示值达到规定检测车速（40 km/h）时，读出试验台速度指示仪表的指示值；或当试验台速度指示仪表的指示值达到检测车速时，读取车速表的指示值。

⑦使用驱动型试验台时应做如下操作：

接合试验台离合器，使滚筒与电动机连在一起。

将汽车的变速器挂入空挡，松开驻车制动器，起动电动机，使电动机驱动滚筒旋转。

当汽车车速表的指示值达到检测车速时，读取试验台速度指示仪表的指示值；或当试验台速度指示仪表达到检测车速时，读取汽车车速表的指示值。

⑧测试结束后，轻轻踩下汽车制动踏板，使滚筒停止转动。对于驱动型试验台，必须先关断电动机电源，再踩制动踏板。

⑨升起举升器，去掉挡块，汽车驶离试验台。

3. 检测结果分析。

（1）车速表经检测出现误差，其主要原因是长期使用过程中车速表本身出现了故障、损坏和轮胎磨损。车速表内有转动的活动盘、转轴、轴承、齿轮、游丝等零件和磁性元件，这些构件在工作过程中产生的磨损和性能变化会造成车速表的指示误差。对于产生磨损的应予更换。磁力式车速表的磁铁磁力退化，也会引起指针指示值失准，应更换磁铁进行修复。

（2）汽车轮胎在使用过程中由于磨损，其半径逐渐减小。在变速器输出轴转速不变的条件下，汽车行驶速度因轮胎半径的变化而变化，而车速表的软轴是与变速器输出轴相连的，因此车速表指示值与实际车速形成误差。

☞单元小结

前照灯是汽车在夜间或能见度较低的情况下为驾驶员提供行车道路照明的重要电气设备，而且也是驾驶员发出警示、进行联络的灯光信号装置，所以前照灯必须有足够的发光强度和正确的照射方向。

车速表是驾驶员判断汽车行驶速度的重要设备，它随时向驾驶员提供车速信息，为驾驶员的正确控制提供重要依据。车速表的好坏，直接影响驾驶员对车速的控制，如果车速表指示误差较大，有可能导致行车事故。

为了保证汽车行车安全，应定期检查汽车灯光和车速表。

☞学习工作页

<table>
<tr><td rowspan="2">学习工作页</td><td>学习单元</td><td colspan="4">汽车前照灯与车速表检测</td></tr>
<tr><td>学习任务</td><td colspan="4">汽车的前照灯检测、汽车车速表的检测</td></tr>
<tr><td>姓　名</td><td></td><td>班　级</td><td></td><td>小　组</td><td></td></tr>
<tr><td>日　期</td><td></td><td>开始时间</td><td></td><td>结束时间</td><td></td></tr>
<tr><td>场　地</td><td colspan="5">整车理实一体教室</td></tr>
<tr><td>用品、用具、工具、设备</td><td colspan="5">轿车一辆，前照灯检测仪器一台，车速表试验台一架，通用工具一套</td></tr>
<tr><td>工作记录</td><td colspan="5">1. 前照灯检测
（1）
（2）
（3）
2. 车速表检测
（1）
（2）
（3）</td></tr>
</table>

1. 填空题。

（1）汽车前照灯的检验参数有____________、____________。

（2）前照灯的配光特性有____________和____________两种方式。

（3）前照灯检测仪有____________、____________和____________三种类型。

（4）标准型车速表试验台由____________、____________和____________等组成。

2. 判断题。

（1）前照灯检测不合格有两种情况：一是前照灯发光强度偏低；二是前照灯照射位置偏斜。（　　）

（2）检测对称光前照灯的检测仪采用的是 ASE 和 ECE。（　　）

（3）后置发动机的汽车转速信号取决于后轮。（　　）

（4）在进行车速表检测时，若轮胎沾有水、油或者轮胎花纹沟槽内嵌有小石子，应清除干净再进行。（　　）

3. 任务实施。

分析车速表误差如何形成，并进行检测。

____

指导教师评语：

____

____

教师签字：________________　日期：________年________月________日

单元9 汽车排放物及噪声检测

学习任务9.1 汽车排放物检测

☞学习情境

目前，车辆排放气体对大气的严重污染已发展成为世界性的问题，引起了人们的高度关注，尤其是在一些大城市中，随着汽车保有量的增加，汽车的生产、销售、使用、报废带来了环境大气危害和严重的空气污染。汽车排气污染物造成的环境污染日趋严重，为了有效控制汽车排放污染的扩散，必须制定相关的标准，以加强汽车排放污染物的检测。

☞学习目标

1. 了解汽车排放污染物的途径及污染物的成分；
2. 掌握汽车排放污染物的检测方法；
3. 能正确使用排放检测设备检测汽车排放污染物。

☞学习信息

9.1.1 汽车排放污染物的认知

众所周知，汽车的排放污染物不是单一的气体，有些成分对环境无害，而有些尾气排放中有害成分含量很高，给城市环境和大气带来了很大污染。

9.1.1.1 汽车排放污染物的主要成分及其危害

1. 一氧化碳与人体中毒。

一氧化碳（CO）是不完全燃烧的生成物，它是一种无色、无味的有毒气体，一旦进入人体的血液和大脑，会降低红细胞的供氧能力，即使 CO 的浓度很低，也能伤害神经系统的功能及视力。例如驻车时发动机在怠速工况下带动空调机运行时，发动机排气系统漏出的 CO 会进入乘坐舱内，引起人体中毒，严重时会致命。

2. 二氧化碳等与温室效应。

产生温室效应的气体有二氧化碳、甲烷（CH_4）、氧化氮（N_2O）、臭氧（O_3）及氟氯碳烷（CFCS）。汽车排气中含有前面四种气体，或者由排放物经过化学反应后生成。最后一种通常称为氟利昂，在汽车空调、制冷装置及某些去污剂、清洁剂中含有氟利昂，在汽车维修及损坏时，则往往排放到大气中。氟利昂除了产生温室效应外，还会破坏高空的臭氧层，后者能阻挡太阳光的紫外线。人们受到较多紫外线的辐射，则可能引起白内障、皮肤癌及免疫系统受到破坏等问题。国际上已要求不要使用氟利昂。

大气中含有上述 CO_2 等气体，在上空形成气层，吸收地球表面的红外辐射，又以其波长辐射的形式，将其能量返回到地球表面。这就像将地球罩在温室里，使地面实际损失能量比其长波辐射返回的能量要少，对地面起了保温作用，故称之为温室效应。

本来这种温室效应对地球是有利的，假如没有这种效应，地球上温度将相当低。但是大气层中 CO_2 等气体过多，则会导致相反的、对地球人类生活不利的后果。那就会使地球表面平均温度每年上升得较快，给人类带来海平面上升、气候失调、水灾及风灾等。

鉴于 CO_2 等气体温室效应的负面影响显露出来及严重化，1997 年 12 月联合国在日本东京召开了讨论气候变化框架公约的国际会议，通过了《京都议定书》。各个国家都要承担减少向大气排放 CO_2 的义务，为拯救地球又迈出新的一步。

（1）不同气体对温室效应的不同作用。

上述产生温室效应的 5 种物质不仅是由汽车排放物产生的，同时也在其他领域里产生。CO_2 也是煤炭、生物质等燃烧产物。大气中大约 40% 的甲烷来自湖泊、沼泽地、冻土地带以及动物排泄物、生物废料分解。动物排泄物经细菌分解后也会产生 N_2O。尽管对地球温度变高是否绝对有害（有人甚至认为地球温度会自然变高）及其根源是什么等问题尚有不同看法，但是多数科学家还是认为降低汽车 CO_2 等排放是十分必要的。

不同温室效应气体使地球变暖的影响程度以及以质量为基准的气体使地球变暖的相对系数列于表 9－1 中。对地球变暖影响程度从大到小排列顺序为 CO_2、CFCS、CH_4、N_2O 及 O_3。而如果以质量单位为基准进行比较，其情况则不同，不同温室效应气体对地球变暖的相对影响如表 9－1 所示：

表 9－1　不同气体对温室效应的不同作用

气体类型	使地球变暖作用	以质量单位为基准的相对变暖系数
二氧化碳	50%	1
甲烷	18%	10～80
氧化氮	8%	200～400
臭氧	4%	较小
氟利昂	20%	10000

汽车 CO_2 排放是紧密地与油耗成正比的。美国通用发动机研究实验室及 Amoco 石油公司在 20 世纪 90 年代初对客车按市区行驶及高速公路行驶数据统计分析表明：在 CO_2 排放（g/mile）与汽车燃油经济性（mpg）之间存在 g/mile $CO_2 = A/\text{mpg}$ 的关系。对于汽油

A 为 8855，对于柴油 A 为 10000。在市区行驶时 CO_2（g/mile）稍高些，而在高速公路上行驶则稍低。

由于不仅仅是 CO_2，CH_4、N_2O 及 CFCS 也会引起温室效应，都必须考虑。过去，一般客车空调中含 1.4 kg CFCS。如果在汽车行驶 16 万 km 的使用期间进行 3 ~ 4 维修，可能有 5.6 kg 以上的 CFCS 排放到大气中。那么 CFCS 的排放率为 36 g/km。CFCS 破坏臭氧层，而臭氧层是屏蔽太阳紫外线的，不可忽视 CFCS 对地球气候的影响。因此国际上已要求停止使用 CFCS，而用 HFC－134a 代替。在一些国家或地区尚未彻底更换前，必须采取有效措施防止 CFCS 泄漏到大气中去。

（2）不同燃料燃烧时生成的 CO_2 排放。

根据化学研究分析，以含甲烷、丙烷为主的液化石油气及天然气燃烧时生成的 CO_2 排放，无论按比质量（g CO_2/g 燃料）还是按比能量（g CO_2/MJ）比较，都比汽油及柴油低。

（3）考虑到燃料生产过程 CO_2 排放的分析。

不同燃料在开采、生产、运输及分配时都会有不同程度的能量损失及 CO_2 排放产生。影响产生 CO_2 的因素很多，因此必须全面地考虑，才能科学地分析汽车在使用不同燃料时对温室效应的影响。

据美国研究人员分析，与汽油相比，汽车使用天然气、柴油及由天然气加工的甲醇能在不同程度上降低 CO_2 排放。而使用由煤炭加工的甲醇时，汽车本身使用甲醇作燃料的 CO_2 排放比使用汽油时低，但是由煤岩石生产甲醇等过程排放出的 CO_2 却比较高。

以上关于汽车排放物与温室效应的分析表明，仅从向大气排放的总的 CO_2 质量分析，并不是每种代用燃料都能降低 CO_2 排放，如由煤炭生产的甲醇总 CO_2 排放量就较高。当然使用甲醇作燃料，还可以降低 NOx 及微粒等排放。

降低汽车 CO_2 排放的重要途径是降低发动机的比油耗，提高汽车的燃油经济性，这也是世界各汽车公司努力的方向之一。美国制定了轿车平均油耗法规（CAFE），逐步在提高要求。美国国会在 2000 年审议通过了轿车平均燃油经济性达到 5.9 L/100 km 标准的议案。欧洲一些国家及日本等也都制定有关法规的汽车燃油经济性目标要求。国外最低油耗的轿车已达到 3 L/100 km，现正向 2 L/100 km 目标努力。当然，这种高性能的轿车售价也高。

3. 炭烟微粒与人类健康。

汽车发动机排出的炭烟微粒主要由碳粒子、未燃的碳氢化合物、硫化物、氧化物及含金属成分的灰分等组成。通常将颗粒直径大于 0.002 μm 的任何固体或液体粒子称为微粒（particle，简写为 Part 或 PM）。汽车排放出的炭烟微粒是由燃油、润滑油以及其中的添加剂未完全燃烧的产物，再加上运动零件磨损下来的金属屑、未过滤掉的空气中杂质以及它们的燃烧产物所构成。如不加区分可将它们概括称之为总炭烟微粒。

为了区别对待，采取适合的净化措施以及深入研究的需要，大体上可将总炭烟微粒分为 3 类：（1）炭烟粒子；（2）硫化物；（3）可溶有机成分。它们在总炭烟微粒中都占有相当的比例。能够达到欧洲排放法规 EURO Ⅰ 的有代表性的柴油机排放物的质量比的组成如下：碳粒子 71.1%；可溶有机物 24.0%（由于润滑油产生的占 19.1%，燃油产生的占 4.9%）；硫化物及水 4.9%；而达到 EURO Ⅱ 法规的具有代表性的柴油机，上述 3 部分排放物相应所占比例分别为 57.5%、35.8% 及 6.7%。在占 35.8% 的可溶有机物中由润滑油产生的占 24.6%，由燃油产生的占 11.2%。

炭烟粒子是指燃料燃烧不完全所产生的固态粒子、金属磨屑及灰分等。硫化物等是燃油中含的硫燃烧形成的硫化物、氧化物、硫酸盐等，如 SO_4、PO_4、NO_3 及 H_2O 等。可溶有机成分是指未燃的碳氢化合物可用有机溶剂如二氯甲烷溶液萃取出来的物质，因此称之为可溶有机成分（SOF）。

由于燃烧不完全，产生的碳粒子及气相物统称为炭烟。柴油组成中含碳原子多，燃烧不好，排气呈灰色甚至是黑色。排气烟度大小也是衡量燃烧是否完全及排放物多少的指标之一。在排气烟度与碳烟微粒之间没有明确的数量上的关系。个别研究工作得出的结果是当排气烟度为 0.35 波许单位时，缸内排气的碳烟浓度为 0.0058 gc/m^3，而排气烟度为 1.1 波许单位时，缸内排气碳烟浓度为 0.023 gc/m^3。它们之间并非线性关系。排气中的碳烟粒子在从缸内流出时将会继续氧化燃烧。

汽车在冷起动或低温环境下工作时，排气管内会凝聚未燃燃油、润滑油及水蒸气的液相颗粒，排气因而呈白色或蓝色。汽车使用甲醇作燃料时，因为燃料产物中含水的比例大，在低温环境下，汽车后面常拖着一条白色的“尾巴”。柴油机排气的臭味大时，则表示排气中多环芳香烃及醛类成分多。

柴油机排放物含的一些多环芳香烃，如苯（a）并芘、苯（a）蒽、1，3－丁二烯及醛类等是有毒物质。国际癌症研究机构等单位 1988 年发表的研究报告指出，柴油机微粒排放中的一些物质如苯（a）并芘、苯（a）蒽等具有形成肿瘤及致癌的潜在危险。将老鼠暴露在柴油机排气中，形成肺癌的比例增加。国际上及我国一些大城市呼吸系统疾病及肺癌死亡率上升与汽车有毒排放物有密切的关系。

4. 氮氧化物、未燃烃与光化学烟雾。

汽车发动机未燃烃（HC）中的一些物质除有致癌危险外，未燃烃及氮氧化物（NOx）在太阳光作用下，经过一系列的化学反应，产生浅蓝色的刺激性烟雾，即所谓光化学烟雾，它含有臭氧、过氧酰基硝酸盐（PAN）以及各种自由基、醛、酮等物质。科学试验表明，HC、NOx、太阳光是形成光化学烟雾的必要条件，光化学反应是复杂的过程，遵循 J. 卡博兰提出的光化学烟雾反应生成机理。

臭氧是强的氧化剂。臭氧、过氧酰基硝酸盐和醛类对人的眼睛、咽喉、鼻子有刺激作用，能使哮喘病发作，使慢性呼吸系统疾病恶化。二氧化碳及臭氧均难溶于水，也不易被呼吸道黏膜所阻挡，会渗入肺部，浓度大时可引起中毒性肺气肿。

历史上洛杉矶、伦敦等大城市震惊世界的烟雾事件，危害了人们的生命安全及健康。1943 年美国洛杉矶被光化学烟雾笼罩一天，使几千人受害，400 多人死亡。我国广州等城市已有光化学烟雾先兆的迹象，一些地区的酸雨、大城市上空时常烟雾弥漫、蓝色晴朗的天空少见等现象，都是汽车排放及工业废气等污染大气的结果。

5. 汽车排放对社会经济影响的分析。

汽车排放对社会的影响，首先表现在经常与汽车排放物接触的人的健康受到不同程度的伤害，产生一些慢性病症。有的则导致肿瘤及癌症的发生。据美国资料统计，美国每年约有 6 万人因呼吸空气中有害微粒等而死亡，尽管空气中有害排放物已经达到甚至低于目前法规要求。这些因汽车排放引发的病症及死亡必然会增加个人及社会在医药等方面的开支。

一些学者根据统计资料分析，建立数学模型，分析研究不同排放物会增加社会多少费用开支和这些费用在整个汽车使用期间的总费用中所占的比例多少。不同排放物对人们健康及环境影响、危害程度不同，所产生的经济损失不同。各个地区空气被污染的程度不同，所产生的经济损失也不同。美国一份研究报告表明，因排放的影响所造成的费用开支，约占整个汽车使用期间费用开支的2%～12%。

20世纪90年代初美国科学家及研究人员研究了6个城市居民死亡率与空气被污染的关系后，发现城市居民非偶然性的死亡率的上升或降低，与当地空气中汽车有害排放物的浓度特别是微粒浓度的高低有关，甚至该浓度已经低于目前执行的法规要求也是如此。

一些研究工作者在仔细研究了现有的大量居民健康档案资料后，得出结论认为，在汽车行驶10万mile（16万km）的期间，如能降低1 g/mile（0.625 g/km）柴油机微粒排放或者NOx，那么每辆车就可以分别产生11432美元及1175美元的经济效益。另一研究结果认为如果将1992年洛杉矶地区重载车辆的NOx及微粒排放降低50%，则每辆车创造的价值分别相应达到9200美元及13500美元；如果降低90%，则每辆车创造的价值将分别相应达到16600美元及24000美元。

上面这些定量的因降低汽车有害排放物而产生的经济效益的分析，可能不十分准确，但是客观上这种经济上的因果关系是存在的，而且在从定量的角度分析汽车排放物对社会影响方面迈开了有意义的一步。努力降低汽车有害排放物，不仅带来社会效益，而且也是创造经济价值。

9.1.1.2 汽车排放检测的相关标准

1. 欧洲汽车排放标准。

欧洲标准是由欧洲经济委员会（ECE）的排放法规和EEC的排放指令共同加以实现的，EEC即是现在的欧盟（EU）。排放法规由ECE参与国自愿认可，排放指令是EEC或EU参与国强制实施的。汽车排放的欧洲法规（指令）标准1992年前已实施若干阶段，欧洲从1992年起开始实施欧Ⅰ（欧Ⅰ型式认证排放限值）、1996年起开始实施欧Ⅱ（欧Ⅱ型式认证和生产一致性排放限值）、2000年起开始实施欧Ⅲ（欧Ⅲ型式认证和生产一致性排放限值）、2005年起开始实施欧Ⅳ（欧Ⅳ型式认证和生产一致性排放限值）。

汽车排放的国标与欧标不一样。国标是根据我国具体情况制定的国家标准，欧标是欧共体国家成员通行的标准。欧标略高于国标。

2. 我国汽车排放标准。

与国外先进国家相比，我国汽车尾气排放法规起步较晚、水平较低，根据我国的实际情况，从20世纪80年代初期开始采取了先易后难分阶段实施的具体方案，其具体实施至今主要分为3个阶段。

（1）第一阶段。

1983年我国颁布了第一批机动车尾气污染控制排放标准，这一批标准的制定和实施，标志着我国汽车尾气法规从无到有，并逐步走向法制治理汽车尾气污染的道路。在这批标准中，包括了《汽油车怠速污染排放标准》《柴油车自由加速烟度排放标准》《汽车柴油机全负荷烟度排放标准》3个限值标准和《汽油车怠速污染物测量方法》《柴油车自由加速烟度测量方法》《汽车柴油机全负荷烟度测量方法》3个测量方法标准。

（2）第二阶段。

在 1983 年我国颁布第一批机动车尾气污染控制排放标准的基础上，我国在 1989 年至 1993 年又相继颁布了《轻型汽车排气污染物排放标准》《车用汽油机排气污染物排放标准》2 个限值标准和《轻型汽车排气污染物测量方法》《车用汽油机排气污染物测量方法》2 个工况法测量方法标准，至此，我国已形成了一套较为完备的汽车尾气排放标准体系。值得一提的是，我国 1993 年颁布的《轻型汽车排气污染物测量方法》采用了 ECER15－04 的测量方法，而测量限值《轻型汽车排气污染物排放标准》则采用了 ECER15－03 限值标准，该限值标准只相当于欧洲 20 世纪 70 年代的水平（欧洲在 1979 年实施 ECER15－03 标准）。

（3）第三阶段。

北京市 DB 11/105—1998《轻型汽车排气污染物排放标准》的出台和实施，拉开了我国新一轮尾气排放法规制定和实施的序曲，从 1999 年起北京实施 DB 11/105—1998 地方法规，2000 年起全国实施 GB 14961—1999《汽车排放污染物限值及测试方法》（等效于 91/441/1EEC 标准），同时《压燃式发动机和装用压燃式发动机的车辆排气污染物限值及测试方法》也制定出台；与此同时，北京、上海、福建等省市还参照 ISO3929 中双怠速排放测量方法分别制定了《汽油车双怠速污染物排放标准》地方法规，这一条例标准的制定和出台，使我国汽车尾气排放标准达到国外 20 世纪 90 年代初的水平。

目前在我国新车常用的欧Ⅰ和欧Ⅱ标准等术语，是指当年 EEC 颁发的排放指令。例如适用于重型柴油车（质量大于 3.5 t）的指令“EEC88/77”分为两个阶段实施，阶段 A（即欧Ⅰ）适用于 1993 年 10 月以后注册的车辆，阶段 B（即欧Ⅱ）适用于 1995 年 10 月以后注册的车辆。

汽车排放的欧洲法规（指令）标准的内容包括新开发车的型式认证试验和现生产车的生产一致性检查试验，从欧Ⅲ开始又增加了在用车的生产一致性检查。

汽车排放的欧洲法规（指令）标准的计量是以汽车发动机单位行驶距离的排污量（g/km）计算，因为这对研究汽车对环境的污染程度比较合理。同时，欧洲排放标准将汽车分为总质量不超过 3500 kg（轻型车）和总质量超过 3500 kg（重型车）两类。轻型车不管是汽油机还是柴油机车，整车均在底盘测功机上进行试验。重型机由于车重，则用所装发动机在发动机台架上进行试验。

目前，世界汽车排放标准并立，分为欧洲、美国、日本标准体系。欧洲标准测试要求相对而言比较宽泛，是发展中国家大都沿用的汽车尾气排放体系。并且，由于我国的轿车车型大多从欧洲引进生产技术，我国大体上采用欧洲标准体系。

（4）中国特殊情况。

中国汽车技术信息研究所专家李京生认为，中国有自己的国情，实施排放标准的背景也与欧洲有所不同，其中最直接涉及的就是城乡差别问题，因此中国应该有自己的标准。我国机动车污染物排放标准中污染物排放限值大体等同欧盟排放标准，故国内也沿用类似称呼，但两者仍存有一定的技术差异。我国制定的《轻型汽车污染物排放限值及测量方法（Ⅰ）》等效于“欧Ⅰ”标准；《轻型汽车污染物排放限值及测量方法（Ⅱ）》等效于“欧Ⅱ”标准。而欧Ⅲ则比欧Ⅱ标准上了一个台阶，有关专家做了一个形象的比喻：7 辆执行欧Ⅱ标准的汽车，相当于 1 辆化油器车的污染物排放量；14 辆执行欧Ⅲ标准的汽车，才相当于1辆化油器车的污染物排放量。按照轻型汽车Ⅲ号标准，家庭轿车和轻型汽车的一氧化碳排放量将在原有基础上减少30%，碳氢和氮氧化合物则分别减少40%。

9.1.2 汽车排放的检测

要搞好汽车排气污染物的监控与防治，首先必须做好防治工作。用废弃分析仪和烟度计测定排气污染浓度，目的在于控制排气污染的扩散，使其限定在被允许的范围内，以达到保护生态环境和自然界生态平衡的目的。

9.1.2.1 汽车排气污染检测仪的结构及工作原理

1. 汽车尾气分析仪。

两气体分析仪的结构与原理：分析仪器是从汽车排气管内收集汽车的尾气，并对气体中所含有的CO和HC的浓度进行连续测定。它主要由尾气采集部分和尾气分析部分构成。

（1）尾气采集部分。

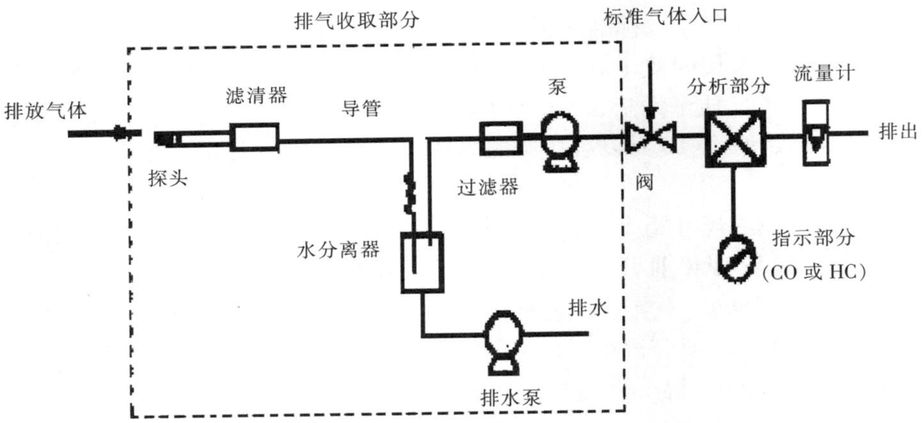

图9-1 废气取样装置

如图9-1所示，尾气采集部分由探头、过滤器、导管、水分离器和泵等构成。用探头、导管、泵从排气管采集尾气。排气中的粉尘和碳粒用过滤器滤除，水分用水分离器分离出去。最后，将气体成分输送到分析部分。

（2）尾气分析部分。

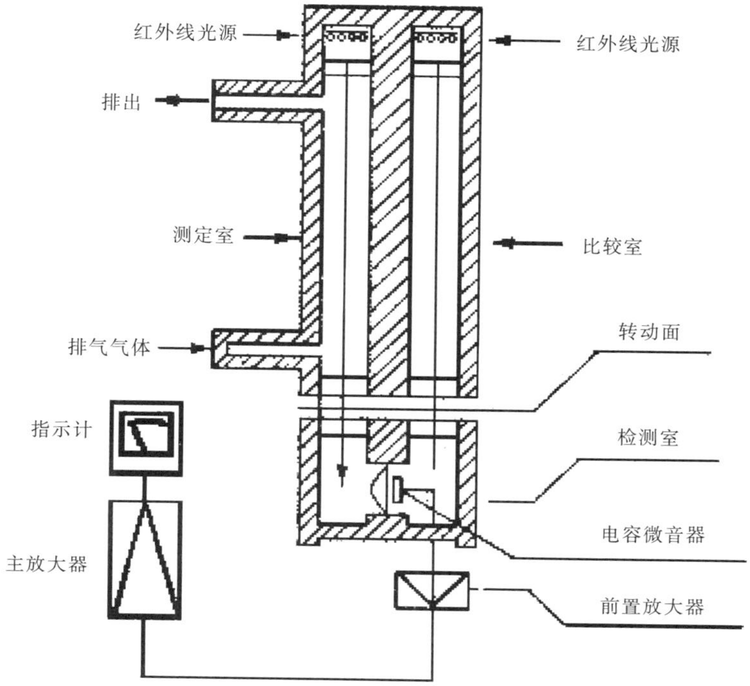

图 9 - 2　尾气分析装置

分析仪的测量原理是建立在一种气体只能吸收其独特波长的红外线特性基础上的。即是基于大多数非对称分子对红外线波段中一定波长具有吸收功能，而且其吸收程度与被测气体的浓度有关。如 CO 能够吸收 4.55 μm 波长的红外光线，CH_4 能吸收 2.3 μm、3.4 μm、7.6 μm 波长的红外线。该分析仪由红外线光源、测量室（测定室、比较室）、回转扇片和检测器构成。从采集部分输送来的多种气体共存在尾气中，通过非分散型红外线分析部分分析测定气体（CO、HC）的浓度，用电信号将其输送到浓度指示部分。工作原理如图 9 - 2 所示。它由两个红外线光源发出两组分开的射线，这些射线被两旋转扇片同相地遮断，从而形成射线脉冲，射线脉冲经滤清室、测量室而进入检测室，测量室由两个腔室组成，一是比较室，另一个是测定室。比较室中充有不吸收红外线的氮气，使射线能顺利通过。测定室中连续填充被测试的尾气，尾气中 CO 含量越高，被吸收的红外线就越多。检测室由容积相等的左右两个腔室组成，其间用一金属膜片隔开，两室中充有同摩尔数的 CO。由于射到检测室左室的红外线在通过测定室时一部分射线已被排气中的 CO 吸收，而通过比较室到达检测室右室的红外线并未减少，这样检测室左右两室吸收的红外线能量不同，从而产生了温差，温度的差异导致了压力差的存在，使作为电容器一个表面的金属膜片弯曲。弯曲振动的频率与旋转扇片的旋转频率相符。排气中的 CO 浓度越大，振幅就越大。膜片振动使电容改变，电容的改变引起电压的变化，从而产生交变电压。交变电压经放大、整流成直流信号，变为被测成分浓度的函数，因此可用仪表测量。而 HC 由于受到其他共存气体的影响，所以使用固体滤光片，巧妙地利用了正己烷红外线吸收光谱。因此，样品室内共存的 CO、CO_2、NOx 等 HC 以外的气体所产生的红外线被吸收，再经检测器窗口的选择和除去，仅让 HC（正己烷）3.5 μm 附近的波长到达检测室内。HC（正己烷）被封入检测器，样品室中的 HC（正己烷）吸收量也就被检测器检测出来。

2. 四气体与五气体分析仪简介。

鉴于目前实施的怠速工况测定 CO、HC 两气体的排气检测手段已无法有效反映汽车排气中的 NOx 和 CO_2，四、五气体分析仪可满足测量要求。四气与五气的分析仪区别在于五气分析仪可检测氮氧化合物（NO）。五气分析仪其中的 CO、CO_2、HC 通过非分散红外线不同波长能量吸收的原理来测定，可获得足够的测试精度。而 NOx 与 O_2 的浓度采用氧传感器和一氧化氮传感器测定。氧（O_2）传感器，其基本形式是包括一个电解质阳极和一个空气阴极组成的金属－空气有限度渗透型电化学电池。氧传感器电流是一个电流发生器，其所产生的电流正比于氧的消耗率。此电流可通过在输出端子跨接一个电阻以产生一个电信号。如果通入传感器的氧只是被有限度地渗透，利用上述信号可测氧的浓度。在汽车废气检测上应用的氧电池，使用一种塑料膜作为渗透膜，其渗透量受控于气体分子撞击膜壁上的微孔，如果气体压力增加，分子的渗透率增加。因此，输出的结果直接正比于氧的分压且在整个浓度范围内呈线性响应。由氧传感器输出的信号经放大后，送至仪器的数据处理系统的 A/D 输入端，进行数字处理及显示。NO 的传感器是基于 O_2 传感器基础上发展起来的电化学电池式传感器。

3. 柴油烟度计的结构与检测原理。

从测量原理上来说，滤纸式烟度计是一种非直接测量的计量仪器，它通过检测测量介质被所测量烟度污染的程度大小间接得出烟度的大小。仪器的取样系统通过抽气泵、取样探头从柴油车的排气管内，在规定时间中，抽取规定容积废气，经过测量介质（测试过滤纸）过滤，废气中的炭粒附着在过滤纸上，形成一个规定面积的烟斑，然后通过测量系统的光电测量探头对烟斑的污染程度进行测量，转化为电信号，经过放大、处理，再将测试结果通过显示装置显示出来。

滤纸式烟度计主要由取样装置、烟度测量与指示装置、控制装置、校准装置等组成，如图 9－3 所示。

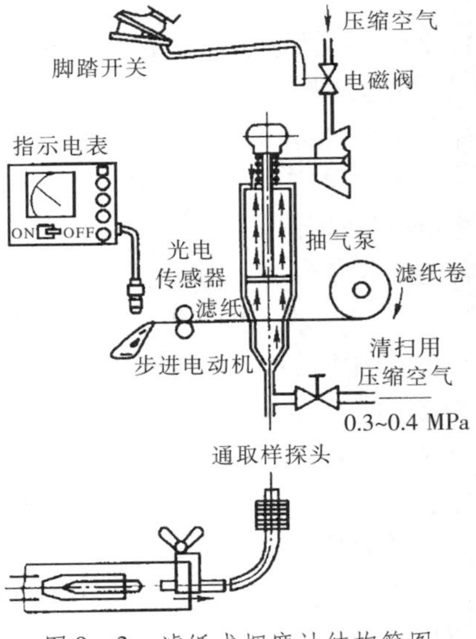

图 9－3　滤纸式烟度计结构简图

滤纸式烟度计其结构如图 9－3 所示，由采样器和检测器两部分组成。采样抽气系统由抽气气缸、抽气电机、取样探头以及气路管道系统和控制电路组成；采样时，在控制电路的控制下，电机带动气缸运动，气缸通过气路管道系统，取样枪从柴油车的排气管内抽取规定容积的废气，并通过测试过滤纸过滤，完成采样过程。

测量系统主要由走纸机构、压纸机构、光电测量探头以及测量电路和结果显示电路组成。测量时压纸机构张开，走纸电机带动走纸机构，将被采样系统污染后的测试过滤纸带到光电测量探头下，光电测量探头对其进行测量，通过其内部的测量装置（如图 9－4 所示的光电池）将滤纸污染程度转化为电信号，经过测量电路放大、处理，最后通过显示电路在数字表上将测量结果显示出来。

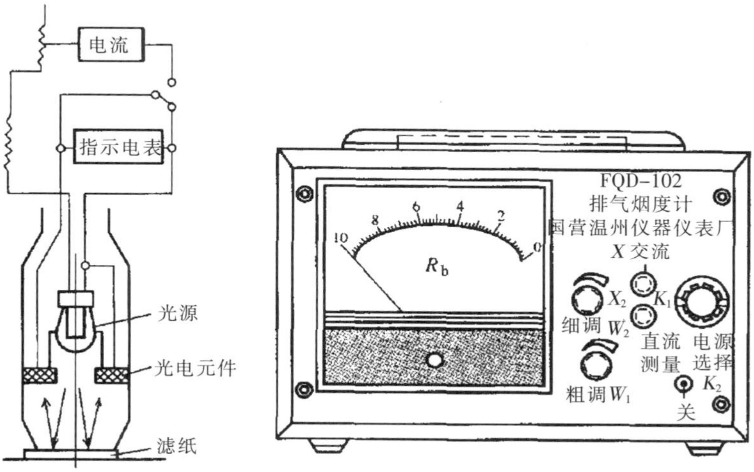

图 9－4　烟度测量与指示装置

9.1.2.2　汽车排气污染物检测流程

1. 怠速尾气排放检验。

（1）检验前仪器及车辆准备。

①装上长度等于 5.0 m 的取样软管和长度不小于 600 mm 并有插深定位装置的取样探头。

②仪器的取样系统不得有泄漏。

③受检车辆发动机进气系统应装有空气滤清器，排气系统应装有排气消声器，并不得有泄漏。

④汽油应符合 GB484 的规定。

⑤测量时发动机冷却水和润滑油温度应达到汽车使用说明书所规定的热状态。

（2）检验程序。

①必要时在发动机上安装转速计。

②发动机由怠速工况加速至 70% 额定转速，维持 60 s 后降至怠速状态。

③发动机降至怠速状态后，将取样探头插入排气管中，深度等于400 mm，并固定于排气管上。

④发动机在怠速状态，维持15 s后开始读数，读取30 s内的最高值和最低值，其平均值即为测量结果；若为多排气管时，取各排气管测量结果的算术平均值。

2. 双怠速尾气排放检验。

（1）检验前仪器及车辆准备。

①装上长度等于5.0 m的取样软管和长度不小于600 mm并有插深定位装置的取样探头。检查取样软管和探头内残留HC不得大于20×10^{-6} kg。

②仪器的取样系统不得有泄漏。

③受检车辆发动机进气系统应装有空气滤清器，排气系统应装有排气消声器，并不得有泄漏。

④汽油应符合GB484的规定。

⑤测量时发动机冷却水和润滑油温度应达到汽车使用说明书所规定的热状态。

（2）检验程序。

①必要时在发动机上安装转速计。

②发动机由怠速工况加速至70%额定转速，维持60 s后降至高怠速（即50%额定转速）。

③发动机降至高怠速状态维持15 s后开始读数，读取30 s内的最高值和最低值，取平均值即为高怠速排放测量结果。

④发动机从高怠速状态降至怠速状态，在怠速状态维持15 s后开始读数，读取30 s内的最高值和最低值，其平均值即为怠速排放测量结果。

⑤若为多排气管时，分别取各排气管高、低怠速排放测量结果的平均值。

3. 滤纸法烟度检验。

（1）检验前仪器及车辆准备。

①抽气开关与抽气泵动作应同步，滤纸洁白均匀，无受潮变质，取样进气管路通畅。

②受检车辆发动机达到规定的热状态，排气系统不得有泄漏现象。

（2）检验程序。

①吹除积存物：由怠速工况将油门踏板迅速踏到底，4 s后松开，重复3次，以清除排气系统中的积物。

②安装取样探头：将取样探头固定于排气管内，插深等于300 mm，并使其中心线与排气管轴线平行。

③将踏板开关固定在油门踏板上方。

④测量取样：由怠速工况将踏板开关和油门踏板一并迅速踩到底，保持4 s后松开，完成第一次检验。

⑤读取示值（自动）或取样（手动）。

⑥相隔11 s以后，进行第二次检验。

⑦重复检验3次，取3次检验值的算术平均值为排气烟度的检验结果。

4. 自由加速试验排气可见污染物检验。

（1）检验前仪器及车辆准备。

①车辆进气系统应装配空气滤清器，排气系统应装配消声器并且不得有泄漏。

②测量时发动机的冷却水和润滑油温度应达到汽车使用说明书所规定的热状态。

③试验前车辆不应长时间怠速运转。如车辆长时间怠速运转，测试前应增加自由加速工况操作次数，以便扫尽排气管积存的排放污染物。

④燃料应使用柴油，不得加消烟添加剂，柴油应符合 GB252 的规定。

（2）检验程序。

①车辆在发动机怠速下，插入不透光仪取样探头。

②迅速但不猛烈地踏下油门踏板，使喷油泵供给最大油量，在发动机达到调整器允许的最大转速前，保持此位置。一旦达到最大转速，立即松开油门踏板，使发动机恢复至怠速，不透光仪恢复到相应状态。

③重复②操作过程至少 6 次，记录不透光仪的最大读数值。如果读数值连续 4 次均在 0. 25 ~1 m 的带宽内，并且没有连续下降的趋势，则记录值有效。

④计算 4 次测量结果的算术平均值，并将测量结果记录下来。

5. 注意事项。

（1）检验时，发动机怠速应符合规定。

（2）检验结束后，抽出取样探头，待仪表回零后再检下一台车。

（3）取样探头不用时要吊挂，防止污染受损。

（4）左右排烟口的风扇故障时严禁继续使用，否则将污染仪器的光学器件，造成仪器更大的损坏。

学习任务9.2　汽车噪声检测

☞学习情境

随着现代交通运输的发展，城市交通工具越来越多，运行速度越来越快，运输工具的功率越来越大，交通运输噪声已成为现代城市环境的最主要噪声之一。车辆噪声一般为中等强度噪声，为60~90分贝。由于车辆噪声为游走性，影响范围较大，干扰时间长，因而受害人较多。并且，随着交通运输行业的不断发展，这种影响将会越来越严重，所以，必须根据有关的标准对车辆噪声进行检测和控制。

☞学习目标

1. 了解汽车噪声的产生及危害；
2. 了解汽车噪声的评价指标；
3. 掌握汽车噪声检测的方法；
4. 能正确利用噪声检测仪检测汽车噪声。

☞学习信息

9.2.1　汽车噪声的认知

随着汽车工业的迅速发展，人们对于汽车的舒适性和振动噪声控制的要求越来越严格。国外有关资料表明，城市噪声的70%来源于交通噪声，而交通噪声主要是汽车噪声。它严重地污染着城市环境，影响着人们的生活、工作和健康。所以噪声的控制，不仅关系到乘坐舒适性，而且还关系到环境保护。然而一切噪声又源于振动，振动能够引起某些部件的早期疲劳损坏，从而降低汽车的使用寿命；过高的噪声既会损害驾驶员的听力，还会使驾驶员迅速疲劳，从而对汽车行驶安全性构成了极大的威胁。所以噪声控制，也关系到汽车的耐久性和安全性。因此振动、噪声和舒适性这三者是密切相关的，既要减小振动，降低噪声，又要提高乘坐舒适性，保证产品的经济性，使汽车噪声控制在标准范围之内。

9.2.1.1　汽车噪声的来源

根据汽车噪声对环境的影响，可将汽车噪声分为车外噪声和车内噪声。车外噪声是指汽车各部分噪声辐射到车外空间的那部分噪声。主要包括发动机噪声、排气噪声、轮胎噪声、制动噪声和传动系统噪声等。车内噪声是指车厢外的汽车各部分噪声通过各种途径传入车内的那部分噪声以及汽车各部分震动传递路径激发车身各部件的结构震动向车厢内辐射的噪声，这些噪声声波在车内空间声学特性的制约下，生成较为复杂的混响声场，从而形成车内噪声。平静汽车隔音的研发人员通过实验发现抑制车辆内部噪声、改善混响声场最有效的方式就是选择性能优异的隔音材料并利用异型吸音槽来缓冲并吸收汽车噪声，从而在止震和隔音的基础上达到最佳的吸音降噪效果。

平静隔音把汽车噪声来源简要分为以下几种：发动机噪声、排气系统噪声、风扇噪声、传动系统噪声、轮胎噪声、制动噪声、气动噪声、车身结构噪声等，由于车辆噪声的复杂性，以上噪声源并非仅是并列关系，而从平静隔音实际研发的角度看，汽车噪声源还可以在目前的基础上做更进一步的分析。

1. 发动机噪声。

发动机噪声中，除了发动机机体发出的机械声外，还包括进气系统噪声，改装族更换“冬菇头”以后动力增大的同时发动机噪声也增加不少，就是对原车进气系统做了改动的原因：高速气体经空气滤清器、进气管、气门进入气缸，在流动过程中，会产生一种很强的气动噪声。降低发动机本身产生的噪声及由发动机震动引起的其他噪声有若干办法：

（1）改造发动机燃烧过程以降低燃烧爆发的冲击；

（2）降低由此冲击产生的激后力引起的发动机各部件震动；

（3）降低由活塞上下运动、曲轴转动引起的不平衡力以及降低发动机机械振动。

发动机运转的噪声主要由挡火墙和驾驶室的前底板部位传入驾驶舱，因此，平静汽车隔音通过在U槽、挡火墙及底板部位粘贴带异型吸音槽的吸音棉来抑制噪声。

2. 排气系统噪声。

排气系统噪声是发动机噪声的一部分，主要包括消声器支撑架及排气管道震动辐射出的噪声、发动机震动及排气动作引起的辐射噪声，还包括由排气口出来的排气噪声。主要降噪方法：

（1）利用消声器降低排气出口噪声，在生产消声器的环节，通过提高仿真计算方法的精度，实现在不增加排气阻力的条件下改善消声效果。

（2）在排气口对排气噪声施加与其幅值大小相等、相位相反的二次声源或震动源，可自动地消除存在的震动噪声问题，实现主动降低噪声。

为降低发动机、传动系统、排气系统表面产生的辐射噪声，不仅要降低激励力，而且要改善结构的震动特性，达到即使有激励力也不易产生噪声的效果。如：可以通过仿真计算推测发动机缸体等部位产生的辐射噪声，用震动特性优化方法，采取在轻量化基础上达到最佳效果的措施。因此，好的隔音材料和降噪效果不应该以增加车辆自重、牺牲加速性能、增加油耗为代价。

3. 风扇噪声。

散热风扇通常也称为电子扇，是引擎舱内较大的噪声源。风扇噪声属于空气动力噪声，严格地说，也是构成发动机噪声的一部分。风扇运转过程中，由散热器隔栅吸入的冷却气流，经散热器风扇叶片吸入，从发动机间隙排出，气流运动的这一过程产生了旋转噪声和涡流噪声。夏季在怠速状态下开空调，风扇的运转会明显引起较大噪声。平静隔音研究人员认为风扇的噪声与以下因素密切相关：

（1）风扇的外形。风扇外形决定风扇本体的阻力系数。包括叶片数量、叶片间断间隙、叶片角度及弯曲度等。

（2）散热器吸入气流的紊流度。

（3）风扇叶尖处及缝隙处产生的噪声。

4. 传动系统噪声。

在传动系统中，噪声源主要包括变速器、分动器、传动轴、差速器和减速器等，传动系统噪声是由发动机传来的震动引起离合器盖、变速器盖等辐射出的噪声以及齿轮啮合激震引起壳体辐射发出的噪声。这些噪声既有内部齿轮和轴承运转引起的，也有其他机构传递来的。传动系统的噪声是在一辆车出厂前就决定了的，很难通过后期的降噪措施得到根本性的改善。有些发烧友通过更换变速器等改装措施来提高操控性和舒适性，由于改装会影响到车辆的性能，不在平静隔音的研发范畴，在此不予论述。

5. 轮胎噪声。

轮胎噪声是由轮胎与路面摩擦所引起的，是构成底盘噪声的主要因素。一般的胎噪主要由三部分组成：一是轮胎花纹间隙的空气流动和轮胎四周空气扰动构成的空气噪声；二是胎体和花纹部分震动引起的轮胎震动噪声；三是路面不平造成的路面噪声。特殊行驶环境下，轮胎还会发出震鸣声和溅水声。轮罩下部的凹凸导致气流分离，也会产生较强的噪声，轮罩内车轮回转的诱起风以及引擎室排出的风噪是轮罩下部噪声的主要来源。

不同类型路面对胎噪的影响是不同的，平静隔音的技术人员通过对不同路面与胎噪的关系进行对比测试，发现路面状况对某一车况的轮胎噪声影响如表 9－2：

表 9－2　不同路面与胎噪的关系表

路面类型	噪声级 dB（A）
光滑混凝土路面	70
光滑柏油路面	72
磨损混凝土路面	72
粗糙混凝土路面	78

主动降低胎噪的办法主要是：改善胎面形状；改善橡胶材质；改善路面状况；阻隔胎噪向驾驶舱的传播。

6. 制动噪声。

汽车制动而产生的噪声主要有制动器的尖叫声、轮胎与地面的摩擦声以及车身板件的震颤声等，制动噪声一般是指制动器工作时产生的鸣叫。一个设计合理、装配精准、保养良好的制动器是没有或只有很小噪声的。车辆下坡时长时间踩踏刹车会因高温造成刹车盘损坏，日后再工作的时候就会发出尖锐的鸣叫。平静隔音对制动噪声处理的重点是通过粘贴吸音棉或隔音垫来减缓车辆紧急制动时引起的车身板件震颤。而对制动系统的改进，超出了平静隔音研究的范畴，不在我们探讨之列。

7. 气动噪声。

行驶中的汽车由于其周围的风而产生的噪声称为气动噪声，为寻求有效的隔音降噪方法，平静隔音的技术人员又把这种噪声进一步分为三种类型：一是风噪，就是由车身周围气流分离导致压力变化而产生的噪声；二是风漏，或叫吸出音，是由驾驶室及车身缝隙吸气与车身周围气流相互作用而产生的噪声；三是其他噪声，包括空腔共鸣、风扇噪声、导管管道噪声以及天线、雨刮器、后视镜及扰流器等附件震动引起的噪声。

克制风漏及空腔共鸣的有效办法是在车门以及引擎盖周围设计密封条，通过对不同车型的不同部位粘贴密封条，达到使开放气流的背后不产生涡流，由流动再附着来达到有效抑止气动噪声的目的，此外，不同规格的密封条也可以有效隔绝来自车身以外的噪声。车辆在高速行驶过程中，由于引擎盖的侧面和上部出现气流分离，会产生数百赫兹以下震动频率的气动噪声，如果引擎盖下沿有间隙，通过间隙还会发出很大噪声，平静隔音对该处噪声的抑制主要从两方面着手：一是在引擎盖的边沿部位粘贴专用密封条，二是在引擎盖内沿雨刮器下部的 U 槽部位粘贴带有异型吸音槽的吸音棉。

8. 车身结构噪声。

车身结构噪声主要包括两个部分，一是车身震动噪声，二是空气与车身之间的冲击和摩擦声，即气动噪声。前者受车身结构形式、发动机安装方式、各种激励源特性等多种因素影响，后者受车身外形结构和行驶速度的影响。由于两者都与车身结构密切相关，所以对其进行控制主要是改进车身的设计，包括改进车身结构，减少震动传递，改进车身外形等措施。车身上的板件由于在外力作用下极易产生震动而辐射噪声，而且辐射效率较高，因此成为主要控制对象，平静隔音一般采取以下措施控制其震动和噪声：一是通过粘贴平静隔音垫适当增加板件的刚度，减弱板件震动；二是通过粘贴隔音吸音棉，减少震动传递同时提高板件对震动的衰减；三是专用胶粘剂固化后自然形成胶粘阻尼层，有效降低了震动引起的辐射噪声。

此外，因组装工艺问题或设计不良也会引起各种杂音，比如常见的螺丝松动、装配精度不够引起的部件之间空隙过大以及发动机支架设计不合理、减震橡胶垫老化等等。除了更换减震橡胶垫和紧固螺丝之外，粘贴平静多功能密封条或专业密封条也可以改善因装配不良引起的噪声。

9.2.1.2　汽车噪声的危害

噪声的危害是多方面的，噪声不仅对人们正常生活和工作造成极大干扰，影响人们交谈、思考，影响人的睡眠，使人产生烦躁、反应迟钝、工作效率降低、分散注意力、引起工作事故，更严重的情况是噪声可使人的听力和健康受到损害。噪声的强度愈大、频率愈高、作用时间愈长、个人耐力愈小，则危害愈严重。

统计资料表明，80 dB（A）以下的噪声不会引起噪声性耳聋，80 dB（A）、85 dB（A）的噪声会造成轻微的听力损伤；85 dB（A）、100 dB（A）的噪声会造成一定数量的噪声性耳聋，而在 100 dB（A）以上时，会造成相当大数量的噪声性耳聋。人在没有思想准备的情况下，强度极高的爆震性噪声（如突然放炮爆炸时）可使听力在一瞬间永久丧失，即产生爆震性耳聋，这时人的听觉器官将遭受严重创伤。

交通噪声对人体健康的影响是多方面的。噪声作用于人的中枢神经系统，使人们大脑皮层的兴奋与抑制平衡失调，导致条件反射异常，使脑血管张力遭到损害。这些生理上的变化，在早期能够恢复原状，但时间一久，就会导致病理上的变化，使人产生头痛、脑涨、耳鸣、失眠、记忆力衰退和全身疲乏无力等症状。

如果孕妇长期乘坐噪声较大的车辆，噪声会通过作用于中枢神经系统影响胎儿发育。汽车噪声不但增加驾驶员和乘员的疲劳，而且影响汽车的行驶安全。另外，噪声对消化系统、心血管系统也有严重不良影响，会造成消化不良、食欲不振、恶心呕吐，从而导致胃病及胃溃疡的发病率提高，使高血压、动脉硬化和冠心病的发病率比正常情况明显提高。噪声对视觉器官也会造成不良影响。

9.2.2　汽车噪声的检测

噪声作为一种严重的公害已日益引起人们的关注，目前世界各国已纷纷制定出控制噪声的标准。噪声的一般定义是：频率和声强杂乱无章的声音组合，造成对人和环境的影响。更人性化的描述是：人们不喜欢的声音就是噪声。

随着汽车向快速和大功率方面的发展，汽车噪声已成为一些大城市的主要噪声源。汽车噪声主要包括：发动机的机械噪声、燃烧噪声、进排气噪声和风扇噪声，底盘的机械噪声、制动噪声和轮胎噪声，车厢振动噪声，货物撞击噪声，喇叭噪声和转向、倒车时的蜂鸣声等。由于车辆噪声具有游走性，影响范围大，干扰时间长，因而危害比较大。

9.2.2.1　噪声的评价指标

1. 噪声的声压和声压级。

噪声的主要物理参数有声压与声压级、声强与声强级和声功率与声功率级。其中声压与声压级是表示声音强弱的最基本参数。

声压是指由于声波的存在引起在弹性介质中压力的变化值。声音的强弱取决于声压，声压越大听到的声音越强。人耳可以听到的声压范围是 2×10^{-5} Pa（听阈声压）～20 Pa（痛阈声压），相差 100 万倍，因此用声压的绝对值表示声音的强弱会感到很不方便，所以人们常用声压级来表示声音的强弱。

声压级是指某点的声压 P 与基准声压（听阈声压）P_0 的比值取常用对数再乘以 20 的值（$L_P=20\lg\frac{P}{P_0}$），单位为分贝（dB）。可闻声声压级范围为 0～120 dB。

2. 噪声的频谱。

人耳对声音的感觉不仅与声压有关，而且还与声音的频率有关。人耳可闻声音的频率范围为 20～20000 Hz。一般的声源，并不是仅发出单一频率的声音，而是发出具有很多频率成分的复杂声音。声音听起来之所以会有很大的差别，就是因为它们的组成成分不同。因此，为全面了解一个声源的特性，仅知道它在某一频率下的声压级和声功率级是不够的，还必须知道它的各种频率成分和相应的声音强度，这就是频谱分析。

噪声的频谱也是噪声的评价指标之一。以声音频率（Hz）为横坐标，以声音强度（如声压级 dB）为纵坐标绘制的噪声测量图形，称为频谱图。

人耳可闻声音的频率有 1000 多倍的变化范围，在实际频谱分析中不可能逐个频率分析噪声。在声音测量中，让噪声通过滤波器把可闻声音的频率范围分割成若干个小的频段，称为频程或频带。频带的上限频率 f_k（或称上截止频率）与下限频率 f_L（或称下截止频率）具有 $f_k/f_k=2^n$ 的关系，频带的中心频率 $f_m=\sqrt{f_h \cdot f_L}$，当 $n=1$ 时称为倍频程或倍频带。可闻声音频率范围用 10 段倍频程表示，如表 9－3 所示。

表 9－3　倍频程中心频率及频率范围

（单位：Hz）

中心频率	31.5	63	125	250	500
频率范围	22～45	45～90	90～180	180～355	355～710
中心频率	1000	2000	4000	8000	16000
频率范围	710～1400	1400～2800	2800～5600	5600～11200	11200～22400

如果需要更详细地分析噪声，可采用 1/3 倍频程，即可以把每个倍频程分成 3 份(1/3)。

3. 噪声级。

声压级相同的声音，由于频率不同，听起来并不一样响，相反，不同频率的声音，虽然声压级也不同，但有时听起来却一样响，因此，用声压级测定的声音强弱与人们的生理感觉往往不一样。因而，对噪声的评价常采用与人耳生理感觉相适应的指标。

为了模拟人耳在不同频率有不同的灵敏性，在声级计内设有一种能够模拟人耳的听觉特性，把电信号修正为与听觉近似值的网络，这种网络称作计权网络。通过计权网络测得的声压级，已不再是客观物理量的声压级，而是经过听感修正的声压级，称作计权声级或噪声级。

国际电工委员会（IEC）对声学仪器规定了 A、B、C 等几种国际标准频率计权网络，它们是参考国际标准而设计的。由于 A 计权网络的特性曲线接近人耳的听感特性，故目前普遍采用 A 计权网络对噪声进行测量和评价，记作 dB（A）。

9.2.2.2　汽车噪声的标准及检测

1. 汽车噪声检验标准。

GB 7258—1997《机动车运行安全技术条件》对客车车内噪声级、汽车驾驶员耳旁噪声级和机动车喇叭声级做了规定，GB 1495—79《机动车辆允许噪声》和 GB 1496—79《机动车噪声测量方法》对车外最大噪声级及其测量方法做了规定。

（1）车外最大允许噪声级。汽车加速行驶时，车外最大允许噪声级应符合表 9－4 的规定。表中所列各类机动车辆的变型车或改装车（消防车除外）的加速行驶车外最大允许噪声级，应符合其基本型车辆的噪声规定。

（2）车内最大允许噪声级。客车车内最大允许噪声级不大于 82 dB。

（3）汽车驾驶员耳旁噪声级。耳旁噪声级应不大于 90 dB。

（4）机动车喇叭声级。喇叭声级在距车前 2 m、离地高 1.2 m 处测量时，其值应为 90 ~ 115 dB。

2. 声级计的结构与工作原理。

在汽车噪声的测量方法中，国家标准规定使用的仪器是声级计。

声级计是一种能把噪声以近似于人耳听觉特性测定其噪声级的仪器。可以用来检测机动车的行驶噪声、排气噪声和喇叭声音响度级。

根据测量精度不同，声级计可分为精密声级计和普通声级计两类。根据所用电源不同可分为交流式声级计和直流式声级计两类，后者也可以称为便携式声级计，具有体积小、重量轻和现场使用方便等特点。

表 9 - 4　车外最大允许噪声级

车辆类型		车外最大允许噪声级［dB（A）］	
		1985 年 1 月 1 日以前生产的汽车	1985 年 1 月 1 日起生产的汽车
载货汽车	8 t≤载质量 < 15 t	92	89
	3.5 t≤载质量 < 8 t	90	86
	载质量 < 3.5 t	89	84
轻型越野车		89	84
公共汽车	4 t≤载质量 < 11 t	89	86
	载质量 < 4 t	88	83
轿车		84	82

声级计一般由传声器、放大器、衰减器、计权网络、检波器、指示表头和电源等组成。其工作原理是：被测的声波通过传声器被转换为电压信号，根据信号大小选择衰减或放大，放大后的信号送入计权网络做处理，最后经过检波并在以 dB 标度的表头上指示出噪声数值。图 9 - 5 为我国生产的 ND2 型精密声级计。

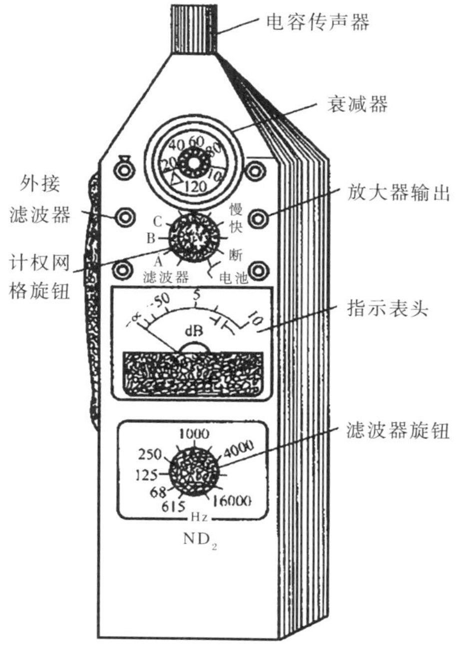

图9－5　ND2 型精密声级计

（1）传声器。传声器是将声波的压力转换成电压信号的装置，也称话筒，是声级计的传感器。常见的传声器有动圈式和电容式等多种形式。

动圈式传声器由振动膜片、可动线圈、永久磁铁和变压器等组成。振动膜片受到声波压力作用产生振动，它带动着和它装在一起的可动线圈在磁场内振动而产生感应电流。该电流根据振动膜片受到声波压力的大小而变化。声压越大，产生的电流就越大。

电容式传声器由金属膜片和金属电极构成平板电容的两个极板，当膜片受到声压作用发生变形，使两个极板之间的距离发生变化，电容量也发生变化，从而实现了将声压转换为电信号的作用。电容式传声器具有动态范围大、频率响应平直、灵敏度高和稳定性好等优点，因而应用广泛。

（2）放大器和衰减器。在放大线路中都采用两级放大器，即输入放大器和输出放大器，其作用是将微弱的电信号放大。输入衰减器和输出衰减器是用来改变输入信号的衰减量和输出信号衰减量，以便使表头指针指在适当的位置上。衰减器每一挡的衰减量为 10dB。

（3）计权网络。计权网络一般有 A、B、C 三种。A 计权声级模拟人耳对 55 dB 以下低强度噪声的频率特性，B 计权声级模拟 55～85 dB 的中等强度噪声的频率特性，C 计权声级模拟高强度噪声的频率特性。三者的主要差别是对噪声低频成分的衰减程度不同，A 衰减最多，B 次之，C 衰减量最少。A 计权声级由于其特性曲线接近于人耳的听感特性，因此目前应用最广泛，B、C 计权声级已逐渐不被采用。

（4）检波器和指示表头。为了使经过放大的信号通过表头显示出来，声级计还需要有检波器，以便把迅速变化的电压信号转变成变化较慢的直流电压信号。这个直流电压的大小要正比于输入信号的大小。根据测量的需要，检波器有峰值检波器、平均值检波器和均方根值检波器之分。峰值检波器能给出一定时间间隔中的最大值，平均值检波器能在一定时间间隔中测量其绝对平均值。

多数的噪声测量中均采用均方根值检波器。均方根值检波器能对交流信号进行平方、平均和开方，得出电压的均方根值，最后将均方根电压信号输送到指示表头。指示表头是一只电表，只要对其刻度进行标定，就可从表头上直接读出噪声级的 dB 值。

声级计表头阻尼一般都有"快"和"慢"两个挡。"快"挡的平均时间为 0.27 s，很接近于人耳听觉器官的生理平均时间。"慢"挡的平均时间为 1.05 s。当对稳态噪声进行测量或需要记录声级变化过程时，使用"快"挡比较合适；在被测噪声的波动比较大时，使用"慢"挡比较合适。

声级计面板上一般还备有一些插孔，这些插孔如果与便携式倍频带滤波器相连，可组成小型现场使用的简易频谱分析系统；如果与录音机组合，则可把现场噪声录制在磁带上储存下来，待以后再进行更详细的研究；如果与示波器组合，则可观察到声压变化的波形，并可存储波形或用照相机把波形摄制下来；还可以把分析仪、记录仪等仪器与声级计组合、配套使用，这要根据测试条件和测试要求而定。

3. 汽车噪声的测量方法。

国家标准规定汽车噪声使用的测量仪器有精密声级计或普通声级计和发动机转速表，声级计误差不超过 ±2 dB，并要求在测量前后，按规定进行校准。

（1）声级计的检查与校准。

①在未接通电源时，先检查并调整仪表指针的机械零点。可用零点调整螺钉使指针与零点重合。

②检查电池容量。把声级计功能开关对准"电池"，此时电表指针应达到额定红线，否则读数不准，应更换电池。

③打开电源开关，预热仪器 10 min。

④校准仪器。每次测量前或使用一段时间后，应对仪器的电路和传声器进行校准。根据声级计上配有的电路校准"参考"位置，校验放大器的工作是否正常。如不正常，应用微调电位计进行调节。电路校准后，再用已知灵敏度的标准传声器对声级计上的传声器进行对比校准。

常用的标准传声器有声级校准器和活塞式发声器，它们的内部都有一个可发出恒定频率、恒定声级的机械装置，因而很容易对比出被检传声器的灵敏度。声级校准器产生的声压级为 94 dB，频率为 1000 Hz；活塞式发声器产生的声压级为 124 dB，频率为 250 Hz。

⑤将声级计的功能开关对准"线性"、"快"挡。由于室内的环境噪声一般为 40 ~ 60 dB，声级计上应有相应的示值。当变换衰减器刻度盘的挡位时，表头示值应相应变化 10 dB左右。

⑥检查计权网络。按上述步骤，将"线性"位置依次转换为"C""B""A"。由于室内环境噪声多为低频成分，故经三挡计权网络后的噪声级示值将低于线性值，而且应依次递减。

⑦检查"快""慢"挡。将衰减器刻度盘调到高分贝值（例如 90 dB）处，通过操作人员发声，来观察"快"挡时的指针能否跟上发音速度，"慢"挡时的指针摆动是否明显迟缓。

⑧在投入使用时，若不知道被测噪声级多大，必须把衰减器刻度盘预先放在最大衰减位置（即 120 dB），然后在实测中再逐步旋至被测声级所需要的衰减挡。

（2）车外噪声测量方法。

①测量条件。

测量场地应平坦而空旷，在测试中心以 25 m 为半径的范围内，不应有大的反射物，如建筑物、围墙等。

测试场地跑道应有 20 m 以上平直、干燥的沥青路面或混凝土路面。路面坡度不超过 0.5%。

本底噪声（包括风噪声）应比所测车辆噪声至少低 10 dB，并保证测量不被偶然的其他声源所干扰。本底噪声是指测量对象噪声不存在时，周围环境的噪声。

为避免风噪声干扰，可采用防风罩，但应注意防风罩对声级计灵敏度的影响。

声级计附近除测量者外，不应有其他人员，如不可缺少时，则必须在测量者背后。

被测车辆不载重，测量时发动机应处于正常使用温度，车辆带有其他辅助设备亦是噪声源，测量时是否开动，应按正常使用情况而定。

②测量场地及测点位置。

如图 9－6 所示为汽车噪声的测量场地及测量位置，测试传声器位于 20 m 跑道中心点 O 两侧，各距中线 7.5 m，距地面高度 1.2 m，用三脚架固定，传声器平行于路面，其轴线垂直于车辆行驶方向。

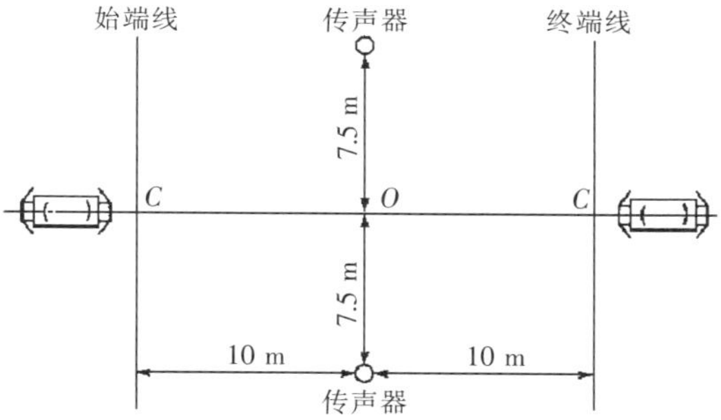

图 9－6　车外噪声测量场地及测量位置

③加速行驶车外噪声测量方法。

a. 车辆须按规定条件稳定地到达始端线，前进挡位为 4 挡以上的车辆用第 3 挡，前进挡位为 4 挡或 4 挡以下的用第 2 挡，发动机转速为其标定转速的 3/4。如果此时车速超过了 50 km/h，那么车辆应以 50 km/h 的车速稳定地到达始端线。对于自动变速器的车辆，使用在试验区间加速最快的挡位。辅助变速装置不应使用。在无转速表时，可以控制车速进入测量区，即以所定挡位相当于 3/4 标定转速的车速稳定地到达始端线。

b. 从车辆前端到达始端线开始，立即将加速踏板踏到底或节气门全开，直线加速行驶，当车辆后端到达终端线时，立即停止加速。车辆后端不包括拖车以及和拖车连接的部分。

本测量要求被测车在后半区域发动机达到标定转速，如果车速达不到这个要求，可延

长 OC 距离为 15 m，如仍达不到这个要求，车辆使用挡位要降低一挡。如果车辆在后半区域超过标定转速，可适当降低到达始端线的转速。

c. 声级计用“A”计权网络、“快”挡进行测量，读取车辆驶过时的声级计表头最大读数。

d. 同样的测量往返进行 1 次。车辆同侧两次测量结果之差应不大于 2 dB，并把测量结果记入规定的表格中。取每侧 2 次声级平均值中最大值作为检测车的最大噪声级。若只用一只声级计测量，同样的测量应进行 4 次，即每侧测量 2 次。

④匀速行驶车外噪声测量方法。

车辆用常用挡位，加速踏板保持稳定，以 50 km/h 的车速匀速通过测量区域。

声级计用“A”计权网络、“快”挡进行测量，读取车辆驶过时声级计表头的最大读数。

同样的测量往返进行 1 次，车辆同侧两次测量结果之差不应大于 2 dB，并把测量结果记入规定的表格中。若只用一个声级计测量，同样的测量应进行 4 次，即每侧测量 2 次。

（3）车内噪声测量方法。

①测量条件。

测量跑道应有足够试验需要的长度，应是平直、干燥的沥青路面或混凝土路面。

测量时风速（指相对于地面）应不大于 3 m/s。

测量时车辆门窗应关闭。车内带有其他辅助设备是噪声源，测量时是否开动，应按正常使用情况而定。

车内本底噪声比所测车内噪声至少低 10 dB，并保证测量不被偶然的其他声源所干扰。

车内除驾驶员和测量人员外，不应有其他人员。

②测点位置。

车内噪声测量通常在人耳附近布置测点，传声器朝车辆前进方向。

驾驶室内噪声测点的位置如图 9－7 所示。

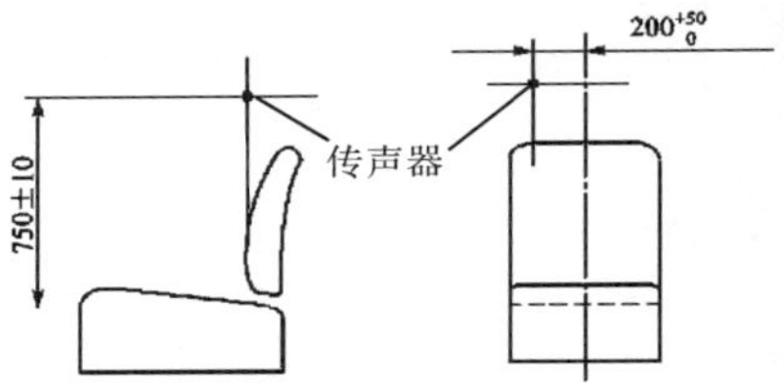

图 9－7　驾驶室内噪声测点的位置

载客车室内噪声测点可选在车厢中部及最后一排座的中间位置，传声器高度参考图 9－7。

③测量方法。

车辆以常用挡位、50 km/h 以上的不同车速匀速行驶，分别进行测量。

用声级计“慢”挡测量“A”“C”计权声级，分别读取表头指针最大读数的平均值，测量结果记入规定的表格中。

做车内噪声频谱分析时，应包括中心频率为 31.5 Hz、63 Hz、125 Hz、250 Hz、

500 Hz、1000 Hz、2000 Hz、4000 Hz、8000 Hz 的倍频带。

（4）驾驶员耳旁噪声的测量方法。

车辆应处于静止状态且变速器置于空挡，发动机应处于额定转速状态。

测点位置如图 9－7 所示。

声级计应置于“A”计权、“快”挡。

（5）汽车喇叭声的测量。

汽车喇叭声的测点位置如图 9－8 所示，测量时应注意不被偶然的其他声源峰值所干扰。测量次数宜在 2 次以上，并注意监听喇叭声是否悦耳。

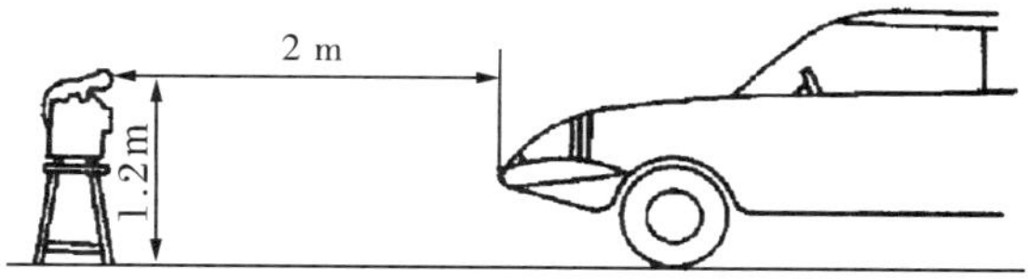

图 9－8　汽车喇叭噪声的测点位置

☞单元小结

汽车给世界带来了现代物质文明，但同时也带来了环境、噪声污染等社会问题。作为汽车使用性能的重要评价指标，汽车排放污染及噪声也会在很大程度上反映出生产厂家的设计水平及工艺水平。因此，控制汽车排放污染及降低汽车噪声到最低水平也是汽车设计者追求的方向。

☞学习工作页

<table>
<tr><td rowspan="2">学习工作页</td><td>学习单元</td><td colspan="4">汽车排放物及噪声检测</td></tr>
<tr><td>学习任务</td><td colspan="4">汽车排放物检测、汽车噪声检测</td></tr>
<tr><td>姓　名</td><td></td><td>班　级</td><td></td><td>小　组</td><td></td></tr>
<tr><td>日　期</td><td></td><td>开始时间</td><td></td><td>结束时间</td><td></td></tr>
<tr><td>场　地</td><td colspan="5">整车理实一体教室</td></tr>
<tr><td>用品、用具、工具、设备</td><td colspan="5">轿车一辆，尾气分析仪一台，声级计一台，通用工具一套</td></tr>
<tr><td>工作记录</td><td colspan="5">1. 尾气排放检测
(1)
(2)
(3)
2. 噪声检测
(1)
(2)
(3)</td></tr>
</table>

1. 填空题。

(1) 汽车排放污染物的主要成分有______、______、______、______四大类。

(2) 汽油机冒黑烟是由于______________。

(3) 汽车产生的噪声，按其范围分可分为______和______两种。

(4) 汽车噪声主要来源于______、______、______、______、______、______、______、______。

2. 判断题。

(1) 汽车年审时，排气污染的检测项目是 CO、HC、NO。(　　)

(2) 汽车急减速时的 CO 排放量是各种工况中最严重的。(　　)

(3) 控制汽车噪声的最主要措施仍是安装排气消声器。(　　)

(4) 汽车轮胎不会产生噪声。(　　)

指导教师评语：

____

____

教师签字：__________　日期：______年______月______日